思想觀念的帶動者

文化現象的觀察者

本土經驗的整理者

生命故事的關懷者

Master

對於人類心理現象的描述與詮釋
有著源遠流長的古典主張，有著速簡華麗的現代議題
構築一座探究心靈活動的殿堂
我們在文字與閱讀中，尋找那奠基的源頭

是與有

Être et Avoir

馬賽爾（Gabriel Marcel）——著

陸達誠——譯

目次

【推薦序一】
《是與有》譯著再版代序

關永中（前臺灣大學哲學系教授）

喜聞陸達誠神父譯著《是與有》再版，它讓我聯想起昔日陸爸與我曾多次在輔大校園一起散步散心的回憶，所聊及的話題即使不盡是馬賽爾哲學，至少也相應著馬氏的分享精神；為此，我也樂於為其譯著的再版代序。為方便整理思緒起見，茲把內容濃縮成一個標題兼四個項目如下：

形上　日記　之二　：《是與有》
壹　　貳　　參　　肆

壹、形上／Metaphysical

人是形上的動物，常問及存有的整體。形上學意味著問最徹底的問題，而指望著最徹底的答案。形上學把每事每物都放進存有的整體視域去，企圖從最終極的根基上獲取最深層的底蘊。馬賽爾渴望存在地體證主體際性，把人放在存有的大前提上領悟宇宙人生；其《形上日記》之得名就是為求凸顯作者對人、地、事、物的徹底質詢，而希冀獲取徹底的回應。

7

貳、日記／Journal

外文 Journal 一詞看來也可譯作「日誌」，但「日誌」與一般「日記／Diary」呈現若干微差：「日誌」較記載公開場合、公事、要務；「日記」則偏重於書寫私生活情狀，甚至個人隱密的情念，一般只留給自己收藏與閱讀。人有所思念、有所遭遇，唯恐遺忘掉，遂下筆書寫，形成日記，但沒有特殊意願非要完成所想及的脈絡不可；馬賽爾寫《形上日記》也本著如此的心態來著筆。

為一般人而言，「日記」不準備拿給別人觀看，除非對方是親朋摯友，可向他（她）剖露心聲，否則會感到個人的隱私被揭發而不悅，如同沙特《存有與虛無》所言之：一己的「主體／Subject」被偷窺而被約化為別人的「客體／Object」，我唯有以怒目仇視來回應，反過來把對方約化為自己的「客體」。

然而，馬賽爾寫《形上日記》，並不介意我們去閱讀，即使其中蘊含了不少個人經歷與情念；相反地，他願意把自己的心靈拿出來讓我們分享，在迎接我們臨現當兒，與我們共同築起「互為主體／Intersubjectivity」的融通。

參、之二／Book Two

馬賽爾以《形上日記》做總標題之著作有三：其一出版於 1927 年，本身不具副名；其二出版於 1935 年，副名為《是與有》；其三則出版於 1939 年，以《臨在與不死》作副標題。

第一冊《形上日記》是為馬氏哲學著作的首席，其他後出作

品皆算此書思維的延續、整理與擴充。它率先批評黑格爾式唯心論的不著邊際，在而努力開出存在現象學對人主體與際性的重視，是為一部艱深難讀的典籍。

第二冊副名《是與有》，除了標榜「是」與「有」的關連與對立外，尚引述馬氏個人的皈依天主教一事，情節感人。

第三冊則副名《臨在與不死》，若干篇幅涉及主體際性的彼此臨在，與導致深厚情誼之超越生死，內容扣人心弦。

肆、《是與有》／ Being and Having

落實在第二冊的兩個關鍵詞而言：首先、「有」一詞有其客體面與主體面；其客體面是對象所保「有」之性質（i. e. What One Has），其主體面是主體之擁「有」（To Have ／ To Possess）傾向。相應地，「是」一詞也有其客體面與主體面；其客體面指對方之個體之存有本身（i. e. What One Is），其主體面指與對方共有共融，讓對方自由發展其存有（i. e. To Let One Be）。

簡約言之，馬賽爾較側重「有」與「是」之主體面：「有」（to Have），就是取擁有，去伸張個人的擁有權；「是」（To Be），就是與對方共存共融。在融通之分享彼此之存有。較詳細地說，「有」與「是」分別含有以下之意義：

一、「有」之涵義

（一）擁有義（Having-as-Possession）

去擁有（To Possess）一物，就是去把它據為己有，外人不

得染指。

（二）含有義（Having-as-Implication）

只掌握對方所含「有」之性質（i. e. What One Has），而未及掌握他的存有（i. e. What One Is）。

（三）外在義（Externality）

去擁「有」一物，即同時表示此物不與我絕對同一。它是我心靈核心以外之事物，但又不是絕對外在於我的範圍，我至少擁有它至一個相當密切的程度，只是我無法把它營構成我之所以為我的核心；我無法消除我與它之間的隔閡，無法確保它不離我而去。為此，我產生一份患得患失之不安全感，嚴重者可導致神經衰弱。

（四）自我中心義（Auto-Centrism）

去「有」一事物，就是以征服者的姿態來面對一物，i. e. 我處在「自我中心」立場來考慮我的「獵物」。然而，關係是「相互性」的（Reciprocal）：我愈是「自我中心」，則對方愈凸顯它的對方性（Otherness），i. e.「別者之為別者」（Another as Another），愈叫我意識它與我對立而不絕對與我同一，為此，「自我中心」同時是「別者中心」。

二、「是」之涵義

反之，「是」的心懷，卻能孕育、培養、修復、或填補「有」所無從浸潤的界域；「是」蘊含以下的涵義：

（一）讓自由義（Being as Letting-Be）

我不在乎占有（≠Having as Possession），而只讓對方自由發展其存有（To Be＝To Let One Free To Be）。

（二）個體性義（Being as Ipseity）

不在乎專注對方之性質（≠ What One Has），只在乎欣賞對方之獨一無二，不容取代之個體存有整體（＝ What One Is）。

（三）分享義（Participation）

不再彼此見外（≠ Externality），而與對方「共存共融」，體驗彼此之「臨在」（Presence），共分憂樂，共剖心曲。

（四）融通義（Communion）

超出「自我中心」與「別者中心」之對立，跳出自我，一方面投入地參與對方之存有，另一方面歡迎對方進入我心靈深處；在互相之「召喚」（Invocation）與「回應」（Response）中有對等之融貫，共同創造出更豐盈之生命。

謹以上述的提示與讀者分享，盼能一起參與《是與有》的庫藏。

【推薦序二】
閱讀馬賽爾：真實存有臨現的蹤跡

劉千美（加拿大多倫多大學名譽教授）

　　閱讀馬賽爾（Gabriel Marcel, 1889-1973）的作品，就像參加一場心靈對話的盛宴，不僅是讀者與作者的對話，也不只是去旁觀馬賽爾與其他作者的對話，而是聆聽馬賽爾逐日、逐月、逐年與在生活中靈光乍現的真實存有的對話，並在對話中尋索著存有那奧妙、飄忽迷離的蹤跡。日記記載的是馬賽爾思索那不可思索者的草稿、片段。在閱讀中，就像翻看一張張泛黃的相片那樣，彷彿見到馬賽爾那雙曾經凝視真實存有的眼睛，和他隨手記下的有關恩寵、誠信、希望、仁愛、虔敬、知識、時間、信仰、我體（*mon corps*）乃至死亡、罪（le péché）或惡（le mal）等，那些縈繞西方文化、爭辯千年之久、仍未得解的概念的提問和思索。21 世紀熟悉後現代思維的讀者，在閱讀馬賽爾封塵已久的哲學、劇本、評論、甚至他即興的樂譜，大部分都會驚訝於馬賽爾在作品中對自我與他者、禮物與慷慨、熟稔與陌生、盲目與書寫……等後現代議題的論述，及其宛若後現代式的去主體中心、去表象、去宰制、跨界域的批判性思維。也會驚訝於馬賽爾把認知看作是禮物、是恩典，而不只是蘇格拉底或海德格所謂的覺察到無知，甚至不只是馬里旦論述的知識系統的奧祕。在馬賽爾看來，世界的模糊不清並非其內在本然，而是人內在的無明使然，在《是與有》（*Être et Avoir*）的日記片段中，他問道：這豈不

就是罪嗎？（et n'est-ce pas cela qui est le péché? p.14）讀到這句話，不禁令人追問知識和罪的關係，究竟什麼是罪呢？是禁令的觸犯嗎？還是存在的情境呢？

在哲學的書寫中，馬賽爾經常以提問作為思考的方式、揭開真實存有層層的皺褶。他筆下鋪陳的，不是文字的遊戲，而是朝向終極真實之途的另類隱喻，但也不是言此說彼的修辭，而是指向視野之外、未被思想觸及之處的存有的開端。那好比是多年之後傅柯（Michel Foucault）和布朗肖（Maurice Blanchot）謂之「外邊思維」（La pensée du dehors），而在東方，則是司空圖以降所謂的象外之象。不過，不是抽象概念、或象徵觀念的思維，而是回返真實存有在生活世界瞬息萬變的臨現，並由此興起新的圖象（image），一如柏格森（Henri Bergson）所謂創造性的思維。

馬賽爾《是與有》的法文本初版於 1935 年，但寫作的日期始於 1928 年十一月十日，接續著《形上日記》（*Journal métaphysique,* 1927）自 1914 年以來的寫作、思維、觀看與體驗。1914 年前後的歐洲，是哀鴻遍野的戰場，也是新藝術世界風起雲湧的時代。生活中的戰爭、苦難，與藝術不確定性、未完成、片段性的草稿思維同時並在。1914 那年，馬賽爾正式開始以日記的形式書寫、記錄存有在生活與思想體驗中的臨現片段，並以草稿的形式鋪陳各種議題。也是 1914 那年，馬賽爾出版《隱形門檻》（*Le Seuil invisible*）劇本，收入了《恩典》（*La Grâce*）和《沙堡》（*Le Palais de sable*）兩部戲劇。目前法文本已經絕版，但 2019 年被譯為英文，題名為 *The Invisible Threshold: Two Plays by Gabriel Marcel*，傳讀於英語世界。兩部

劇涉及的信仰、皈依、恩典、誠信、承諾的議題,仍縈繞於《是
與有》。劇本中追問的恩典,在《是與有》成為深刻的體驗。
1929 年三月二十九日,馬賽爾寫下這樣的句子:「今天早晨我
領了洗,內心有一種我不敢奢望的情境:雖然沒有什麼亢奮的感
覺,但卻體會到一片安詳、平衡、希望和信賴的心情。……神之
臨近給我帶來暈眩之感。……」(陸達誠譯)。

　　閱讀馬賽爾的意義,不在於獲得宰制思想的觀念或理論,而
是喚起覺察終極真實臨現之光輝的感受力,得以返回作者原初書
寫的初始源泉,喚起詩性創作的思維。正是孟子所說,「以意逆
志,是謂得之」的讀詩之道。這也是為什麼馬賽爾百年之前的書
寫,在今日資訊取得輕易的時代,日益顯其迷人之處,一旦從故
紙堆中拾獲,便會一讀再讀,不忍釋手。

　　陸達成翻譯的《是與有》的珍貴處,不僅因為陸達誠是漢語
界稀有而傑出的馬賽爾研究者,更在於陸達誠以其優雅、流暢、
精萃的譯筆傳遞著他在閱讀和翻譯時,與馬賽爾原初書寫的相
遇。一如羅蘭巴特所指出的,閱讀乃是重新命名的創作過程。閱
讀陸達誠的翻譯,不僅是閱讀原作者在思想中與瞬息萬變的真實
存有相遇,而留下的片段蹤跡,也是閱讀陸達誠的閱讀,用陸達
誠自己的話來說,便是與終極真實那「似曾相識的面容」的神遇
與跡化。

2021 秋於多倫多

法文新版序

芭郎・薇雅[1]

　　馬賽爾的哲學是「存有化」（或譯「存在性」〔existentielle〕）哲學，而不是「存在主義」哲學（existentialiste）。馬氏數次明確地表明他反對人家給他的「基督存在主義」的標籤。這標籤原是沙特在〈存在主義是一種人文主義〉（1952）一文中首先提出的。此標籤在 1947 年被吉爾松（E. Gilson）用作他編的《基督存在主義》一書的書名。馬賽爾反對被稱「存在主義」者，因為他不同意與主張「存在先於本質」的沙特並列。馬氏認為：「本質是永恆的」，用基督信仰的話來說：本質是被天主照明的「在思考中的思想」（pensées pensantes，參《臨在與不死》〔*Présence et immortalité*〕, p.70, 190〔編按：此為法文版頁碼，下文所引書皆同，除非標明為中文版者〕；《存有的奧祕》〔*Le mystère de l'être*〕, I, p.210, II, p.206；*Pour une sagesse tragique*, p.10; *La dignité humaine*, p.18）。他甚至拒絕用「基督徒」的稱號，因為「我不願意被標籤為基督徒，我只是在勉力使我能成之。」（*Gabriel Marcel, Colloque de la Bibliothèque Nationale*, p.318）。

　　馬賽爾認為存有化哲學是從人性經驗的平面開始反省的哲學。它一面思考人性的陰暗面，如惡、痛苦、死亡，也探討人

1　編註：芭郎・薇雅（Jeanne Parain-Vial, 1912-2009），法國哲學家，第戎（Dijon）大學名譽教授，馬賽爾早期學生。

15

性的光明面，如喜樂、美感、愛等。如此，從蘇格拉底開始，一切重要的哲學都有「存有化」的特色。馬賽爾尋找的人類存在的意義，他詢問的是給人類存在有堅韌性的「存有」。他稱哲學是「使人認識存在及自我理解的一種方式」（*Du refus à l'invocation*, p.25）。

馬賽爾年幼時已經歷過存在的悲劇（四歲喪母）。做孤兒的苦惱解釋了他向姨母（他父親的第二任妻子，也即他的繼母）提出的這個問題：「人死後到哪裡去了？」身為不可知論者的姨母答說：「關於這個問題，我們是完全的無知的。」七歲的馬賽爾說：「我將來一定要找到答案。」（*Entretiens autour de Gabriel Marcel*, 1976, p.24）

他對大自然、音樂和人類的熱愛，使他揣測有另一個世界的存在。在《人性尊嚴》（*Dignité humaine*, p.39）一書中，關於音樂，他說：「音樂是有第二世界存在的不可置疑的證據，我覺得在可見的世界中分散的及未完功之物都會在那個世界中得到完成。」

這雙重的經驗多少可以解釋為何他需要哲學反省，因為他的父親和繼母堅持的不可知論在他周遭建立一個「乾枯的氛圍」，它必會「對他們生活在其中的荒涼世界相聯的價值體系」引生出強烈的反抗（*Du refus à l'invocation*, p.330）。但我們必須記得他對理性的正直要求是有所堅持的：他不會把他人的信仰看成是迷信，特別是他的好友狄博（Charles du Bos）和他未來的妻舅亨利·伯格納（Henri Boegner）。這是為何他為他的博士研究選《宗教之可理解性的形上基礎》為題目。

這位年輕的哲學家（二十歲時考到中學哲學教師的資格）主

動地強烈反對巴黎大學哲學系以實證主義和新唯心主義為主流。相反，他非常喜歡去法蘭西學院聽柏格森的課，並深受後者的影響，雖然他對柏氏在《創造進化論》一書中把科學和形上學綜合的企圖採取保留的態度。

以後他也回到柏格森的思想中去尋找有關「當下」（immédiat）的洞見。他相當樂意地接受柏氏的綿延、感知、臨在（沒有遺忘亡者之臨在）、信德、愛的見解。他雖未涉獵過胡塞爾的作品，但他像胡氏一樣尋找一個「前賓詞化」（anté-prédicatif）之現象。這種思考使他逐漸把「存有」界定為「互為主體」，而終於建立「一種與『吾思』形上學對立之『我們是』形上學」（《存有的奧祕》〔*Le mystère de l'être*〕, II, p.12），為體認在愛中有的「純粹的主體際性」（*Homo Viator*, p.13）和完美的人際關係。順此而行，他終於靠近了基督信仰的邊緣。1929 年他領受了天主教的洗禮。他的教父是諾貝爾文學獎得主莫里亞克（François Mauriac）。

知識論都認為：無論是普通的或精密的認知都以「當下認知」（connaissance immédiate）為預設，即使我人對馬賽爾推行的第二反省瞭解得不甚清楚。（第二反省是反省「構成我們的知識的第一反省」及重現「生活於客體世界」之人的運作方式。）

感覺，被視為客體給一個被動的主體傳遞的訊息，普通的人都這樣想，大部分科學家亦然。後來科學界把波動或光子的發射取代了流溢（émanation）說，這不是很重要，原則沒有變：感知是客體傳遞一個訊息而被意識接獲者。這種解釋假設世界是由二種客體組成的，一種是物質的，另一種是有意識的人。如此簡化的兩分法其實是極有問題的，因為物質或其能量如何能在精神

性的意識上作工，以及如何生理的振動能夠被翻譯成意識性的「質」的表象？我們知道：任何翻譯都假設一個懂得二種言語的譯者。而我們從未有過一個生理的振動被我們的大腦翻譯成意識語言的意識（或被另一個什麼官能翻譯）；再說，我們只有一個文本，即感覺。我們在考量的生理振動是在他物上發生的（譬如說在自己的鼓膜上，在神經元上等）效果，就像把它們看成是視覺給予我們的「像」一樣；它不是像一個「純生理振動」地給予感官或給予我們。「當我們考慮生理事件本身就像它是感覺的底基時，它本質上不是也不能被視為它是在為感覺翻譯的意識。」（*Du refus à l'invocation*, pp.37-38）「……感覺應當是當下參與到我們慣稱為主體及與之無真實邊界可分的環境中去」（《形上日記》〔*Journal Métaphysique*〕，p.322）。

感受（當它很專注時，意義更為清楚）是一個超越主客對立的行為。它還給我們啟示通過感覺我們可以領會到的非感覺的一面，譬如通過延續和高低的樂音而聽到旋律，通過音節和字眼而了解語句，再藉語句而掌握意義，通過手勢和目光而了解別人的心思，馬賽爾說：「有一種強有力及隱密的觀念叫我確信：如果他者不存在，我自己也不再存在。」（編按：參中文版《臨在與不死》，台北：心靈工坊，2021，頁35）。我們可以結論說：「存在，對一個意識來說，或許不是與我，而是與別人的關係（《形上日記》〔*Journal Métaphysique*〕，p.235）。

馬賽爾的方法（第二反省）旨在尋獲支持實存的習慣性表象之「生活過的當下」（immédiat vécu）。這個表象是第一反省構成的，它是由我們在專注的情況下為構成知識所作的抽象及概括行為所產生的。可惜的是我們對這些知識的關注常非常有限並且

是斷斷續續的。這些表象，自嬰兒期開始已把由個人經驗所得或從別人學到的，為生存不可或缺的資訊累積在一起，以它們為起點，才能發展出嚴密的及可以求證的科學。

支持普通表象的當下經驗一旦有了意識，就排除對實體有的二元論。它讓馬賽爾發現及揭露這種表象的危險性。這種表象雖在日常生活中不可或缺，但因著它，客體化的魔掌就會接踵而來。所謂「客體化」，是指把實存考慮成一大堆的客體，每個客體具有已規定的性質；它同時亦把人看成客體，雖然他們的性質與物質的客體明顯地稍有不同。

馬賽爾從一開始反省，就竭力反對把人客體化，而這正是工業文化要強制人接受的命運。1933 年他在一個先知性的演講中，抗議把人同化成一束功能（生命的、社會的……）。在功能稱霸的一個世界中，「睡眠也變成功能之一，把它完成之後，才能做其他功能。同理，休閒和娛樂也是功能。」連「性」也被視為對生理和心理極為重要的功能之一。（編按：參馬賽爾論文〈存有奧祕之立場和具體進路〉，收錄於陸達誠著，《存有的光環》，台北：心靈工坊，2020，頁 289-325）。在這樣的一個世界中，「死亡，從客觀及功能化的觀點看，是掉入垃圾堆內之廢物」，這種觀點是注定要陷人於失望的誘餌。馬賽爾在戰後再次反省人們應該使用及忍受各種科技操縱著的世界（參 *Les Hommes contre l'humain*）。在人身上，馬氏診斷由世界之「空泛」（le vide）而激發人有強烈的「存有的需求」，主要是因為人是被客體化的、淪為功能大集團之一員，苟活在難以忍受的非人的情景中。對此，馬賽爾大聲疾呼地宣稱：「存有是必須有的，因為一切事物決不可能化約到一連串互不相關的表象的遊戲……，或者，借用莎翁的句子：

（化約成）一個由白癡講述的故事……。」（〈存有奧祕之立場和具體進路〉，頁294）

在一個已客體化的世界中，我們無法見到人與人如何可有真實的交流。就像在笛卡爾的哲學中有「延展性的實體」與「思想實體」無法交流一樣。馬氏認為為了解釋交流和知識的「奧祕」，形上學家應當記得必須要回到「當下經驗」，為說明「意識是無法分開自我意識及對他物的意識」的信念。馬賽爾贊同胡塞爾的這個公式。當他對此觀點有所領悟時，他採用自己的詞彙說：「互為主體的聯結」是本體論的絕對優先。「互為主體的聯結」正確地說，是無法界定的。他說：「如果我這麼強調互為主體性，正因為它強調有一個被感覺的底基的臨在，有一個扎根於存有的人類團體的存在，沒有它的話，人類的真正聯繫會是無法理解的，或應被視為徹底虛構的東西。」（《存有的奧祕》〔*Le mystère de l'être*〕, p.20）

馬賽爾一生斷然地攻擊客體化，強調「主體際的聯結」。這是建立在相遇（rencontre）、臨在、創造性忠信、神的信仰、愛的經驗上的成果，他說：「這是存有論的主要與件」。我們無法總述他所有的驚人的分析，謹選二點來解釋《是與有》在馬賽爾思想發展中有的定位。

（一）表明主體際性（擴展到我們已潛入其中的自然的環境中，屢次在於後者向我們啟示神的超越性的程度，指稱人有多少向存有開放性）時，不回來重覆講一個明顯的眾人皆知的說詞：我們要知道人是社會性動物，如果人是孤單的，他不會學會講話，也不能合適地稱他為「人」，他甚至不能活下去，像被遺棄的嬰兒一樣難逃一死。我們依賴著自

然，而社會生活的確要求一個最低程度的相互關聯。但互為主體性不是相互關聯。相互關聯是說，它在主體間有服務和「有用物件」的交換關係。我們甚至可以說人的一切關係之達成都預設主體際聯結。對這個「主體際聯結」，我們有時有極深刻的感受，當我們體會到「他者」藉其專注及深愛而呈現的臨在，它「會使我靈魂復新」：「這個臨在乃有吐露實情的功能，那是說，它使我自己變得比我沒有此經驗時豐富得多。」（中文版《臨在與不死》，頁240，引述《存有的奧祕》〔Le mystère de l'être〕, I, pp.220-221）

（二）主體際性不是一種狀態（état）。狀態表明二種相反的情境，一種是人或多或少地會成功，另一種是人或多或少地要遠離心靈的成全（perfection）。主體際性降級（dégradée）的形式是：誤會、謊言、爭執、仇恨等。它們讓我們感受到的是本體的虧空（déficience ontologique）（《是與有》〔Être et avoir〕法文版，p.58, 64 和書中各處），「流亡」的遭遇更是。（《存有的奧祕》〔Le mystère de l'être〕, vol. II, p.33）。但孤獨亦能成為主體際性的一種形式，因為他者之缺席不是完全空無。

「在處境中的存有」可以是活在一個家庭、一個國家、一個文化中，這不是一種狀態。它顯示出「旅途之人」的行為，因為在時間中的人應當自我成長、努力自我實現、用尼采的話可以說「變成真實的自己」（ce qu'il est）。因為存在是由許多互為主體之行為組成的，所以即使它貶值了，變得不完美了，「交流」

（communication）能使之變成「共融」（communion），存在
會再次尋獲他在流放時失去過的存有。「流亡」遭遇的體認會要
求我們思考「惡」的奧祕，馬賽爾一生都不停地反省這個主題，
但我們不能在這裡講太多。我們不能忘記：人之所以能成為有格
局的人要看他投身及經歷種種考驗和痛苦時表現的方式，來看他
如何回應他自己的良知和「大存有」（l'Être）對他的呼喚。

　　現在我們終於了解了為何馬賽爾能在肯定每一個個體都有獨
特、具體和唯一的性格，同時也肯定「大存有」的普遍性，因為
他面對的是一個「具體的共相」（un Universel concret），這是
說眾多個體在愛中進入共融，但仍保持著每人的獨特性，所以他
說：「主體際性是我們在光內合而為一的事實。」（《臨在與不
死」》，中譯本，頁 242）我們也可以回到馬賽爾在《存有的奧
祕》一書尾聲所提到的有關交響樂的比喻，那真是一幅值得我們
激賞的精美描繪。

　　讀者在《是與有》一書中要看到一些概念，如：問題與奧
祕、客體化與創造性、是與有。這是馬賽爾為分析他的哲學所用
的工具：它們會幫助你意識到你的經驗，這些詞彙並不是為一套
難懂的思想而組成一些技術性的術語。

　　《是與有》是馬賽爾 1927 年出版的《形上日記》的續
篇。該日記是馬氏在研究及撰寫博士論文時有的心得而隨手寫
下的筆記。在《形上日記》結束（1923.03.16）那天他寫道：
「其實，一切思考最後都引伸到『有什麼』和『是什麼』的區
分」。他重新開始寫他的日記是在六年後（1928.11.10），他把
這段話也放在《是與有》的書首。至於他為何沒有立即繼續寫
日記，我人無法知曉。反省「是與有」有助於他分析「降級的

主體際性」（intersubjectivité dégradée）與「完美的主體際性」
（intersubjectivité parfaite）間之對立關係。

我們必須說如果我們能把「有」與「是」對立起來，我們不
能把「有」等同於也與存有對立的「存在」。我覺得：「存在」
在它降級的情境中不斷地力求更新，它給我們的是雙重的可能
性；在把它客體化時，「存有」轉為「擁有」，也會將「擁有」
轉返到「存有」。沒有這一種或那一種變更，現世的這些活動將
會停擺。

我想我寫的序不只為澄清作者生平的若干疑點有用，並為指
出從《形上日記》開始的分析之後續發展，給未來的演化提供方
向。我很期望它能達到此構想。

我切願讀者在馬賽爾哲學中看到在馬賽爾哲學中很令人欽佩
的一點，那是他的方法。如果我們真要與馬賽爾重做第二反省的
經驗，我們必須要先意識到由我們自己的存在及由我們對存有的
「迫切需求」而有的「當下經驗」（expérience immédiate）。或
許在這樣的情況下，想往自由地參與人類合體的大合唱，及參與
在神（永恆的愛）內的共融，不再會被視為無法實現的夢想了。

《是與有》

　　《是與有》是馬賽爾承接前一本《形上日記》而寫的第二本《形上日記》，二者相隔五年，但作者已從極度抽象的《形上日記上冊》轉至具體，並把前書思考的若干主題，如：「我與你」、「身體主體」、「信仰」、「忠信」、「生死觀」等在本書中加以更透徹的探討。

　　「是」的原英文是 Being，法文是 Être，中文譯成「存有」。亞里斯多德把此概念放到「形上等級」諸範疇的頂峰，使它成為可適用在一切存在事物的總共相。「存有」一詞本身不提供內容，它是空無所有，懸浮於萬物之上的符號，僅為知識論加持，對實際的存在來說，是無關緊要的「東西」。

　　馬賽爾在二十五歲前，完全服膺這種傳統哲學的觀點。他在巴黎大學寫《宗教之可理解性的形上基礎》博士論文，以純理性的思考來鑽研這個問題。他與外界斷絕來往，一心投入研究。其間，他把一些臨時有感的心得記下，這不是論文的草稿，而只為提醒自己有過的思緒。前半年前寫的日記，後來成為他的《形上日記》的上冊。

　　第一次世界大戰時，馬賽爾被召入伍，使他走出他的研究室，開始接觸具體的人。他因體弱而未上前線，被派留在巴黎的紅十字會中心做尋找遺失官兵的工作。在這個中心，他天天遇到的是前來詢問丈夫、兒子下落的婦女。

　　他在她們的臉上看到了一個一個有強烈痛苦、焦慮和失望的面容。這些面容使他逐漸從自我轉向「他者」。這些婦女原是陌生人，但現在變成一個一個具體的「你」。就這樣，馬賽爾在戰場的後方學到他未來一生要鼓吹傳揚的「我與你」哲學。

　　他終於從純理性的牢籠中脫穎而出，此後辯證式地追求純客觀性的研究已不再能吸引他。生命的真實體驗遠遠高過於一切由抽象獲得的概念。他終於有了自己的詞彙來表達他的見解：真正的存在是「臨在」，是「共融」，是「愛」。換言之，「我們」才是建立「主體性」的真正關鍵。孤立的我或「獨我」是「低存在」或「不存在」。他把原為空洞的總共相「存有」作了新的界定，以「互為主體性」來詮釋「存有」的真諦。

　　本書《是與有》是馬賽爾的第二本《形上日記》。他原寫了五個月的《形上日記》（1914.01.01-1914.5.8）在第一次世界大戰初期時停筆。一年半後（1915.09.15）重新執筆撰寫該日記的下冊。此時，他已經歷了一個哲學的皈依，他的步調與關切的事物已改變了：他從一個理性主義者蛻化成一個生命哲學家。他不再跼縮在概念的框框內，而要直接地去接觸存在。他以「我與你」、「互為主體」、「臨在」來表達他的新穎思想。

　　台灣心靈工坊出版社有志於推廣馬賽爾哲學，從商務印書館取得《是與有》一書的版權後，邀請譯者寫序，筆者樂予應允，謹願略為介紹一下此書的特點。

　　《是與有》是馬賽爾「哲學皈依」後寫的日記（1928-1933）。他出版此書時（1935）距他出版《形上日記》（1927）有八年，他受法國學者注目已久。因前書下冊涉及生命的具體經驗，引發了極大的興趣。他在《是與有》一書中隨著新的思緒相

當自由地在經驗的海洋中遨遊。故此書一出版即大受歡迎，也奠定了他在歐洲當代哲學中的地位。

筆者認為是他對存有的詮釋改變了傳統哲學的視野。為他，「存有」不是一個符號，或範疇，而是一個活生生的生命重現，是人與人間之「臨在」，他使存有之「概念」起死回生。他寫的經驗是大多數人會有的經驗。而人同心同，故不單西方人，東方人對之亦大感興趣。這才是真正的共相。馬賽爾稱之為「具體共相」（《是與有》，法文版，頁128），並說這是一種「不屬於概念層次的普遍性」。

由「具體共相」所構成的形上思考，必然不同於傳統形上學，但它要發展成一套完整的、有系統的論著才能開創哲學的新時代。在傳統形上學之霸占哲學界主流的時代，馬氏的原創哲學還得等待適當的時機，使它大放光明。或許同東方哲學的互動及交流可開發新契機的火花。

筆者在巴黎時曾拜訪馬賽爾三次。最後一次在他家的客廳中，當他聽說列維那斯教援要我寫以「奧祕與意識」為題的論文時，他一再吩咐我必須仔細閱讀他1933年發表的論文：〈存有奧祕之立場和具體進路〉（見拙著《存有的光環》心靈工坊，2020，頁289-325）。這篇論文撰寫時刻與《是與有》有部分重疊，他用不少篇幅討論此文。筆者曾按馬賽爾之勸導讀過該文多次，深得其益，覺得此文可稱為馬賽爾思想的撮要，對無法念該文原文的讀者，可從閱讀《是與有》一書之記錄中得到極寶貴的啟發。謹為序。

一九九〇年版譯者序

（譯按：這篇序文寫在 1983 年，今在第二版上再予刊登，或許有助於讀者對譯者在譯完此書時的感受稍有體認。）

這本書受中山學術文化基金會委託翻譯，歷一年半始告完成。雖然它的篇幅不大，筆者又在留法時閱讀過數次，然而要把它譯成易讀的中文，實在不是一件容易的事。筆者在課後工餘，用零碎的時間陸續將它譯出，費時甚多，但終告完成，了卻了一件心事。

馬賽爾之作品譯成中文者，這是第三本，另外兩本是《隔離與溝通》（先知），和《人性尊嚴的存在背景》（問學）。前書是三個戲劇的集本，後書選譯馬氏於 1961 年在哈佛大學所作之若干演講。嚴格地說，這兩本書都不是他的哲學經典。現在向大家介紹之《是與有》乃是他的《形上日記》第二本。馬賽爾親自出版之日記共有三本：⑴《形上日記》（1927）、⑵《是與有》（1935）、⑶《臨在與不死》（1959）。另一本由他的學生整理發表，名為《哲學片簡》（1961），收集馬氏最早階段（二十歲左右）之哲學日記。這四本已發表的日記可謂馬氏思想的原汁，是他的靈感和反省的筆錄。以可讀性來說，愈早期的日記愈難讀，因此，哲學門外漢，甚至修養有素者，都會感到《哲學片簡》和《形上日記》兩書之艱難。馬賽爾在他的自傳和若干文章中屢次表示他對自己早期思想之晦澀及表達技巧的笨拙大感不滿。當筆者於 1972 年與他討論時，他幾乎想勸我只從《形上

日記》下半冊開始研究他的思想，但立刻他又改變了想法。總之，《是與有》是他已出版中之第三本日記，寫在他的哲學皈依之後，已較前兩本清新易讀得多。上述「哲學皈依」乃指馬氏因第一次世界大戰之衝擊和若干不尋常的經驗，使他從純理性的思考走向重視具體的人生反省。他的存在哲學便是他哲學皈依之成果。然而他整個的哲學歷程還應從他最早的哲學方向來看，那麼他前期的作品，均成為了解他整體思想的重要資料了。

《是與有》是馬賽爾走向具體哲學思考後之作品，因此原則上，這該是一本可讀性很高的書。然而哲學家之為哲學家有其本色，即他的反省深度，表達技術，哲學造詣都使他的文字具有特殊風格。為能深入了解，讀者也應當具備一些相當的條件，尤其是尋求真理鍥而不捨的態度。那麼他能在成書半世紀後，仍能與作者不斷發生共鳴，感受作者每次獲得靈感之後的喜悅，甚至完全把握馬氏所發現的「存在」真義。

馬賽爾這位思想家由於沙特的介紹，已為哲學文壇周知。我國尚未有介紹他哲學的專門著作問世。然而有心人讀他這本《是與有》原典之後，必會體會到這位西方思想家異乎尋常，特別與東方思想接近，他之重視人際關係，強調直觀，以及具體的形上進路都使我們感到親切熟稔。筆者曾在巴黎花五年時間細讀其作品而撰寫論文。將他介紹國人，本是義不容辭的事，目前以翻譯《是與有》一書作正式介紹之端倪，希望以後尚能作更全面之深入介紹。

本書從法文原文譯成，也參考過英譯本。專門名詞原則上附英譯，為使大部分讀者易於了解，但若英譯不夠精確，譯者乃選法文原文，因此可能顯得不整齊，但筆者認為這是忠於原著而對

讀者最有利之附文方式（編按：新版本已全部改為法文）。此外同一名詞有時用不同之中譯，接上下文而定，但這種情況不多，且常附有原文，因此不難查明。

　　翻譯哲學書籍，尤其原典，是件吃力不討好的工作。中山學術文化基金會在高思謙博士推薦之下毅然決定本書之譯出，可謂有文化的膽識。譯者蒙此基金會鼓勵，終能如願以償，交出這本譯書，使該會出版名著之計畫又完成了一項，但願各位讀者不吝批評指教，使中國學術界藉一連串優良書籍之問世，再次激起喜愛哲學的高潮，則中國文化有幸焉！

第一卷

存有與所有（或：是與有）

第一編　形上日記（1928 ～ 1933 年）

1928 年十一月十日

今天我下定決心要繼續撰寫我的形上日記，或許用一連串相連的沉思方式來撰寫。

剛才我獲得一個思想，好像有些重要。我重新思考我有關「存在」的基本觀點，我在設想是否可能在某一種意義下說：一個概念存在著。下面就是我反省後獲得的結果：

以表象的方式看觀念——即按照一客體的樣子看它（前一陣子我曾經反省自問：當我們說一個觀念有許多方面時，我們指什麼在說）——這樣一個觀念分享這個客體之「內入存在」（*l'in-existence*）客體存在與否，取決於它是否分享「我體」（*mon corps*）之本性（la nature）；換言之，就在於它並不被我想成客體這個關鍵上。我們是否應該用同樣的方式說：能夠有或有一個觀念的存在？但是我們能夠這樣想，不是正因為觀念不能化約到我們為它所作的偽客觀的表象（représentations pseudo-objectives）去嗎？

唯物主義的解釋雖然很不適當，倒能暗示一些我試著釋放的模糊感觸。我們或許可以說：一個觀念存在與否要看它是否是「依附著」（*adhérente*）什麼東西。我很願意用一些具體的例子來澄清一下，但是似乎不太容易。那天我反省的出發點，是一個

事件的觀念（某君之手術），對這個觀念我有多種理由感到焦慮不安。有人會說，是我在把這個觀念不停地翻滾，或認為是這個觀念本身在翻滾，而向我連續地示呈出它的不同方面，有些像逐面地觀察一顆骰子那樣地去想像一個觀念。

1928 年十一月二十二日

一個奇異的觀念：可歸罪性（l'imputabilité），更好地說，歸責任於某人或某物之需要；這不是一切因果解釋的根源所在嗎？我覺得，關於這點，還有很多材料可以供我們反省下去。這種看法，照我看來，很接近尼采的心理學。

備忘錄

（日期不詳，寫於 1927 或 1928 年，為哲學協會上要發表之論文綱要。這篇論文以後從未發表。）

當我肯定一樣東西存在時，我常把這樣東西看成與我體相連的，或看成能與我體有接觸的，即使兩者之間只能有一種間接的接觸而已。只是我們應該清楚指出，這個我授予優先權的我體，不該為我是一個截然地客觀性的身體，它應該是「我」的身體。在我與我體之間具有的奇異而親密的特徵（我故意在這裡不用關係兩字），實際上影響到一切有關存在的判斷（jugement existentiel）。

以上所言旨在說明，我們無法將下列三項截分：

存在；

意識到自己是存在著的；

意識到自己是與一個身體相連的，就是說，是具「體」的（incarné）。

從這裡我們似乎立刻獲得若干重要結論：

（1）首先，對實在界的存在性觀點（le point de vue existentiel）似乎不能不是一個具「體」之個體（une personnalité incarnée）的觀點。如果我們可以想像得出有一個純粹悟性，為這樣一個純粹悟性，沒有人可以估量說：有些東西是存在著的或不存在的。

（2）其次，外在世界存在與否的問題會以另一種方式出現，甚至這個問題可能已經失去了意義。事實上，我不能沒有矛盾地想我體是不存在的，因為由於與我體連在一起（正因為它是我體），每一個存在物（tout existant）才能被界定，並且具有位置。另一方面，我們必須追問：是否有確實的理由，將形而上的特權身分——將我體看成與眾不同之物體——賦於我體嗎？

（3）如果上述可行，我們可以再次設問：是否在靈魂與肉體間之結合有一個靈魂與其他存在物結合全然不同的本質？換言之，一切對存在所作的斷言，是否都為某種體會到自己與宇宙相連之經驗所支持？

（4）要查考是否這類的對存在的解釋會把人引領到主觀主義裡去。

（5）指出如何唯心主義必然趨向消除一切對存在的考慮，因為它根本不了解存在。唯心主義相反形上學。

價值要從存在上被拆開：因為價值是太真實了，而不能再「存在」。

重視存在的哲學和重視人之位格的哲學（les préoccupations

personnalistes），兩者所關心的問題非常切近。靈魂不死的問題，這是形上學的樞軸。

每一個存在物，當它被思為可辨認的障礙時——就像在某些光景中我會碰撞到的一樣東西——它就具有抗阻力、不可滲透性（imperméabilité）。這種不可滲透性或許可以被思維，但我們把它想成一種不能完全被思維的東西。[1] 同樣地，我體之能被思維，就在於它是「一個」身體，而我的思索立刻撞到一個事實：即它是「吾」體。

如果說有一樣東西存在，這不只是說，這樣東西屬於一個與我體也屬於之同樣系統（即謂：此物以某種可以被理性限定的關係與我體連在一起的），而更是說，此物以某種方式與我聯合，就像我體與我聯合在一起一樣。

具「體」性是形上學的中心資料。具「體」是一存有與一身體相連之處境的顯示。這個資料對它自己來說是不透明的：與「我思」（cogito）對立。關於這個身體，我既不能說它是我，又不能說它不是我，也不能說它是為我而存在（客體）。立刻，主體與客體之對立被超越掉。相反地，如果我把這個對立看成基本情況，而以此對立作為出發點，邏輯就不能再施展其絕招，不再能使我與這經驗重合。這個經驗必會逃之夭夭，或拒絕被我了解，這原是同一件事。我們不應對這經驗之呈示某種偶性特徵（un caractère contingent）表示異議。事實上，一切形上探究都

1　這種不可滲透性能被我們思維，但不能被我們化約。世界之不透明，以某種意義來說，是不能被化約的。在不透明性與「我之為我性」（Meinheit）之間有一種聯繫。我的觀念為我自己來說也是不透明的，正因為它是我的。這裡有依附性（une adhérence）一概念的含義。（1929 年二月二十四日註記。）

要求這類的出發點：以一個處境出發，這種處境可被人加以反省，但不能被完全了解。

查問具「體」性是否是一個事實。我並不以為然，它是一個由之出發而可以有一個事實之資料（「我思」並不如此）。

這裡有一種嚴格地說不能被控制、被分析之基本處境。當我在含混地宣稱：「我是我體」時，我即在肯定上述的不可能性；換言之，我不能把我自己完全處理成一個與我體分開的一極（un terme），而視兩者是以某種可以界定的關係連結在一起的。就像我在別處說過：當我們一把身體處理成科學研究的對象之同時，我就把我自己放逐到無限遙遠的地方去了。

這就是我無法思索「我之死亡」的原因，但只若那架（不是這架）機器之停頓。或許更精確地可以這樣說：我無法將我的死亡提前，這是說，我無法設想：當那架機器不再操作的時候，我要變成什麼東西。[2]

1929 年二月二十九日 [3]

或許覺察到一個重要的錯覺（請參考上面有關具「體」性之備忘錄），就是設想不透明性與「他性」（l'altérité）可以相連在一起。可能事實恰好相反：不透明性會不會實際上來自我之干涉，即我以第三者身分插入自我與他者（l'autre）之間之結果？

2　「約定」（un *engagement*）的觀念。試著指出在什麼意義下我無法描繪我的死亡，並且我絕對無法有效地描繪它。如果我企圖思索我的死亡，我就會違反公定的規則。但如果把這不可能性轉化成武斷式的否定，那也是一定完全非法的作法。（1929 年二月二十四日註記。）

3　編註：原文如此。下一則是 1929 年二月二十八日，此處日期可能為作者筆誤。

　　外在世界之昏暗取決於我內在對我自己之昏暗：世界沒有固有的昏暗。我們能不能說，到最後還不是回到同一件事上？要問的是：這個不透明性一直到什麼程度是一個「事實」？更進一步可問：它是否是一個「行動」（un *acte*）的後果？是否是罪（le péché）的後果？

　　在我的觀念愈變成「我的」觀念之處，我愈覺得不容易把握住它們。就在那裡，它們為我變成不可滲透的東西。[4] 我在想知道，是否這種情形可以適用在一切實在界（réalité）。豈不是就在我投身參與到實在世界裡面去的時候，實在界就對我來說成為不能通透了解的東西（impénétrable）？[5]

　　上面所談為那些願意清楚地思索的人，實在顯得非常困難。我很樂意用另一種語言來講，即《形上日記》的語言：就在我體成為絕對媒介（médiateur absolu）的時候，我就不再與它「溝通」（communiquer）（溝通指與處在客觀關係內的任何存在物交往的方式）。我們還要說：我體為我不是，也不可能成為一個「所與」，因為一切「所與」（tout donné）都可以經歷一連串無終止的客體化過程（un processus d'objectivation indéfinie），這就是我所了解「可滲透性」一字的意義。[6] 我體有不可滲透

4　說我的觀念變成內在昏暗的泉源，是說：就在這種情形下，它們控制我如同一個暴君控制奴隸一樣。1933 年起草的《有之現象學》能澄清上述解釋。（註記於 1934 年四月十三日。）

5　在這裡我提前表達了我以後要寫的「奧祕」（mystère）。但這一段話的確含有一種在「不透明性」與「奧祕」之間的混淆。（同上。）

6　我再一次在這裡看到一個混淆的地方：客體之為客體（l'objet en tant que tel）本質上是能被我接近得到的東西，但不能被我所滲透。可滲透的，乃是「別人」。更精確地說，是「你」。（同上。）

性，就因為它是絕對媒介。可是按這個意義來看，這個「我體」明顯地就是我自己，因為我不能把我從我自己分別開來，除非我把我體轉變成一個客體，就是說，我不再把我體看成絕對媒介了。

這裡我願意一勞永逸地與一些譬喻斬斷關係。這些譬喻把意識看成一個發光的圓圈，在它圈外的一切為它都呈一片黑暗。相反地，陰影是在圓圈的中心。

當我設法尋找一個我與我體間所有之關係的解釋時，我發現我體好像我用過的一樣東西（就像用過的剃刀，用過的鋸子，彈過的鋼琴似的）。但是這一切「使用」（pratiques）都是最初使用的延長，而這最初使用便是使用身體。因此是在使用的角度，而不是在知識的角度上，我對我體來說，享有一種真正的優先權。這種使用之可能性，在於它有某種「共同體」的感覺（une certaine communauté sentie）作為基礎。但是這個共同體是不能被分解的。我不能合法地（valablement）宣稱：我與我體。困難來自：我把與我體的關係和我與我的工具間之關係看成類似的，事實上，後者假定前者。

1929 年二月二十八日

....

今天下午在準備要在維斯共底路（rue Visconti）九號舉行的會談內容時，我發現：唯一能克勝「時間」的因素，乃是信實（la fidélité）。（參閱尼采的具有深識的名言：人是唯一會作承諾的存有。）生命中並沒有什麼能使我們超越時間的特權狀態：

普魯斯特（Proust）的錯誤就在於他沒有了解這一點。普氏描寫的那類狀態只能有一種「發動」的作用而已（amorçage）。「發動」（或譯「導火線」）這個概念似乎要在我的思想中，扮演一個愈來愈重要的角色。可是應當注意到（這裡我覺得我和費郎岱〔Fernandez〕分道揚鑣）：這個信實，除非你甘心讓它萎縮，或讓它變成執著，它應當在那個我稱之為「絕對的與料」（une donnée absolue）裡獲得自己的出發點。（關於這一點，當我想念及我摯愛的人物時，我有極深刻的體驗。）從一開始，就應當有一種「被委託」的經驗（remise），有人將一樣東西委託於我們，以致我們不只對於我們自己要負責，並且要對一個活潑而更高級之原則負責（un principe actif et supérieur）──我很勉強地用這個抽象得可厭的字彙。

就像我給莫里亞克（Mauriac）先生所寫，我同時感到害怕和渴望把自己投身進去。但是這一次又……，我覺得在本源上有某樣超越我的東西──在我最深邃的內心「接受」到一種贈與（une offre）之後，我已經投身進去了。……要問的是我怎麼相稱領受這一切？這是一件很奇怪而明晰的事：如果我繼續使自己相稱於這個贈與，我會繼續相信下去。這兩者之間有一種不可思議的相互關係。

1929 年三月五日

我不再懷疑。今天早晨，我有了奇蹟般的幸福。我第一次清楚地經驗到「恩寵」（la grâce）。這是些驚人的話，但都是真的。

我終於被基督信仰（le christianisme）所包圍。我沉浸在裡面，幸福地沉浸（submersion）！但我不願意再多寫了。

然而，我又覺得需要再寫一些。有種乳兒牙牙欲語的印象……這實在是一次誕生。一切都變成不一樣。

現在也由於我的「即興力」（improvisations），我看得很清楚。要用另外一種世界的譬喻來講，這世界從前已經完全的「在」（présent），但它現在終於露面了（affleure enfin）。

1929 年三月六日

下面是有關時間的一些註釋，我預感到它們將有的重要性。幾時主體被思成具有「純粹接受性」者（pure réceptivité），時間與非時間（l'intemporel）之間關係的問題，變得稍為簡單起來：事實上我能把自己看成一個在時間中以連續的方式把握某物的人，此某物以另一種角度來說，乃是在同一時間內把自己完全交付出來的東西（譬如閱讀）。但是這種說法很抽象。主體不是「純粹的接受性」。或者，更精確地說，這個把握（appréhension）本身就是一個事件（無終止的〔indéfinie〕一系列事件；這一系列中所包含的事件與它所揭露的歷史不能分開）。換言之，主體由於是動因（agent），他投身入本來他只須辨讀的內容之中（並且除非他同時是動因，他不會具有「接受性」）。這是一種非常複雜的處境，但是我應該勉力地去把它想個透澈。我深信我走在一條正確的思路上，但是我會跑得出去嗎？

再確定一下：假定有一份可理解的資料，我把這「處在同時

刻之整體」（*totum simul*）稱為 L，而把「閱讀」稱為 λ。λ 指每次閱讀之總和；藉著每次閱讀，我逐漸領會 L 每個成分。這個閱讀就分為 λ1、λ2、λ3。而這些領會顯然都與 a^1、a^2、a^3 這些的閱讀行動相關連。只是這些個別的閱讀一經反省，就顯得完全外在於 L，並且對 L 的關係非常淡薄。（這種淡薄感也能引渡到與構成 L 之各個步驟之關係上。這些步驟當然已屬於「過去」〔passé〕）。這些步驟已屬於過去之事實與 L 為我顯得若一個客體之事實是緊緊地連在一起的（我在逐步地品評的一本書或鑑賞的一幅畫之每一部分……）

　　現在我們可以舉一個更複雜的例子。譬如說我有即興演奏的經驗。我逐步地意識到這個即興演奏的每一分段，這些分段很可能為我顯得缺乏連貫性，但是也可能我「體認」出這個即興演奏具有統一性，同時我並不把它看成客體，正因為這是一個即興演奏。（這些話與上面一段連得起來，即承認構成某一事件之步驟屬於過去之事實，與「處在同時刻之整體」能為我成為客體、成與料之事實之間有關聯。）在即興創作中產生的這種「體認」本身，實際上已是某種參與，就是說，這種感受不可能產生，除非我以某種方式置身其內。

　　我們還能向前邁進一步。參與對即興演奏有所貢獻，該是不爭的事。這個參與愈有效，則我愈積極地投入即興創作的經驗中去（我同這經驗之間愈不會為純粹接受性的關係），而以某種意義來說，我更不能把它看成「處在同時刻之整體」。但這種困難，這種幾乎不可能性（quasi-impossibilité）受這全體本身之結構之影響遠小於受我個人積極投入時所採取之方式的影響。老實說，我的處境並非使我不能擺脫交與我的一個職務；這裡應當知

道的是：在這個「擺脫」（détachement）面前我要採取什麼立場。我認為這才是最重要的一點。

A.——我很可能忽略去思考這個擺脫，而把我轉變成一個純粹旁觀者。這種轉變能帶來一個危險，即這全體為我愈來愈顯得好似一個純粹的表演而已（pur spectateur），甚至是一個缺乏意義的表演。因為除非我積極地投入一個即興創作的經驗中去，我大概不會把握鼓舞它之可理解的動力（le dynamism intelligible）。在我與這全體，或更深刻地說在我與我之間要產生一個懸隔。（以上所說假定下面一點：若一個純粹旁觀者，我從我自身拋掉那些能促使我參與的內在活動。但是這種被孤立和被隔絕的行動要失去其一切意義，而它們內在的空無會確實地傳染到即興活動本身上去。）

B.——相反地，這種擺脫亦能被我實際上想成是參與的一種內在化形式。在這種情形之下，我仍是體系之一部分，只是我的位置有了改變而已。

1929 年三月七日

如果我沒有弄錯，我認為把時間看成理解（appréhension）之模式，犯一個嚴重的錯誤。（因為這樣一來，我仍不能不把時間看成主體藉之了解自己的次序，而除非主體精神渙散，並且理論上把使他成為今日之他的基本投身〔l'engagement fondamental〕與自己一刀兩斷，則上述之見解是不可能成立的。）

下面一段是我在昨天下午反省「時間是考驗（l'épreuve）

之形式」所獲得的結論。從這個角度看，「絕對的即興創作」
（l'improvisation absolue）這一個譬喻常能供給我們取之不盡的
資料。這裡有一個超越時間的觀念，但這絕不指把自己提高，
就如在每一時刻我們對著一個空的觀念「一個處在同時刻之整
體」能作的一樣。這觀念之為空，由於它為我完全是外在的，
並且以某種方式顯得軟弱無力。超越時間乃指：以一種愈來愈
有效的方式參與那鼓舞全體之創造意向（l'intention créatrice）。
換言之，即把自己提高到一個平面，那裡愈來愈少有持續（la
succession）的現象，並且在那個平面上，把發生的事件用放映
電影般地持續表達，愈來愈顯得不完全、不適合，甚至終於成為
不可能的事。

　　我覺得以上所談的至為重要。就在那裡，並且可能只在
那裡，我們可以找到一條以「創造性的演化」（l'évolution
créatrice）到「宗教哲學」去的通道，但這條通道之行得通與
否則全靠一個參與的具體辯證（une dialectique concrète de la
participation）。[7]

　　雖然我尚不能完全建立起來，我也相信這裡有一個有關
「惡」（le mal）的理論基礎，它可以同時保持「實在」和「偶
性」（la réalité et la contingence）。

　　我們愈把世界看成一場好戲（spectacle），它為我們愈來愈
成為形而上地不可了解，因為在我們和世界之間建立之關係變成
本質上充滿荒謬的關係。或許我們可以把前幾天我關於內在不透

7　這個見解雖然是早在1929年出現，但在今天，甚至在柏格森大著《倫理與宗教
　　的兩個起源》出版後，為我仍是有效的。（1934年四月。）

明的論點與現在講的連接起來。

　　昨天我寫有關世界起源或世界在時間內的有限性的問題，為我看來非常重要。如果我把這個世界看成客體（用 A 義看「擺脫」），我不能不詢問：這個客體是怎樣形成的？這個結構是怎樣開始的？這是說要用思想把一連串持續地進行的操作重新組織在一起。「被視為或被處理成客體」之事實，與「占有一個可以重新組合的過去」之事實本質上是相連的。最簡明的例子便是經驗中所給與的位格（une personne empirique donnée）。但是我要重複一次，這種情形要以一個起初的行為（l'acte initial），藉之我與世界分開，好似把我從一個客體分開，而從各個方向予以觀察。對一個特殊物體來說，本來這種客觀態度可以說是完全合法的，甚至是必須的。可是當涉及宇宙整體時，純客觀性式地觀察就會成為不合法，甚至荒謬的一種態度。我不可能，甚至只在思想中，把我自己與宇宙真實地截分為二。只有藉一種不可理解的虛構方式，我才能幻想把我自己置放在宇宙之外，而以較小的規模來設想宇宙起源之各個階段。我也不能走到我的外面（這裡有一種啟發性的平行〔parallélisme évélateur〕），而詢問我自己的起源。此處所提的起源當然是指非經驗性的，而是形而上實在之起源。我的起源和宇宙起源的問題實質上是同一個和唯一個問題；更確切說，是同一個和唯一個無法解決的問題。它之所以無法解決，因為它與我自己的立場，與我之存在，與此存在之根本形上事實緊連在一起的。這裡，我相信，我們可以獲得一個對於永恆的絕對積極的概念。宇宙按其本色不會也不應當被思成一個客體，狹義地說沒有「過去」。它完全超越我上面提及的那種放映電影式的表達。關於我自己也有同樣的情形：從某一平面看，

我不能不顯得「與宇宙是同代的」（coaevus universo），這是
說，是永恆的。只是我在什麼次序內體會自己是永恆的呢？無疑
地，這是一個棘手的問題。我相信我們在這裡反省的與我今天上
午所撰寫的可以接得上。

事實上，方法常是一樣的：挖深某個形而上的基本處境。
對這處境只說「是我的」還不夠，因為它本質上「是我」（être
moi）。

我不能不寫：在我思想中出現了的光，為我而言，只是「另
一位」（l'Autre）的延長，祂是唯一的光，喜樂的圓滿。

我剛才彈了很久布拉姆斯的鋼琴奏鳴曲，從前沒有彈過。
這些奏鳴曲將常為我提醒這些難忘的時刻。我怎麼能抑止「氾
濫」、「絕對安全感」和「被包圍」在深厚的愛中的情緒呢？

1929 年三月八日

我對兩種「擺脫」的區別愈來愈感到有興趣：一種是旁觀者
之擺脫，另一種是聖人的超脫。我敢說，聖人之超脫產生在實在
界的內部；對宇宙來說，它完全排斥好奇心理。這種超脫實際上
是最高形式的參與。旁觀者之擺脫卻正好與之相反；它是一種不
只是理念上的，而是實際的背棄（désertion）。我認為一切古代
哲學之不幸都繫於此點，基本上它們都是旁觀式的哲學。

但是我們應當看到：如果我們相信藉著依附一種應用之即能
改變現實的實用科學，就能避免旁觀身分，這是純粹的幻想。這
裡我隱約地看到一個尚非明朗，但確是十分重要的觀念。我願意
試試看把它再說明一下。一個此類的科學所加諸於現實之變化只

能產生一種形而上的效果，此即使此現實對它自己也成為陌生者。「自我疏離」（aliénation）一辭倒能很確切地表達我要說的意思。「我不在觀劇」：我願意每一天要向我重複說這句話。這是一個最基本的精神資料。

精神命運之相互依屬性（Interdépendance des destinées spirituelles），在救援（le salut）的層面上，為我是天主教的最崇高的、最不尋常的特徵。

剛才我還在想：旁觀的態度與貪欲（concupiscence）很切近；更有近之，它相似於一個藉之主體將世界拉到自己身邊的行為。現在我體察到貝如勒之神中心說（théocentrisme bérullien）的深義。我們在這裡為了服務，是的，對這個服務的觀念，我們還當從多方面去探測它的含義。

今天早晨我還有一個靈感，雖然也有些模糊：有兩種知識，一種是凡俗的（profane），另一種是神聖的。（從前我偏向於肯定一切知識都是凡俗的，這種看法很不正確。「凡俗的」一詞有不可比擬的說明效力。）我們應當尋找出，在什麼條件下知識不再是凡俗的東西。

這幾天我體驗到難以置信的精神濃度。我的生命明朗化起來，一直到過去之深淵，而不只是「我的」生活而已。

每一次放任自己或許都是加給自己一個額外的限制，雖然我們並不理會到：給自己加上一條枷鎖。內心修煉（l'ascétisme）之形上意義就在於此。我以前從沒有了解過。

實在界好似一個奧祕（mystère），只能把它了解成奧祕。我自己也一樣。

1929年三月九日

不久之前，有一個重要的看法浮現到我的心中。我不能再以何種方式承認：在真理之外別有洞天的觀念（l'idée d'un au-delá de la vérité）。很久以來，這個觀念一直叫我不舒服。就在神的臨在（la présence de Dieu）真實地被我們體驗到時，真理與存有之間的空隙就填滿了。在信仰的觀點下，片面的真理不配再被稱為真理了。

「信」是未見事物之證據（La foi, évidence des choses non vues）。我不斷重複誦念這句充滿啟發性的話，但它只在發生這個事件後才具啟發性。

我也愈來愈理會到意志力在信仰中扮演的角色。這是關及有信仰者保持自己在一種人平面上相應於恩寵的狀態。以這種意義來看，這是一種最高形式的信實。2月25日以來，我對這個觀點一直具有一種清澈了然的領悟。

1929年三月十一日

我願意記下一個很健康的思想。對基督的福音採取批判存疑態度的深處，含有一個隱諱的斷言，即：一切不應該如此這般地發生。換言之，我們內在地制訂啟示（la révélation）應具備之形式——這種作法本是狂妄與極度愚蠢的。並且我強烈地感覺到，在這種批判存疑的態度中，常含有「這不可能是真的」之想法，因此人們常能在福音中找出破綻與矛盾的地方來。我卻認為個人良知沒有這類的立法權。記住福音中這句話：「變成小孩子

吧！」這種慧識非為一般相信老練本身即具有至上價值之徒所能
理解。這些反省還應當加以挖深探索。

如果有人預設一切奇蹟是絕對不可能的話，必然地一切相反
之辯解都不只要失去其說服力，並且本質上要成為可疑的東西。

我也想過，奇蹟之可信性可以克勞特（Claudel）和馬里旦
（Maritain）之皈依基督的事件來作有力的說明。沒有人可以懷
疑這些事件之真實性；同時沒有人會設想他們之所以能信是因為
缺乏足夠的信息。從而我們可以把這個信仰作基礎而設問：什麼
是信仰成為可能之條件？這樣我們乃從事實追溯到它的條件。這
是作宗教反省可取的最穩實的而唯一的可行之路。

1929 年三月十二日

今天早晨在翻閱脫倫多公議會（le Concile de Trente）所編
的教理大全時，我感到異常不舒服，並難以卒讀。這一切為我
極難接受。然而同時我又奇妙地感覺到，在我的身上好似有一
種靈工正在展開，一切的抵抗都要瓦解。這是一種幻覺（une
illusion）嗎？我曾太長久地處身局外審視這一切，現在我應當把
自己調配到一個嶄新而不同的視野裡去。這是非常困難的事。我
感到自己不斷地忍受一種內在灼焚的創痛。

1929 年三月二十一日

我才走完了一段崎嶇而隱晦的路徑，這一段路密布障礙，並
且很不容易把它再解說清楚。星期一晚上，我與M作了一次對我

十分有益的長談。並且我與 A 神父作了最後一次面談……這種
學習教義的方式我忍無可忍，尤其是發生在我與神之活潑關係陷
入低潮之時刻中，雖然這個關係並未破裂。今天我覺得已恢復過
來，這是確確實實的事。支持我最大的力量，是我不願站在那些
曾出賣基督者一邊的意志，不願與瞎子站在一起。此時此刻這為
我是福音內最具啟發性的活力所在。

1929 年三月二十三日

今天早晨我領了洗，內心有一種我不敢奢望的情境：雖然沒
有什麼亢奮的感覺，但卻體會到一片安詳、平衡、希望和信賴的
心情。

在盧森堡公園中，我獲得一個靈感，現在記在下面。實際
上，時間與空間可以說是誘惑（la tentation）之某種形式。在與
時空之無限對比之下，人體認到自己的微小。在這種情形下，驕
傲和虛偽的謙遜會並肩而出，因為人願意理念上與這雙重之無限
契合，這無限卻是以認知之對象的面目被人所領會的。

「神之臨近給我帶來暈眩之感」。又要回到「此地」與「現
在」兩個概念。它們具有一種無可類比之價值與尊嚴。以後對於
這點還要挖深研究。今天晚上我太累了，不能再繼續寫。

1929 年四月十二日

我隱約地看到一大堆觀念牽連在一起，亂成一團，無法清
理。

　　我願意再把那個成見之本質作一反省。這個成見便是認定：我們已抵達到一個不能再信仰什麼之時期……。這裡我們首先應當澄清一個關於經驗和成長之先驗概念（經驗好似成長，或成長好似經驗）。昨天我還在思索把「年齡」這個觀念適用到人類身上所產生的基本混淆。最近發生的事物，是否是那些有最古老或最年輕的內涵者？我相信我們常在這兩種觀點中或此或彼地選擇，更精確地說，在搖擺不定。基督信仰內的奇蹟在此刻對我來說，是絕對青年化的一個焦點（point de rajeunissement absolu）。或許也可以說是一切可能有的青春之永恆而持久之源泉。

1929 年五月十日

　　今天下午，可能由於昨天早晨在莫須路（rue Monsieur）聖堂參加禮儀所體會到的深刻印象之餘波，再加上與 C 之一席談話──他在收到我向他訴述我對士林哲學之自負深感困擾之信後，來找我談話的──我又開始反省起來。

　　我思索「救援」和「喪亡」（perdition）兩個觀念，並聯想到「形上日記」中一個重要的片段。

　　下面是要點：

　　只有活著的東西──即分享著生命者──或被看成分享生命者，才能說獲得救援或喪失救援。但尤其對那些在自身兼有存在和價值者可以如此說。然而我們必須超越這些範疇，可能就在這裡我們接近了亞里斯多德的看法。獲救的東西顯然是保存其形式（la forme）者，即以某種意義來說，如果不從生命，至少是從

變化（le devenir）中得以抽離出來的東西。然而難題來了：能獲救的東西本來只該是能被失去的東西。若果然如此，則這不該是價值，也不是形式本身。形式常常是牢穩的，它甚至不能受到威脅。終於出現了一個關鍵字：即「受威脅」這個觀念；我們應當從各個角度去加以深究。在生物學的層面上看（或者，譬如我們從純物質的觀點去考慮一件藝術品、一幅畫、一座雕像），「受威脅」之觀念相當明晰。今日世界之嚴重的倫理及形而上之謬見在於不願確認：靈魂也可以受威脅；更有進之，這種否定甚至走向完全否認靈魂之實在。我們還注意到：在心靈的次序中，更精確地說。在理智的次序內，一般人都會同意，認為威脅的觀念具有真實的意義。正因為如此，大家普遍地會認為：某些社會上的成見（國家間的成見，階級的成見）能夠威脅判斷的完整性（l'intégrité）。但是不少人對於把完整這一觀念應用到「人的位格」（la personne）上大起反感，除非把「人的位格」純以生物學的意義去了解，即謂：實際上，將之考慮成某種在使用中之儀器。為一個基督徒說，他絕不會以這種方式來考慮靈魂的；在這裡可能正常操作或甚至健康之觀念都不能再適用了。

1929 年五月十一日

很明顯地我們不能不把救援看成是直接或間接地與某個意志聯繫起來的事物（這個意志也可能並非屬於被救者的，譬如對一個嬰兒，或對一個類似嬰兒之靈魂來說）。為喪失永恆來說是不是有同樣的情形，這是我們該追問的重大問題。

我們習於設想：在生命的次序中，所謂失落或喪失只指一種

「隨其方便」（laisser-aller）而已。唯一的積極的東西乃是有效地抵抗瓦解的力量，這種瓦解性只是機械化地在生命中作用著。事實上是否如此呢？如果有人要界定「惡」的本質，基本問題就在於此。有人可以說：在一切事物之中心印有一層曖昧的符號，因為我們可以把死亡看成克勝機械作用者、克勝隨其方便者，或相反，我們把它看成一種具有毀滅性之意志的表達方式。這種曖昧性也能出現在精神領域內，但是我們能把它排除出去。在這種領域內不難看到有某種「摧毀」自己的意志的存在（或摧毀別人的意志，但意義相同）。應當探討的問題乃是：一直到什麼程度我們可以把在人心中發現的罪惡意志（la volonté mauvaise）之了解，去設想自然界中事物的情形。

1929 年六月十二日

下面要寫的是我常關切的有關本質對存在來說是否具有優先性的問題。實際上，把理念物（我們認為可以把它們看成不存在者）與已實現之物作對比，這為我來說是一個純粹的幻想。因為這只是兩種不同的存在模式而已。思想不能從存在裡跑出去，它只能對存在作個抽象行為，而它絕不能為這抽象行為所哄騙。通向存在（Le passage à l'existence）是完全不可思議、並且毫無意義的事，因為這只是在存在之內發生的形式變化而已。如此我們可以避免唯心論的侵擾。從而我們應該說：思想內在於存在，它是存在之一種模式，它具有一種特權，即可以同時為存在而把自己加以抽象，當然它之能如此作是在一定的目標之下。如果說，在這種意義之下，思想包含一種謊言，或更精確地說：思想基本

上叫人眼目昏暗看不到真實事物，這些說法都與事實不符。因為思想之昏暗，在知識之出現時，那是說在回到存有之刻就會消失。但是這種返回存有之被察覺必先假定承認自己原來是昏暗不明的。對於這個問題，我認為笛卡爾和菲希德（Johann Gottlieb Fichte）都犯了其他形上學對之並無責任之嚴重錯誤。笛卡爾之「我思」把人引入純粹的主觀主義中去，而另一公式「在我內有某個思想」（es denkt in mir）是遠較笛氏之公式更為可取的。「我思」不是一個泉源，而是個閉塞器。[8]

1929 年六月二十六日

我感覺在我身上剩餘的唯心主義今天完全被拔除掉了，好似在我身上驅了魔（多少受到了閱讀拉郎齊神父〔P. Garrigou-Lagrange〕之論天主一書的影響，雖然這本書並不能使我完全滿足）。

一連串的問題以下列的次序呈顯出來：我們對特殊事物之認識究竟涉及這些事物本身或只涉及它們的觀念？我不可能不採取實在論的答案。這樣我們就回到存有在其本身的問題上去了。對「一般性的存有」有一個朦朧的知識（une connaissance aveuglée de l'être en général）似乎是包含在一切特殊知識之內。只是我們應當對「一般性的存有」這些字的意義要小心交代。它絕不能指挖空一切個別特徵之存有。我能比較更清楚地表達我要說的：一

8　今天我已不會那麼直截了當地寫這些句子，然而我不修改它們，因為它們在我的哲學歷程中曾有力地表達出我當時願與一切唯心論割斷聯繫的決心。（1934年四月。）

切知識涉及事物而不是涉及事物之觀念——觀念本身不是客體，並且只在透過了一個可疑的反省過程而才能轉變成客體——這就暗示了我們與存有相連的事實。我們今後還該探索最後幾個字之意義。

1929 年六月二十八日

由於我除了用言辭外無法否認同一律的事實，我不能同時否認存有，同時採用一種或許有存有或許沒有存有之棄權態度。更有進者，存有本質上不可能被納入純粹可能物之範疇之內。因為，一方面我們無法設想在它之內具有一種邏輯上的矛盾，另一方面沒有人可以把它處理成一種經驗性的可能物（le traiter comme possible empirique）。或者我們沒有或不可能對存有具有經驗，或者這種經驗實際上是給予了我們。但是我們甚至無法設想還有什麼比我們的處境更有利的——我們的處境允許我們「肯定」那純粹的經驗不允許我們目前肯定的東西。這種處境最好說是一位既「看到」又立即能超越到斷言之另一端者之處境。反對存有論者之立場乃是否認可能有一個對存有所作無條件的斷言：簡言之，他們堅持多元的相對主義，認為只有存在物（les êtres），或實有的各項登記（des registres de réalité）而已，而不願意承認它們之中有一致性。只是或者這些字沒有意義，或者至少有人在這裡隱約地肯定了有一個包括這些字的一致性。這樣他必要逃入純粹的唯名論（nominalisme）裡去，我相信只有在這裡他能找到一個掩蔽之所。對於「存有」這個字，似乎不但沒有一個實際物，甚至沒有一個概念與之相符。從這個觀點看來，同

一律將被看成只是一種思想的「遊戲法則」而已，它將是完全與實際世界脫離關係的。從純粹唯名論，他輕而易舉地轉渡到純粹唯心論。但是這種轉渡是相當危險的，因為唯心論不能把觀念化約成記號。他應當明認出在觀念上至少有一個心靈的實現（un acte de l'esprit）。而這點又引入了一連串新的困難。

1929 年七月十七日

　　我願意在讀完拉郎齊神父的著作以後對傳統的證明神存在方式之合法性表明我的立場。事實上我必須承認在不斷受到唯心論的影響之下，我一直在逃避狹義的本體問題。我發現在思考存有這個範疇時我常有一種深切的反感。我能不能向我自己解釋這種反感呢？實際上我很懷疑。今天我覺得純粹的不可知論——即對存有之肯定採取棄權的態度——是站不住腳的。另一方面，我又不能在一個認為存有這範疇本身完全缺乏有效性的觀念裡找到掩蔽。如果思想擅願將價值的次序取代存有的次序，它將出賣自己，並不再認識自己本來的需要。同時它被判在面對資料時要停留在最可疑的曖昧之中，尤其是當它應當把握並且界定這個資料的時候。另一方面，我能不能堅持說，「有存有」這個斷言不管它有什麼外形（apparences）只是一種遊戲法則之形式命題，對之思想應該臣服以便能夠作用？換言之，它是否只是一種假言推論（inférence hypothétique）為了說：如果我維護某一個內容，這種態度已包含了它自己，因此它排斥其他與它不符的態度嗎？

　　當我肯定 A 是 A，用唯心論的話來說，這是指我的思想在肯定 A 時以某種方式把自己投入維護 A 的立場之中，但這種說

法實際上並不真正符合我所想的,當我肯定 A 與它自己之間有同一性。這種立場事實上為我是一切可能結構的條件(邏輯的或實在的結構——在這裡我不應再注意兩者之區別)。真的,沒有人能夠否認同一律,除非他也否認思想能接觸到某樣事物,除非他認為就在於我想某件事物時我停止想它——我的思想變成了某種能制止和註銷它之內容的奴隸。我們可以設想一種赫拉克利特主義(un héraclitéisme)或一種超柏格森主義(un hyperhergsonisme)走到那麼遠。只是問題在於知道:是否這個不再是想及某件事物之思想還會是一個思想,是否它會化失而變成一種對自己的夢幻。對我來說,我相信事實是如此。因此我們可以設問是否我能夠想我自己(宛若正在思想著,而不把這個被思的我轉化成為某種不是什麼的東西——這種東西本身是個絕對矛盾。在這裡我倒與多瑪斯主義(le thomisme)接近起來,至少以我對它的了解來說。思想絕對不是一個與自己的關係,相反地,它本質上是自我超越的。因此對真理作實在論式定義的可能性已包含在思想的本性裡面了。思想轉向另一位他者(l'Autre),思想渴慕另一位。問題的關鍵就是要知道是否這另一位他者就是「存有」(l'Etre)。我願意在這裡註明:可能不用「內容」兩個字更好,因為「內容」含有唯心論色彩。為我昭然若揭的乃是:如果我們不把為許多心智形成困擾的走向客觀性之進路從一開始就用作出發點的話,它永遠不可能再實現。

1929 年七月十八日

仔細地反省「想」(penser)與「想及」(penser à)之不

同。想，就是體認（或建築，或清理出）一個結構。「想及」卻不是同一回事，它包含了憶念和內斂。「想及」一個人或想及（過去的或將來的）某件事。我不敢說我們可以以同樣的方式想及神和想及降凡取體的基督，至少應當有一個條件——不把神看成結構。

另一方面如果對這個次序或這個結構拒絕給予任何本體價值的話，那也太冒失了，或至少言之過早。這一切還應當更深入地加以思索。因為坦白地說，我們甚至可以把一個具體的個人處理成思想的對象呢！（這樣作就是把「你」轉化成「他」。）

可以研究的一個問題是：是否把神看成結構這一個觀念包含在一切特殊的結構之中。

1929 年七月十九日

總之，思想所碰及的只是本質。應當注意這點：在這種情況之中剝奪人性尊嚴之行動（dépersonnalisation）倒是非常合法的；相反地，在「想及」的次序中，上述的行動是完全不可能的事。因為常常是一個具體的某人想及另一個某人或某一件事。這是非常重要的一點。

另一方面應該注意：我們愈把上下脈絡修復過來，我們便能從「想」滑入「想及」。這為了解「無限」（l'infini）怎樣地被包含在把個體思考成本質一事實中，是非常重要的。

還有一點，我們必須勉力去了解：為什麼向神祈禱是毫無疑問的唯一「想及」神之方法，更精確地說，這是類似一種轉移的行為，把在較低層次之「想及」某一人轉移到一個更高的力量上

去。當我想及一個人（有限的存有）時，我以某種方式在他和我之間建立起一個團體，一種親密的關係，一個「同」（avec），這種聯繫可能在我想及他以前已經中止了（最近幾天當我想及多年未見的中學老友時我的確有此感覺）。我又自問我如何能想及天主，這是尋找以某種方式能「同」祂在一起。很明顯地可以見到：這裡所討論的「在一起」與另一種把我和另一個人聯合之「在一起」大不相同。然而，我們別忘了：在想及某一人之事實中，我們已經積極地否認了空間這個觀念，那是說，否認了在「同」之內最具物質性和最能引起幻覺的成分。否認空間就是否認死亡，因為死亡以某種意義來說是凱旋，是空間能實現的分離的形式中最徹底的一種。死亡的人是什麼？他是不再在別的地方，不再在任何地方者。然而「想及他」是積極地否認他變成一無所是，完全滅跡。（這是記憶，甚至以某種意義來說，是歷史之形上價值。）我們可以在這裡再加深反省一個大家接受的觀念，即所謂不在者，或亡者，除了在我身上以外不再在任何地方。實際上，這種想法乃是相信有一種能保存真相的照片，這是一種未製版的、會褪色的照片，但至少還是照片。（他已離去，但我有他的照片。）可是我們在這裡再一次理會到一種絕對錯誤，由於對意識的自發性斷言不了解所致。當我想及他時，理所當然地，我在想及這個人，而人們所謂的照片只是媒介物，為幫助我們想像而已。（還該說，這種媒介性的支持隨著不同個人之記憶能力而程度不同。）我或者可以說記憶具有神奇的效力，它能夠超越所謂心理層次的中間物而長驅直入，碰到存有。（其中存有學的性質對我們來說也依然是不能通透了解的。）唯心論以及普魯斯特（Proust）均把這個存有看成純粹的結構，對於這種

看法我們應該秉公處理。如果把存有化約成一種臆想的綜合而已的話，那麼沒有人再能說明它了。但同時，把我與某個存有——與「存有」——連起來的形上行為常呈顯出一種在建設或體認之思想之活動相符的面目。

1929年七月三十日

今天早晨我有了如下的反省：

如果有某一種結構，空間的或時間的，或時空中的（我認為對時間中的結構〔structure temporelle〕有加深了解的必要，因為我覺得柏格森避免討論它，或許他對這個問題不甚了解；這樣一個旋律，這樣一個生命），很明顯地，由於這個結構是如此這般的一個，它就是這一個，而不是另一個。這裡同一律的意義又顯出來了。但我們應不應該從此下結論說：當這個結構愈失去它的精密度，或簡言之，當我們愈接近「無限定者」（$\acute{\alpha}\pi\varepsilon\iota\rho ov$）時，這個原則愈要失去它的價值。但是馬上有一些重要的問題要發生。我能不能與多瑪斯學派的人一起說：同一律強迫我肯定存有？除非我能確定存有不是「無限定者」，不然我不能這樣肯定。換句話說，為了使我不被強迫接受同一律只適用在理則學內的見解，而這種理則學把存有擅然歸諸於無限者（l'infini）之「無限定性」。這種見解顯然與古代哲人之見解有違。否則，我能說的只是：同一律實在不適合用到「無限定者」上去；這只為了一個簡單的理由，即「無限定者」是無法被我們思考的。也可以說，當思想達到不能再在其上作用的境地時，同一律就不能再被應用了。所以這裡有一連串可以區別的可能性：

A.——我們可以把同一律看成有限世界的原則，有限物相等於可被決定的東西（the determinated），而接受有一種能越過有限世界，以致不再受同一律約束的超越性思想的可能性（這一點還有待更仔細的考察）。

B.——我們還可以否認上述的可能性；斷定在有限次序以外沒有思想（以一切形式出現的相對主義）。這種見解把「不能被決定者」（the indeterminate）與「無限者」混淆。

C.——最後又可以把上述的見解推翻，而把「無限者」與「不能被決定者」分開，看成不同的事物。換言之，即設想，或甚至肯定有一種絕對結構的存在，此種結構同時也是一個絕對的生命，這是說是一種最實在的存有（*ens realissimum*）。這種見解認為：同一律將陪同思想作用一直到底，但後者不必從「可被決定之物」中出去而能提升到了解有一個真實無限者之可能（un infini positif）。

「有存有」這個斷言只在 B 假定中被排斥。這是說，如果一旦把存有看成「無限定者」，即謂存有本質上非這個那個，它就不受專司這個那個——即專司能被限定物——之原則的管轄了。在所謂的特殊結構的次序中，我常是處於假定的情況中（l'hypothétique）。假定 S 在某些尚須確定的情形中成為我的資料時（我們不應忘掉表象雖然並不存在也能成為我的資料的），我就能肯定說：「它是」（il est）。或說：如果它是，它就是（s'il est, il est）。這個公式很不清楚，一點也不能叫我滿意。我看不清楚了，我應當停下來了。

1929年七月三十一日

我們能把存有處理成結構的成分，好像屬於或不屬於某一類結構的限定（determination）嗎？我覺得絕對不能這樣看。就在這種意義之下康德很正確地否認了存有是一個賓詞。那麼能不能說存有是主詞？

我不知道為什麼今天不能在這條思路上繼續思索下去。

我們必須徹底消除一個看法，或貌真實偽的看法。這看法認為實物（du réel）在透過某種氛圍（milieu）時產生折射，而表象就是這個被折射之實際物（le réalité）本身。因為不論用那一種方式去考慮理念（l'idéal）──指「純理念」──我們不能把它描繪成產生折射的氛圍，即使只為了我們難以確定如此這般的一個氛圍之本體地位的原因；實際上它是懸掛在存有與非存有（l'être et le non-être）之間。這裡排中律（le principe du tiers exclu）的意義完全彰顯出來了，它又被實際物之程度和範圍的觀念所補充。我們是投身入存有之內的，我們不能隨意地從存有脫開；更簡單地說：「我們是。」迫切應當知道的問題乃是對著這個整體的現實世界，我們應該如何處身其中。

我相信昨天看到了一些重要線索：純粹的現象主義是自相矛盾的，並且沒有任何意義可言。否定存有論的態度必要把我們引入 B 的可能性中間去，而把存有看成「無限定者」。這裡我倒不再堅持說：如此一種看法仍是沿著限定的思路方式前進。存有論的反對者要說他拒絕從這個或這一個之次序中走出。而就在這一點上，我們應該勉力採取一個不動搖的立場。我模糊地看到下面這一點：把實有分成碎片（譬如說：這樣東西存在，那樣東西

存在等等）。如果要避免走向荒謬，走向一種顛倒的原子論的話，為使自己獲得平衡應該包含唯心論對思想的一致性所作的斷言，並且應當對這一致性之本質加深了解。雖然我尚不能指明，我相信如果某人接受思想在本質上是通向存有的過程的話，他就無法對一個支離破碎的實在論感到滿足。將來我還要回到這點上來。

如果有人說：「『有 A、有 B』等等；但我不能肯定『有』存有。」這種說法為我看來是在表示下面的意思：「A 參與存有，B 參與存有，但他們所參與之這個存有或許不可能被人稱為『是』存在的東西。」很明顯地我們可以察覺到，這樣一個假設與同一律產生矛盾，因為它還是在宣稱可能存有是沒有的（上句「可能」兩字為緩和語氣，但並不改變多少內容）。難道這不是把存有處理成好似顏色、硬度一類之性質嗎？這一樣東西的表面是著色的，另一個表面也是一樣，但是我並不能循此而推論說：「顏色存在。」只是顏色本質上顯得是某種「混合物」（μῖξις）的分子；或者如果你同意的話，用我的詞彙來說，它是某個結構的分子。可是這種看法與存在完全格格不入。我們連一秒鐘也不能設想：存有與另一樣東西可以組成混合體。我們似乎處在一種應該比柏拉圖更伊利亞（éléate）式的情景中而主張：嚴格地說：非存有（le non-être）不存在且不可能存在。這可能就在說：亞里斯多德與多瑪斯很合理地把 [存有的] 範疇（la catégorie）與 [存有的] 超越屬性（le transcendental）分開。這點至為重要。但是我們也該體認「參與」一詞本身非常曖昧，甚至能令人誤解，因為它不可避免地要引人進入一種對存有

及其賓詞，或其屬性之間關係的混淆。[9]

存有論引起的一種懷疑態度，按我看來，是由於某些存有論者似乎把絕對無法特質化的東西（l'inqualifié par excellence）予以特質化和實質化（hypostasier）的結果。因此，我們不應當在下面兩種態度中搖來擺去：一種是陳腔濫調（truisme），認為存在的就是存在的，另一種是謬論，它把存有歸屬於「無限定者」。（請參閱昨天的筆記）。解決之道難道不在於肯定存有之無所不在（l'omniprésence de l'être）嗎？這或許就是我不適當地稱之為思想「內存」於存有（l'immanence de la pensée à l'être）的說法。這是說，不是同時在肯定「存有」超越「思想」（la transcendance de l'être à la pensée）嗎？

1929 年八月五日

我到現在還沒有完全澄清我在三十一日所記下的最後一部分思想。肯定思想「內存」於存有不是別的，乃是與實在論者一起承認：思想一開始出現，它立刻牽涉到某一樣超越它並且它不能企圖將之融入自己而不把其原來本質歪曲的東西。這種看法為任何接受過唯心論教育的人看來都是駭人聽聞的事。他要問：怎樣才能避免上述禁行的融化作用，怎樣我才能不作一個把觀念和觀念指向之物（l'idée et l'idéat）同時包含在自己內但又溢出上述兩者之外之綜合行為？現在輪到我了，我也要問：假如綜合行為是可能的話，它會不會超越推理思考（la pensée discursive）的

9　這點對我今日來說尚有討論餘地。（1934 年四月。）

限制呢？這裡有很多叫人迷惑的陷阱，我們不能不對之產生戒備之心。

我頗願意知道上面這些討論能澄清多少參與存有之觀念。

我對這些資料感到的不對勁，一部分來自我對判別「存有」和「存在」之關係常有的困難。我覺得理所當然的是：存在常是存有之一種特定方式。我們應當考察是否這是唯一的方式。可能有一種只是「有」（être）而不存在的東西。[10]原則上我認為顛倒過來講也講不通，除非只是在作文字遊戲。今後我將會謹慎地用有存在性的例子（exemple existentiel）來研究參與存有的問題。我上面對不可能有「混合物」的說法自然地可以適用在這裡：我不能以任何方式說，這樣的一個物體或這樣的一個存有，由於它是存在的而參與存在的性質；當它停止存在時，它就停止參與存在的性質了。[11]

可能錯誤之真正來源是這個。（請參閱七月十七、十八和十九日的筆記）。我混淆了「想」和「想及」，而這種混淆有利於前者。然後我繼續前進把從「想及」中呈現的存在處理成能被「想」所解釋的特性。我對這一切反省都還不太清楚。我想「及」一物，想「及」一個存有；這裡存在與想及它或他之行為相連，我想及他們好似存在著的，即使我否認他們是存在的。但如果我把存在從他們那裡孤立開，我就對「之」思索，換言之，我將之處理成本質，更確切地說，我將之處理成「偽本質」

---

10 我看到的最簡明的例子便是「過去」。「過去」不再存在，但我不能輕易地宣稱它不再「有」。

11 我要問：「不再有」以某種一般意義來說，是否就是變得混淆不清，就是回到了「無限定者」。這裡有路可循。

（pseudo-essence）。這不是又為了說：狹義地看，沒有存在的觀念？因為存在是最後的限界，或說存在是思想本身的座標軸心。

可是有一個困難還存留著：難道不是因為我以某種方式思考存在，也因之而為我自己對它構成某種觀念，終於我否認這種觀念是可能的？這實在是個「二律背反」（*Antinomie*）的矛盾。

1929 年八月九日

實際上我同意多瑪斯的公式：思想的結構要它指向存有，就如眼目指向光亮一樣。只是這樣一種表達方式相當危險，因為它勢必叫人要質問：究竟思想本身是否「是」有的？這裡作一個反省可能有濟於事。

我思想，所以有存有，因為我的思想要求存有，它並不把存有以分析的方式包圍住，而是使自己轉向存有。要經過這個階段是件非常困難的事。以某種意義來說，我只有在不存在的情形下才思考（梵樂希〔Valéry〕[的名言]？）；這是說在我和存有之間有某一種隔閡。只是要看清這指什麼而言倒不太容易。無論如何我覺察到在思想和欲求（la pensée et le désir）之間有緊密的聯繫存在。[12] 很明顯地，在這兩種光景中，「善」與「存有」扮演類似的角色。每一個思想都超越當下意願（l'immédiat）。純

---

12 今天我再讀這一段，我自問說，由於稍後我把「欲求」放在一邊，而把「意志」和「希望」放在另一邊，我對以上說法是否應該修正一下。如果把思想作一個分析，我們會發現：在思想中有一種對立或一種等級，與我在這裡補充所說的極為類似。

粹的當下意願化把思想排斥在外面，就像它排斥欲求一樣。可是
這種超越活動暗示一個被磁極吸引的事實，一種目的論。

無日期

　　毫無疑問地，加強對本體性的需求是當代思想最顯著的特色
之一。這裡我們不以形上學技術性表達的角度來看當代思想，
而是從另外一些次序之角度來看它；在這些次序中，觀念之得以
把握只靠它所激起的意象世界，而後者並不能完全為它所同化
或控制。無疑的，嚴格地說，在這種情形裡我們可以看到一個
能為純粹經驗層次解釋的簡單事實，可能這種解釋來自滿染社會
學色彩的心理分析學。某些知識份子會輕易地、甚至衝動地把肯
定存有的需要與為對抗戰後悲觀主義而有的尚未昇華的生活本能
連在一起。這裡有一種我不敢說是靜觀、而是為作修辭練習很有
裨益的主題，這種練習不具任何深刻哲思的意義。事實上問題的
關鍵──此問題不被大多數當代人士所提出──在於設問：究竟
到什麼程度一種解釋真正具有排斥要解釋之事物的權力，或保證
自己不受它損害的權力；因為一切信仰，可能甚至一切真實的斷
言，為純理性主義者看來，都具有毒性。我不知道是否我懂錯
了，但我覺得以這種方式去看科學解釋，那是說把科學解釋直截
了當地看成一種驅邪（un exorcisme），很符合人類心智的一種
不健全的態度──這種心態是近代人受到實證科學的蠱惑而興起
的。

　　我還是回到在這些探討出發點所舉的例子。價值判斷，或更
好地說為本體需要所要求的形上鑑賞不可能依賴任何經驗層次的

條件——在這些條件之下一個相當仔細地被質詢過的經驗允許我們體認到這種需要逐漸明朗化並且不斷地在增強——這種情形豈不是非常明顯的嗎？我們所謂的人的正常狀態（這個名詞老實說是空無意義的，雖然它確實帶給我們一些撫慰和安全感）很可能絕對無利於真正深入的形上研究所企求及能激發的內在復甦。不論一個對所謂推理思想從經驗獲得的補給所作的調查能抽取什麼結果，最簡單的反省都會立刻揭示某種心理病理學（psycho-pathologie）之錯誤。這種病理學之夜郎自大完全來自對認知內容和意識藉之而把握這些內容的事實模式混淆不清。切斯特頓（Chesterton）曾很精闢地批判過精神健康這一概念，以及隨這概念而來的一切贗造的新偶像崇拜主義。他的見地很有價值。所以我們不應有片刻的猶豫，去體察今日本體研究的復興實有其因。此不外乎對重壓在人們精神上的一種威脅有分外強烈、甚至片刻不離的感受。是啊！要觀察並記述一些具體例子實在毫無困難。但這類的觀察不會帶給我們真正的思想豐收。[13]

無日期

我的生命和我。

我能思考我的生命嗎？當我要更確切地把握「我的生命」的

---

[13] 更確實地說，沒有人能從以上所言說找出理由來減損本體渴求本身的價值。可是值得一問的是：是否普遍威脅的尖銳意識是一件正常的事，而絕對地不只是一個原則上（宛若有些人所想像）非常安定的次序意外地受到騷擾。終於我們應當說：當一個人愈覺側身在對自己最真實的存在有危險性的處境中的時候，他愈會感到本體需要之加強與加深。毫無疑問地，這種看法非常切近從齊克果到海德格一線而下的想法（1934年四月）。

含義時，似乎一切意義均雲消霧散。我有一個過去，我也有一種對悸動之現實（actualité palpitante）有感而生的某種情緒。但這一切就是我的生命嗎？我的過去，就在我思考它的時候，不再成為「我的」過去。

無日期

把存有看成信實（la fidélité）的場所。

這一個驟然從我心中湧出之公式，給我帶來關於某些音樂觀念取之不盡的靈泉。

這是深入存有論（或本體論）之進路（Accès）。

變節本身便是惡。

1929 年十一月六日

我怎麼能許諾──將我的未來作一約定（engager）呢？這是一個「形上問題」。一切約定都局部地是無條件的。這是說：它本質上要對在基礎上建立此約定之處境中的若干可變的分子加以抽象。譬如我給 N 君許下明天要去看他：在這個約定的基礎上，可能有一個我此刻具有要使他高興的願望，也可能因為在此時此刻我並沒有預期什麼要做的事。但很可能明天，即在我應當履行我的許諾之時刻，我不再感到這個願望，卻相反地極其渴望一種我在此刻作許諾時根本沒有想及的興趣。因此我絕對不能對再次感到這個願望作一約定，或預先假定：如果一個類似的機會出現，我不會受其影響。更有進者，如果要把我的約定延伸到

我對其內容能有的感受的話，我覺得此中有哄騙的成分。這種作法好似在肯定，在宣布一種我實際上會說出的謊言，當務之急乃是：在「約定」這件事本身及並不被約定所暗示卻關及將來之斷言之間，應作一個明晰的判別。我們甚至應該說：暗示斷言之約定內含矛盾；因為這樣一來，此約定會降為有條件性的了：「如果明天我還感到要來拜訪你的願望的話，我會來的。」從上可知為什麼約定有某種程度的無條件性：不管我明天的心境是怎樣的，我現在亦無法對之有所預測，我還是會來！從此在我身上出現兩種不同的「素質」：一種是我之所以為我之同一性，它在時間中不作改變，並具有對其所保證的事負責之能力；另一種是在我身上其他因素之總和，這些因素受到上述的同一性（或我之為我性）所控制。

在中心成分以外尚有外圈。譬如我的健康情況阻止我外出，那我就不能來了。明顯地，在仔細分析之下，我們可以看到一種明暗可辨的關係存在於可由我控制和我無法控制的成分之間。因此只有一個能不把自己和自己所有的處境混淆者──即能「識別」自己與處境之不同，相信自己能以某種方式超越不斷在變動中之自我，並能對自己負責者──才能訂約。此外，如果具有上述能力者只有一個較少曲折且內在地較和諧的成長過程來作抽象的話，他一定比較容易對自己負責，這是非常明顯的事。還該加一句話說：如果我真正了解我，如果我愈理會到我內在的不穩定，我愈不會輕易地訂約了。然而在一切情形之下，有一種我們可以設想的現象主義必會堅稱一切訂約均為不可能，因為它把我與我當下的現境看成完全一致的東西：因此我怎麼可能與另一個尚未存在、並且實際上我不認識的主體聯合在一起呢？

　　訂約的問題理則上走在信實的問題之前，因為以某種意義來說，我只對我自己的訂約忠信不渝，這是說，對我自己忠信不渝。那麼我們能不能說：一切忠信都是對自己忠信而已？這種說法有什麼含義呢？為了逃避這個問題，會不會有把訂約按等級高低作一排列的可能？會不會有一些訂約本質上便是有條件的，而我只是以一種不合法的越權行為將它們「無條件化」了？例如對文學或政治意見有依賴性的某些訂約。很明顯地，一方面我無法保證我對雨果（Victor Hugo），或對社會主義的意見絕對不會變更，另一方面如果我許下將來一定要依一個屆時已不再是我的意見行事的話，我的許諾必是荒誕不經。我的人生或美感經驗在某些範圍中能發生不能預料的變更，這是不爭的事實。因此我們應當探索是否有一些能被吾人體認為超越經驗對之可能有的影響之訂約。

　　讓我們從這些反省再回到向一存有承諾忠信的問題上：沒有人會否認：經驗不單能影響我對某一存有所具的意見，並能影響到此人在我身上激發的各種情緒。這裡我們不只在討論某一種能終止存在的欲念（un désir），更是說某種同情感可能會變成憎惡和敵意的事實。

　　那麼在什麼意義之下，我能向他許誓忠信而保持心智的正常呢？這種荒謬性不是有些像一個決心只投保守黨票的公民，即使有一天他參加了社會黨，還該繼續投保守黨的票一樣嗎？如果這兩者之間有所不同，那不同究竟在何處呢？這就是問題癥結之所在。

　　我們在這個反省之前已經看過：除非有某種同一性之至少隱約的保證，一切訂約均為不可能。但是我們也不應該把自己局限

於抽象之中。此處論及的同一性不能只是純抽象的：即某種意志的同一性。這個意志越是抽象，那麼我越會成為一種形式的奴隸——這種形式要在我自己和生命之間築起高牆。這種情形卻不會在另一種光景之下產生，即在訂約之根基處如果已有某種徹底的了解；但這不是很明顯嗎：這類了解只能在宗教層次才能有？今後我應當從此點出發來繼續反省這類問題。總之，這種了解之對象應該是「存有」（l'être）或某一存有（un être）。

1929年十一月七日

這裡確然地有一個非常嚴重的問題。我能不能限定我自己在明天還感受到我今天所有的感觸？當然不能。能不能我強制自己在明天以我今天所感受的而明天不再感受之情緒待人處事？當然也不能。那麼我們應當不應當承認，當我向某一個人承諾忠信時，我超越了一切合法的訂約的範圍，那是說不再相合我的本性？或許有個解決辦法，就是無論如何我要對我的言語忠實有信，並且在作訂約時，我為自己設立了一個將來會幫助我實踐的動機。這種解答能滿足我嗎？

似乎不能。因為首先我可以設問：如果今天我有守信的意願，這意願在多種原因之下到了明天會變得非常脆弱；那麼以什麼權利我能把這個意願看成常數呢？我之能如此做，只在我不把這個意願看成一個單純光景的條件之下。從此，我們應當把「感覺」與「理會到自己應踐行的責任」分清楚：我可以沒有這個附加的感覺，但仍應當遵守諾言。明天可能我不再有守約的想望，但我仍會想我應當踐行信約。

這裡我們還該小心不要落入形式主義或純抽象的危險中去。會不會有人要指出，說我藉只被我自己所約束的說法來簡化難題？還有別人的存在，以及別人對我失信所作之判斷給我帶來的怕懼。我還是相信：我們有權利把這個因素加以抽象。因為能有一些個案，我之失信只有我一人知曉。

於是下面的問題又逃不了要再被追問：當我承諾時，我建立的一種聯繫究竟有什麼特質？理會到自己受約束，可以說是確認一個事實，但這是什麼事實呢？譬如說，我簽了字，我應當履行——我確認這是我的簽字。能不能說我在把只有社會性價值的因襲行為轉渡到人的內心次序中去了？

我相信我們必須把這種亂真的解釋擱置一邊，因為它們只會把問題弄得更混亂。那麼，究竟是什麼東西使我設想我有履行我簽字承諾之事的義務？很明顯的，這一切反省之有乃為保障簽字的價值。在某一特殊個案之中，我把這價值否決時，簽字之效力也不再存在（暫且不管我讓這個案可以成為例外之意願是什麼）。但是，總而言之，這裡一定有一種幻想，現在我亟願將它澄清。

從社會角度看，如果我不守承諾，我無疑地會受到嚴厲的處罰。那麼，是否我可以只關心，且實踐那些我一失信就會受到處罰的承諾呢？那麼為什麼不把我生命中有束縛性的成分減約到最小程度呢？請看這就是上類反省包含的一些漏洞。（總之，它在設法化約掉，甚至滅絕「無條件性」的角色。）

現在要考察我能束縛我自己的權力大到什麼限度。這就觸及昨天討論的問題了。某一種「變化哲學」（une philosophie du devenir）拒絕給我這個權力。這是最嚴重的問題。

　　我沒有權力去訂立一個實質上（matériellement）我將來無法實踐的約定（更好地說，如果我是真誠的，我應當知道實在有這種光景）。「輕率」。

　　但是有沒有一種不能被視為輕率地訂立的信約呢？可以與支票作一比較。我知道我實有的資產數目。我的承諾之能成為合法的或有效的，就在於它不超過，或最多只達到我實有的資產數目。只是我們目前處於一種此類比較不能適用的範圍之中：在前面論及「無條件性」的成分時，我已經表明了這個觀點。

　　現在我隱約地看到的乃是：在極限處可以存在一種要求整個的我投入而訂立的絕對約定，或至少由一種要否認它的話就會否認整體之我的實在性所訂定；而另一方面，這類約定以存有的整體作它的對象，並且在這整體本身的臨在前訂立。這就是「信」（la foi）。很明顯地，在這種情況之下，失信還是可能的事，但不能以在主體或客體中發生一個變化來自辯，唯一解釋之道乃是「墮落」（une *chute*）。這是一個值得繼續被深究的觀念。

　　另一方面我也覺察到下列事實：並沒有純粹無償的訂約，就是說，從存有那一方面我不受到任何干預的約定。一切的承諾都是一個回應。一個純粹單方面無償的承諾不只是冒失，並且能被視為傲慢。

　　此外，傲慢這一觀念在這一連串的討論之中扮演一個首要角色。我覺得從頭就應該指明：驕傲絕對不應該成為信實所依賴的原則。我隱約地看到的乃是此點：不論外表是怎樣，信實絕不會是指向自己的忠實，而是牽涉到一種我稱之為存有對我所有的「把持」（la *prise*）。

　　這一切我講得很混亂。對這些散亂的觀念，我還應當加以整

理，並且予以更剴切的說明，可能還該舉一些例子。問題的關鍵是要知道某一個訂約是否有效時，我們該不該考慮訂約者處身的境遇（譬如說一個醉漢的誓言）。他的心靈必須是冷靜自若的，能清楚地宣稱他自己的判斷是怎樣的（不給自己保留在將來追悔的權利）。在這種情形下我們乃發現有一種極其重要的判斷，它的位置就在訂約之根基處。而這種判斷並不把實在界對吾人所有的把持加以排斥。相反地，它對吾人的把持就是那個判斷的基礎。判斷只是延長且承認某一個理解而已。

1929 年十一月八日

對真理之愛或尊敬把人帶向信實。如果把這種 [對真理的] 愛看成是與自我一致的意志時，就犯了錯誤（這種錯誤與一個只向自己本身承諾忠信之驕傲非常相似）。換言之，我們應該小心別把理智（l'intelligence）看成形式之認同。在理性之根源上應當有一種對於實在界的把握。這種關聯性叫我大為驚訝。[14]

我似乎也應該指出信實與對未來的完全無知是如何緊緊相連起來的。這是一種超越時間的方式，就因為它本身為我們來說已具有絕對的真實。在向另一存有承諾我的信實的時刻，我對於等待著我們的將來是什麼，以及甚至以某種意義來說，這個存有在明天會變成怎樣的一個人，都不聞不問。而就是這種無知（cette ignorance）賦與我承諾它的價值與分量。這種承諾並不涉及、也

---

14 反省一下「活一天算一天」的生活方式會是怎樣的。這將是把生活放入夢境，這是一種缺乏真實的生活。

並不是為向某一種（絕對地說）被給予的事物回答。一個存有之要素恰好是他既不能為別人也不能為自己成為被給予的東西。我覺得此處我們觸及一些重要的東西，甚至是用以界定人的精神性（la spiritualité）的因素（這種精神性不同於包含在欲望中的關係，若非生理的、至少是實際的關係：但我們不能把我們自己化約到剎那的片刻，或至少在那些我們只有功能性的存在的時刻）。

無日期

前些日子我曾向 C 君許下我要回到診療所來探望他——他在那裡已躺了幾個星期，在垂死的境況中痛苦異常。

在我向他作這個承諾的當下，我發現這個承諾實在是從我的內心深處向外躍出。由於受到一陣同情憐憫的心潮的侵襲而產生了這個承諾：他已不治了，他知道我也知道。自從我上次探望他以後，已經有好幾天過去了，我當時向他承諾時所有的環境並未改變，對於此點我不能對我自己作任何幻想。我應當能夠說：是，我敢肯定說，他的情形繼續在啟發我的同情心。但是我怎樣能為我內心感受之有所改變作一辯護呢，因為自從我上次向他許諾至今並沒有發生什麼足以改變此許諾的事故？然而我必須承認我那天對他產生的憐憫心今日已不復存在——我現在對他只有一種純理論性的同情。我還是判斷他是個可憐的人，他的情形值得我關切，但是在那一天，我想都不會想到要作一個如此這般的判斷。那時候並不需要作什麼判斷。當時我對他產生一種不可抵抗的關切心情，願意盡所可能地幫助他，向他顯出我與他在一起，

他的痛苦就是我的痛苦。但是現時現刻我應當坦白承認，這種關切心情已不復存在，我能力所及者至多只是偽裝，向上述那種心情作一模仿而已，而對這種作法我內心感到極不舒服。現在我所作到的只是觀察到 C 君是個令人可憐的病者，孤苦零仃，我不能拋棄他；並且我許下要回來。我與他之間有一個合同，我已經在上面簽字，而這張合同目前保存在他的手中。

在我內的這種沉默與從我內心深處直冒的同情呼聲實有強烈的對比，然而它為我並不顯得神妙莫測。從我的情緒的韻律中逐漸在我自身發現一種足夠的解釋。但有什麼用處呢？普魯斯特說得對，我們並不能處置自己的一切；在我們的存有之中有一個部分，在一種特殊的境遇下（可能是一種並不能被我們完美地思索的境遇），突然為我們敞開起來；剎那之間，大門的鑰匙給我們交了出來；幾分鐘以後，大門重新關閉，鑰匙已隨之消失。對這種境況，我只有以謙卑的悲哀加以接受。

然而前幾天我所作的訂約是否太出於無知，一種有過失的無知，對隨後會發生之一切變化，心情之高低潮間歇的無知？是否當時我太自信地肯定了，隔天我仍會感受我此刻在病人床側所深切感到的同情？或者我當時並非如此自信，而只是說，過一些日子一個實質性的景況——我之來訪——必會發生？應當怎麼回答呢？我應當否決這種兩者擇一的說法。因為當時我並不向自己質詢：那時我對那位病人具有的憐憫心情是否必須在我實踐承諾之像一泓激泉或音樂旋律般地憑空直降。更不必說，我不可能許下明天我要有與昨天同樣的感受。

然而，如果我暫時把那在轉瞬即逝之片刻所有之意識擱置一邊，而尋找我之承諾這一個行為之意義何在的話，我必會體認

到：這個承諾包含一種判決（un décret），而此判決之果敢對今
日的我來說頗為驚人。雖然我保留外界環境能影響我使我進入我
無法實踐我之諾言之光景的可能性，而我也承認——即使是含蓄
地——我的內在心境或許並非不能改變，但同時我決定了我對這
個終將可能發生之改變不予置理。在那位敢說「我」——那位把
束縛自己之力量歸於自己之存有（「我」束縛「我自己」）——
與一個由無數因果緣結串合起來的世界之間（這些因果既不受我
的管轄，又不受任何理性制裁），有一個中間領域；在這領域中
發生一些不依照我的欲望，甚至相反我所期望之事件。然而在我
的決意行動中，我給自己保留從這些事件中加以抽象的權利和權
力。作這種真實抽象之權力就在我所作之承諾的核心之中：就是
這種權力給予承諾它之特殊的分量與價值。我要盡力把我的注意
力集中在這個中心資料上，而不向那威脅著要壓倒我的眩暈退
讓，當我看到一個深淵在我腳前裂開的時候：實際上，這個為我
同時是主人與奴僕之身體究竟是什麼？我能不能既不說謊又不荒
謬地將它充逐到我不能控制之外面的遼闊王國裡去？但是我也不
能完全地把它包括到我宣稱過屬於我抽象的權力之下的領域中
去。以下兩種說法似乎都對：即我對這些身體的變動又負有責任
又不負責任。這兩種斷言在我看來都很正確，但又都很荒謬。我
不願意在這一個問題上停留太久，只要體認到以下這一點就很足
夠了：藉由某一承諾把我束縛起來的時候，我便在自己身上，在
一個最高原則和某種其細節尚不能預料之生命之間，安置一種內
在次序，但是這個原則只隸屬於它自己，或更確切地說，這個原
則本身會靠它自己的能力來保持它的尊嚴。

　　我不能不看到，我在這裡提及的實在是古代智者最喜歡研討

的共同論點之一；可是景象卻有了變化：往日被視為非常明顯的
事，對今日之我來講，則取得了一個荒謬的外表。並且我不得不
自問：這類的判決在我周圍大部分人都信從的一種崇尚誠實的
倫理角度來看，是否呈現太強烈的壓力？我用過好幾次之「抽
象」一字是否亦會自然地引起很多困擾？我如何能完美地把這
種「專制」解釋清楚？我如何以某種目前狀態的名義要對我的
一些未來之行為實施專權的統治？這個權威從何而來？是什麼
在要求獲取這個權威？我是否在簡化問題，如果我從我之現刻
截分出一個自認能超越我之現刻之主體？這個超越我之現刻的
主體遵循的乃是一種不能與「綿延」（la durée）相融的精神維
度（une dimension mentale），而這維度即使在觀念之中也幾乎
無法被我們設想。讓我們再仔細審視一下，難道不是「現刻」
（ce présent）本身在任性地僭取一種永恆的權利嗎？可是如此
一來，哄騙就植基在我的生命的中心了。對於這個虛構的「永恆
權利」，並沒有什麼相對的事實可以佐證。因此我似乎不可避免
地撞到了下面一個兩者間必須擇其一的論題：在我投身參與的時
刻，或者我只是任性地斷定有一個並非由我的能力來建立之我情
緒的不變性，或者我事先接受在將來某一時刻中應該完成一個在
我完成它時，它毫不反射我內心情愫之行為。在第一種情形中，
我哄騙我自己；在第二種情形中，則是別人，我事先打算好要哄
騙的。

　　我是否要用以下方式來安撫我自己說，那裡似乎有一大堆貌
似微妙難解的問題，但在其核心卻顯得非常單純，單純得靠生命
自身亦能輕易地解決的。

　　我不能對如此一個懶惰的回答感到滿足，尤其在此刻當我能

想像到二十個個案，其中所提出的問題雖是相同的，但它們所用的術語為最漫不經心的心智來說也備具著嚴重性。向一具體的個人、向一團體、向一個觀念（或信念）、甚至向上帝宣誓信實，在這一切情形中難道不是把自己暴露到充滿危險的困境中去嗎？不論那一種誓言，難道不是植根在只有暫時效能的心境中，並且沒有任何東西可以保證它的恆久性嗎？

當我這樣思考的時候，突然之間信實的本質似乎蓋上了一層厚厚的帷幕，我無法再了解奉獻投身一詞為我能具什麼意義。而一大堆相反自己或別人之失望和怨恨的回憶都浮現到我的腦海中，這些怨尤通常都是由於過早的承諾而產生的。這些都是偶然發生的事故嗎？或相反，我們應當把它們看成是不可原諒的自負心理或行為構成的後果嗎？我們必須支付什麼代價才能避免這種情形呢？為了使我們保持內在的聯繫，是否我們應該閉眼不看由我們陳年累積之習慣遮蔽起來的既曲折又為命定的生命過程（devenir）？承諾信實，不論指向那一種對象，難道不是實際上決心不理會自己內心最深處的感觸，並且學會經常用一些伎倆來哄騙自己？簡言之，能否有一個不是「出賣」之訂約存在著？

可是，沒有一種出賣不是否認信實的。那麼，有沒有一種基本的信實，一種最原始的聯繫存在，每當我訂一個以某種程度對我所謂的我之靈魂有攸關的誓言（un voeu）時，我就會打破的聯繫，因為這裡所談之訂約僅只是純外在、或社會性之行動而已；在這種情形之下，人只是可操縱之工具。這種最原始的聯繫就是某些教我稱之為對我自己之忠實。他們會這樣想，當我把我自己束縛起來的時候，我就把自己出賣了。我者，非指我之存有（mon être），而是指我的變化過程（mon devenir）；並非

今日我之所是者，而是明天我可能是者。這裡，奧祕的濃霧愈來愈深了。我如何能對一個我今天尚不認識而只在將來才會真相畢露之我表示忠信呢？這裡人們願意使我了解的事難道不是下面這一點嗎——為了這個我尚未認識之未來的我，我應當打開胸懷迎受他，為了有一天當他要取我而代之的時候，他不會受到現在我尚是之我的抵抗，而在那時，此時之我已經不復存在了？人們要求我將我借出為玩好這齣遊戲，而不要僵化我自己及採取自我防衛的態度。非常確定地，「信實」一詞在這裡呈顯之意義已面目全非了。它只指一種懶慵的默許，一種慨然的委棄（un gracieux abandon）而已。但是究竟是誰在規定我這樣？就是這個陌生人，他雖然不被我認識，但他掌有無上權威之事實就因為他尚未存在嗎？這個尚未誕生者真具有令人訝異的特權啊！但是至少他的權威應當被人認可才行！這樣一來，我重新又墮入迷惘的夜裡。因為我未來的存在藉以獲取這種特權的行為，實際上與現時的我分不開。所以，這是一個未來的價值，一個與我現時的狀態牽連在一起的未來的價值，然而，卻又與之截然有別，因為這未來的價值以某種委棄的方式操控著。我要向辯證之誘惑讓步嗎？我是否要承認是我現時的狀態本身被否定掉，並且要求被超越掉？我們怎能不懷疑這種處理方法呢，因為如果我認可它的話，便意味著我不知道什麼樣的真理會超越變化的過程，並且還能作為這變化過程之基礎？如果實情就是這樣，那麼要我毫不抗拒地把自己交付給我當下片刻情緒的流動，便不成問題。某種並不屬於情緒流的東西，可能是一種律法；為了要控制這些情緒的反覆無常。對我而言，就是要對這個律法，對這個統一體（unité）常常保持忠實。然而言語不能再一次要把我拖曳到錯誤中去。這個

統一體不是別的，乃是我自己。更確切地說，這是同一個、且是單一獨特的一個原則——形式或現實物——堅持要求其自身固有的持久性。信實不再針對某種變化，那種變化不具任何意義，而是針對一個我覺得無法將之與我分別的存有，向它表達信實。這樣一來，我就避免牽涉到討論一個愈將其特色明朗化愈會叫它失去光彩的明日空想裡去了。

我終於找到了問題的線索沒？我是否終於逃脫了兩端論二律背反的死纏——此兩端論似乎曾禁止我同時成為一個誠實和忠信的人？向我呈現解答的，不只是一個邏輯上的發明；一個十分簡單的話語，便足以描述出我用來束縛自己行為的隱意。為實踐承諾而獲得榮譽，究竟具有什麼意義，除非是在強調訂約者與實踐者這一主體具有超越時間之同一性（l'identité）？如此我終於有下列想法：不論我的承諾之內容是什麼，此同一性本身必有其價值。就是這個同一性，並且只是這個同一性關切維持我曾經因不智而心軟並簽下的某一特殊訂約，雖然這種作法為一個純旁觀者看來是非常荒謬的事。不論某些聰明人如何向我提出抗議，不論我的朋友們如何向我表示不滿，我既已許下了，我就一定要作到。或許我在實踐承諾的過程中，

我這種堅持的態度會成正比地加強，因為對我自己和對別人來說都似乎是一個賭注之完成。

如果情形是這樣：如果信實將信徒連在一起的這個特殊對象，假設是上帝本身，仍然只是一個純粹的偶然、某種藉口，那麼這個特殊對象便不會進入意志為了顯出自己的有效性、而與其自身構成的封閉循環圓圈裡去。

我如何能把靈魂對一己光榮之依戀（attachement），與我一

直稱之為忠信的美德混為一談呢？那種依戀只是自愛最枯燥、最僵硬、最易受刺激的一種形式。那而忠信的美德實在不是出於偶然：某些最不求嶄露頭角的人倒反而發散出不可否認的忠信的光芒。我從一個農夫或一個謙卑的侍女的面龐上看到過忠信的真像。什麼東西可以成為把這兩種心態混淆的原因，因為即使一個最膚淺的判斷都會肯定它們是水火不相容的？此外我怎麼能看不到：一個以自我為原則、為根源、為中心的人對他人之信實（這是藉著偷偷摸摸的換包所致），會在其設計之存在的內部再一次建立謊言？

如何能夠走出這條死巷呢？應當重新回到在開始時我提出的問題上去，就是那個二律背反的兩端論；尤其要注意有關向一個存有承諾的忠信。我應當拒絕非此即彼的論點：內在心境的持久性、或行為之不誠實。而我又不能把結果完全置放在我自己意志之努力的工夫上。因此我必須承認：「關係」本身包含某種不能更易性的東西（d'inaltérable）。我們還應該對這種不能更易性之本質加深了解。但是應該從什麼地方出發去了解呢？出發點應該是「存有本身」，從對神之訂約出發。

在超越的行為中有一個本體上的副本，那便是神對我的「捉握」（la prise）。我的自由也只有在與此捉握的關係中，才顯出自己的真面目，並且才有具體的方向。

只要那裡有信實或忠信，那裡必會顯出恩寵（la grâce）與「信」（la foi）之間的奇妙關係。在缺乏這類關係的地方，只能有信實的影子，或心靈強迫自己而生之一種可能有過失並且充滿謊言之約束。

一個認為我在我的意識的狀態（mes états de conscience）以

外不可能碰到任何東西之哲學，必然地會申斥排除人類知識之持續的低音——此低音乃指一種自發的和不可抗拒的斷言。同樣的，不論表面上看來是怎樣，信實絕不會只是一種驕傲和依戀自己的模式；如果這樣作，那麼必然地會把人們可能知道及活過之最高級經驗中之特點剝除殆盡。對連結以上兩種「企業」的相互關係，人們總不會足夠地強調。這裡我似乎發現了一種光源，我覺得應該努力去接近它。但是我也相信看到，隨著反省的同一個線索，如果在一種光景之中，我們可以把其論證反駁掉的話，我們必能也在第二種光景中同樣作到。

　　當我說我在意識的狀態以外不可能抓住任何東西，是否我在偷懶地把這種知識（一個既令人失望又具哄騙性的知識，因為它無法自圓其說）與另一種知識對立起來，那種實際上並未給予、但至少能在理念中體會、並且相反地它會觸及一個獨立於構想某實體之人的知識？這種參考軸（axe de référence）雖然顯得具有相當濃厚的想像色彩，但是如果沒有它的話，「我的意識的狀態」這一說法便空無意義，因為意義只在受限制的情形下才能被界定。整個的探詢終於化解成為下面這個問題：我怎麼可能具有對一個如此無法化約到在這假設之中我實際上享有的知識之概念；或者，同樣地，和更深刻地，我們可以問：這個概念事實上是否在我之內可以被發現。萬一我承認或許我並沒有這樣的概念，那就足夠使我剛才企圖傳布的不穩定的理論立即崩潰。但是我極難了解：一個真實知識的概念，這是說，一種指向存有的關聯（une référence à l'être），如何會在一個純粹之意識狀態之內產生。這樣終於我從企圖把我自己封閉在內之高牆堡壘之中挖出了一條可資逃遁的祕徑。從此以後我怎麼可能不理會不到：這個

概念之存在已經是另一層次（un autre order）在我身上印刻的不能除滅的記號呢？

對信實來說，也是同樣一回事。在自我向他自己承諾的那種傲慢依戀旁，有另外一種信實的陰影，如果我能否認它之存在，正因為我對它已有所體會。但是如果從一開始我對信實就有所意識，那難道不是因為或在我自己身上、或在別人身上，我已經隱約地經驗到過它了？我用了一個我已經不太相信的物體作為模型，來勉強地把人的實質（réalité personnelle）加以規劃，這確實不是出於偶然的。至於上述之「人之實質」的本色恰好是要我們以一種不斷更新的努力，使自己在內在的緊張中常常保持連貫性和平衡。

此外，我能不能為我的作法加以辯解──對吾人藉著它而願意把一切信實之根源或關聯集中在自己身上的步驟產生懷疑？我怎麼能看不到：對事物抱這種冥頑不靈的輕視態度絕不可能是生命的中心經驗（這種經驗雖然為某些人顯得並不明朗），而只可能來自一種成見，來自一種徹底的否定，藉這否定，我把「真實」（le réel）放逐到千里之外，而膽敢竊奪「真實」的位置，並把我從它剝下來的特性加諸於我自己身上；當然在過程中，我將這些特性也貶抑了。

除非付出如許代價，我無法挽救信實嗎？我覺得或許最好的解決辦法是把信實看成一種遺跡，一種應當藉反省將之完全驅散的牽念陰影而已，而絕不該把如此這類的偶像擺設在我生命的中心。

雖然我不敢肯定這種關聯能在每一種情境中均被體察，我卻不能不注意到下列事實：在信實之最真實最純粹的光景之中，它

常常具有與任何可想像之傲慢完全相反之心態，從它的瞳孔深處反射出忍耐和謙遜。忍耐和謙遜，這是兩個為今日大眾甚至連其名都被遺忘的美德；它們的真諦也隨著科技之進步以及邏輯辯證之強調而產生之個人特性的磨滅而變得暗淡不明，如籠罩在黑暗之中一樣。

但是，信實、忍耐、謙遜三美德結成一體，心理學無法窺察到它們的動態結構，因為這個組合體不會在一種把一切生死與共的投身行為之根基集中在「自我」的制度中存在，也不會在這種制度中被理解。

1930年十二月十六日

在音樂中有一種非表象式的表達（une expression non représentative）。它處在一種「被論之物」與「談論之式」不可劃分的次序之中。在這意義，並只在這意義之下，嚴格說來，音樂不含意義，但或許正因為音樂本身「是」意義。這個思想還值得探討。

實際上我們把一種連結「演奏」與「表達」之關係引申到音樂本身上來，把「被陳述之內容」（？）與「表達方式」間之關係看成一樣，其實這是不合法的轉延。從這一種角度看，所謂客觀的音樂便具有意義，但只是消極的意義。

那麼「表達」一辭還能應用到音樂上來嗎？幾時我們不能再說「被表達之內容」（一個與表達本身有異之內容），怎麼還會有「表達」之稱呢？這裡我相信應當借用「本質」之觀念來解困，雖然它並不容易界定。在舒曼的音樂中有其本質，在後期貝

多芬和佛瑞（Gabriel Fauré）的作品中也各有其本質。所謂「表達」——乃成為本質對它自己所具有的滲透性。我相信這是一個值得繼續探究的觀念。

再把本質的觀念與宇宙的觀念連結起來看一看。本質被視為某一宇宙之最高峰。這裡我們幾乎不可能把「高峰」這個譬喻再加以抽象了，倒應當把這譬喻的根源揭示出來。高峰之觀念可能可以由「中心」之觀念取代。在這兩種光景之中都有一個圓周存在，更正確地說，有轄區存在，像自己的國土領域。

讀朱利安·班達（Julien Benda）論《有條理的演詞》有感

我想探討的，只是《有條理的演詞》（*Discours Cohérent*）中第一部分所呈示的原則，因為就目前來說，只有這些原則比較重要。

班達先生自認他很早就願意建立一種完備的有關「無限」的哲學，更好地說一種超越的伊利亞主義（hyper-éléatitisme），為了在哲學史上第一次把巴門尼德（Parménide）的原則徹底加以演繹，將其所有的效果完全施展出來。理論上，我想我們可以將這類的努力看成一種有趣的育智經驗，並且可能是有豐收的嘗試，至少藉著它所引起的反應，並藉著它對批評它者要求澄清他們的立場的作為。

事實上，班達先生以對照的方式進行他的論說。焦點不是在兩個觀念之間的對照，而是在同一個中心觀念，即「世界」這一觀念之兩個方面之間的對照。他說：

「有時候我以現象的模式來思考世界，它就顯得是同一個，但有時候我從神聖的模式來把它思考，它就顯得自相矛盾，但不論在那一種光景之中，我思考的對象常常只有一個，即世界。」

一個伊利亞人（un Eléate）──假定有伊利亞人存在過──如果念到上面的句子，他必會相信這是出乎印刷的嚴重錯誤；這是說他會想這裡有歪曲句意的文序顛倒；因為，很明顯地，為他來說，以現象的模式來思考世界，這是以一種矛盾的方式來思考它。無論如何，這個伊利亞人可能會錯，而班達先生很清楚地在這裡講明了他要講的話。

在《演詞》的第一部分中，班達先生勉力指出：把存有想成是一種無限的東西，這就是想它是備具矛盾的東西，讓我來看一下他之這樣說究竟包含什麼意思。他對我們提示的論證本來只涉及在時間中的存有，但他指出：這類的論證能夠，並且應當將其適用範圍擴大到存有的其他模式上去。

班達先生這樣說：

「幾時我從今日起推算到宇宙的伊始，而以一個有限的數字來代表這段時期的長短的話，不論這個數字是多廣大，這個時期常能接受一個更大的數字。因此我就想到，如果我能思考某一種計算存有的量數──它不接受從現刻直到其起源能有一個比它更大的數字，就是說，它自認是一個無限數──我就不能不承認有一種不受有限數字約束的計算時間的數字存在，那是說，有一個如此這類的數字 n，如果我再加上一個單位，我所得到的 n＋1，在量上與 n 並不有異。我乃有具備下列特性之數字 n：

$$n = n + p$$

p 指任何有限數目。」

「從這個觀點來看，可以說：我的時間與凱撒所有的是同樣的時間。」

但是我們應當小心不受上述公式之貌似有理的說法迷糊；實際上這純粹是一種濫調。我沒有權利說我的時間與凱撒所有的是同樣的時間除非我為了說明，由於宇宙沒有伊始之刻，因此對這個不存在之開始，我有之距離並不比凱撒對它有之距離多多少。實際上，班達先生避免這種太明顯的說法，以致他給讀者留下一個模糊的觀念，認為這個置放在無限之伊始還是存在著的。

如果說：我離宇宙伊始之時刻，並不比凱撒離得更遠，因為這個伊始並不存在，也就是說：一項事件只有在與另一事件對照之下才能定位，但是由於沒有可以稱為宇宙開始這一事件之存在，因此不可能有任何確切的有關某一事件之時間計算方法。

如果我們不承認宇宙確實有其開端時刻的話，一切絕對性的時間計算均成不可能的事。但是班達先生宣稱：把這個世界在時間的參照之下想成是無限的，乃是以某種方式把它想成在時間中不再有區分，即它有之區分原來並無區別。我相信這裡有一種相當嚴重的混淆。幾時我們在有時間之區分及有年表計算可能之層次上行動時，我們就不可能想這個區分已被取消，或可以被取消。

我們能夠合理地講的只是：這些時間性的區分並不具有最後終極的意義，但只具有表面的意義而已，並且在某種脈絡中，這些區分仍保有它們的重要價值。我願意用一個類比的例子來解釋我的思想。

一本書必定具有完備地決定好的頁序。負責裝訂該書的工人不能不尊重這唯一的、不能倒轉的次序。但另一方面，這本書必

然也具有另一些遠比頁序更重要的一致性的形式。然而這種情形並不否決頁序之價值，而嗤之為虛幻不實。

年表實是宇宙之一種頁序。如果說這類的頁序有可置放在無限遙遠之太初一個伊始的話，這自然會引起別人感覺荒誕不經。這將是用詞的矛盾，更精確地說，這種講法可以等同於不思索；然而另一方面不但有一條可行之道，並且是不可避免之思索方式，它要求我們從膚淺的表達形式（如頁序）提升到無限地更深入的事物層次，而這類層次可能只能用其他方法來捉摸把握。

從這個觀點來看，n ＝ n ＋ p 之公式不具什麼意義。我們唯一有權宣稱的，乃是：從某一角度來看，n 與 n ＋ p 之間的不同不再提供任何教育價值和意義。而這是完全不同的事，並且不包含任何矛盾在內。

如此說來，那認為無限存有只在內含矛盾之方式下可假定為存有之說法，就顯得像似一種似是而非之說，能立即加以取締。上述之斷言只能在下列條件中才能成為合法的，此即如果時間之區分能被思維同時保存與消滅；而事實上情形並非如此。此外，我們尚能指出其中所含之混淆還有很多呢！班達先生似乎把「未定者」（indéterminé）與自相矛盾者等同視之。他卻無法辯解。只在對同一主體同時賦予互不相容的特性時，才會產生矛盾。在這種情形之下，我們才能走出「未定者」之領域。未限定之情況實際上是先於此雙重的賦予。我們還能繼續深入地批判班達先生的觀點，尤其可以指出他這些從關係之整體來思考存有，是沒有根據的，因為從他的觀點（即由未定存有之觀點）來看，這些關係之能構成整體乃是不可思議的事。很明顯，他是在兩個截然相反的存有學立場中搖擺而不自知。

我剛才提出的評論提前否決了他遵循這些原則所講解之一切
討論的價值。在他的書中許多地方，尤其是第五章，非常明顯地
我們可以看到班達先生一直沒有分辨清楚：仍然只是純粹虛擬的
「未定性」與存有在其圓滿而處於豐盈的「超限定性」（supra-
détermination）兩者之不同。（在超限定性中，一切對立均消融
化解。）有人或許會想：大概就在這超限定性、在這圓滿之境，
是我們應該停步之處嗎？情形完全相反，且讓我們翻到 621 頁，
這裡班達先生論及理則的孤獨（la solitude logique）或絕對者之
貧瘠（la stérilité de l'absolu）。從他的辯證整體來看，我們不難
理會到他所要說的乃是：一存有愈分化，則與被界定為始初未定
者之神之距離愈增，就愈不可能回去。這樣，一個我以後還要提
到的事實便清楚地呈現出來：班達先生最相近之形上學家——我
謹向他致歉——不是巴門尼德或斯賓諾莎，卻是《第一原則》之
作者斯賓塞（Spencer），一個念過並註釋過叔本華的斯賓塞。

現在我應當觸及另一組難題：這次涉及的問題是在《有條理
的演詞》中出現的關於上帝的觀念。在第五十九節中他說：上帝
非他，乃世界以另一方式被思考之樣子。班達先生還加以說明，
他說，為他而言，存在的非「上帝」（實體），而是「神聖的」
（解釋世界所用之形容詞）。這裡出現了一個我不願處理的不依
原則所發的問題，可是至少還可以問一問：談及一個只為形容詞
之東西的存在是否合情合理？太明顯地可以看到：這裡所謂的存
在只是此世界而已，因此說「神聖的」之為神聖的存在著並沒有
什麼意義。此外，我也不能逃避問題地說：此神聖的乃指此世界
被思為神聖的；因為若然，我將使它依賴於一個如此自稱之主
體，然而這種依賴在班達先生的立場中是絕對不允許有的。

　　我們還要看到另一個矛盾之出現，如果上帝只是世界被我（或被某甲）思考為純粹之無區分體（indistinction pure），那麼問「上帝知道什麼」這一問題還有什麼意義？而在第五十八節中班達先生寫道：「上帝既不知不安，又不知寧靜；祂知道自由。」我們馬上可以反駁說這裡所謂之知道並非狹義之知道。對了，在他的論述發揮中，班達先生解釋說：上帝的觀念是與自由的觀念相連的。但是，在別處，知識一詞卻以習用的意義在使用著。事實上，班達先生先提出可用兩種不同的方式來思考未定者。第一種方式符合現象世界的狀態去想世界，終於轉變成以神聖的模式去想它。第二種方式卻以神聖的模式來思考世界，一點兒也不理會它之現象面。作了這個分別之後，班達先生終於宣稱說：這第一種方式可能是未定存有思考自己的方式，它一下子認識了自己，而從不知悉另一種狀態（第十節，481 頁）。

　　這句話含義很多。「可能」兩字，雖然沒有改變其重要性，卻明顯地把一種外加的混淆成分介紹進來了。如果未定存有可以以某種方式思考自己，或說它有某種屬於它的知識，那麼無人可以否認，這又是把未定存有看成了實體，而這種說法清楚地相反在第五十九節中作者所宣稱的事實。

　　我想如果我們繼續深入查看這個思路之進展，我們必會碰到新的、且不可解決的難題。譬如班達先生宣稱說：神的觀念與現象世界之觀念雖然不能相互化約，卻是具有相互關係的。（第十三節，624 頁）看到這些話，我們不能不問究竟在那一類一致性（unité）中這種相互關係得以構成，如果不是我剛才提及之主體的話。這裡終於出現了第三類存在圈的幻想，它本質上既非現象圈，又非在未定存有圈內，但是讀者覺得班達先生實在無

法將它的形而上或本體學上的地位作一界定。事實上，柏拉圖和
黑格爾對這些問題的探討遙遙領先。問題不在於我們接受不接受
辯證，而是辯證為非有不可之事實。班達先生抗拒這事實，那無
異作一次思想上的自殺。或許這是一種只能允許反理性主義者可
有的態度。反理性主義者有其權利拒絕辯證。只是如果他拒絕辯
證，他必更會拒絕未定存有，因為後者只是此辯證本身之最貧瘠
的產品而已。

此處班達先生之思想為我顯得好似一個可恥的反理性主義者
的思想，畏於暴露本色，而從舊衣櫃中找出一件最陳腐、最無
式樣之理性之袍加於己身。我想在這裡我們觸及了《有條理的演
詞》一書中最有趣也是最為祕密的問題核心了。實際上一切問題
的焦點（此點班達先生並未提出），在於知道依據什麼理由，班
達先生把形上首要性歸諸於未定存有。我還要在這一點上追問下
去。

這個問題愈來愈顯得重要，因為班達先生與哲學史上所有的
形上學家都不同，他拒絕把「無限」與「完美」等同。這一點其
實在他論及次序和神的觀念時早已交代過：

「完美是一個與神本質完全無關的屬性。完美事物的觀念，
這是說已完成了的事物與無限存有之觀念本質上是不能相容的；
相反，它必然地與被限定之存有的觀念相連。」

在他的論〈次序之觀念〉（l'Idée d'Ordre）及論〈神之觀
念〉（l'Idée de Dieu）的文章中，他強烈地抨擊最高存有這一
觀念，絕對不准把神置於一個等級制度（une hiérarchie）的最高
峰，甚至宣稱此等級制度與神毫不相干。我順便要提一句，在以
上兩文中並沒有絕對的協調，因為在次序的觀念中，班達先生似

乎頗願意把無限之完美歸屬於上帝，但稍後，他純粹地徹底地否決此點。但我想這第二個立場才是他的真正立場，而我現在就願意將它審察一下。

　　班達先生之無限神顯然並非是不完美的神，但是又不是完美的。這一點再一次點出剛才我提到的矛盾。我們愈輕易以為可以把上帝之名加在一本質上為完美之存有上，我們愈覺得情況相反，不可能涉及一不存在者且不完美之實在體身上，正因為祂是無限的。現在我要重新問我的問題：此首要性來自何方？無疑地，班達先生必要去除「首要性」這個詞彙，因為他必以為這樣一個詞彙自然而然地要重建他費盡心力要廢除之等級制度。然而我卻會簡單地回答他說：上帝這一名字並非一個可允許任何人任性使用之名字；它包含了某些價值，而在此名之周圍濃聚了某些特殊的情感（此處很明顯地，「完美」和「至高無上」（suprématie）兩個觀念立即再次出現了）。我們又該設法知道這些價值是否能與班達先生對其界定之存有所具之屬性相合。或許他會拒絕從這樣一個角度來考慮事物，而把自己封閉在一種保留地區，單獨一人與他之神相處。但是可惜這並不是他做事的方式，在該書第 475 頁上他這樣寫道：

　　「且不談哲學家們……我認為那些簡單的老百姓，那些只在他們心靈需要時才會問起神學的問題者，有（在許多其他與自己有矛盾的觀念之間）──我以後要回到這個括弧來討論它──上帝之觀念，此處區分和限制的含義都消失無蹤，而這些區分和限制的情形，正是這些簡單人民受苦的原因。我覺得他們似乎指出就在這些時刻，他們希望在上帝之內，我們的一切傲情都得以消除。」等等……。

　　但顯明的事實乃是：別的一些觀察，別的一些有矛盾的，尤其是公義和仁愛，才是班達先生樂於提及的純樸老百姓對神所有的基本觀念。可是這位公義仁愛的上帝，這位只因其公義和無限仁愛而為上帝之上帝，非常明顯地與班達先生所說「未定存有」沒有任何關係。而後者無法期望在這些簡單的老百姓中找到什麼同盟者，甚至一個也不可能。如果班達先生願意確保其立場之最起碼的連貫性，他是否應當承認他之上帝不具任何「價值」（此處價值乃以習用的甚至專門的意義來看）？然而，既然由於神非常可能根本不存在，我乃覺得不能不問他為什麼不一勞永逸地把神徹底取締。我想我們應當期望班達先生無論如何要交代一下他對價值的看法。我還是要把問題重提一下：可以加諸於未定存有之價值是那一種類型的呢？這是在我一方面我迫切希望他予以解釋的問題。但就像我在開始時所說的，我非常懷疑他能作到這點。我相當肯定地說這一切都是一副面具而已，在這副面具後面躲藏著一個不願把問題徹底澄清的意志。

　　對這種裝模作樣的怪態，我率直地稱之為馬拉美式的（mallarméenne）貧瘠，這是一種有意識的貧瘠，它不能忍受面對自己，而把自己轉化成一種在貧瘠中作用的意志，且以這種方式把自己神化。自我神化之事實在班達先生的著作中昭然若揭；我甚至要說這種現象在那裡雙倍地存在著，但這個現象馬上把它自己摧毀了。因為該書描繪的古怪神學中有雙重的過程：世界從神那裡分隔出來，為了再回到神那裡去。這兩種過程都清一色地在班達先生的意識內進行，而後者卻以某種方式在他的神和他的世界之間分裂開來。為結束這一段批判，我要加一句話說：我所棄絕的唯心論坦然地在這一類的理論中重新獲得自己的補給，而

這種理論若分析到底，便會顯出它最貧瘠和最矛盾的真相。

　　然而，暫時讓我們承認上述之異議都能被駁回，假定我們承認——實際上我最反對如此——這個關於上帝的觀念是可主張的話，我們仍舊應當詢問在班達先生的思想體系中，從神到世界之過渡是以什麼方式達成的。這裡我們要觀摩一齣不尋常的好戲。

　　班達先生相信已建立起兩種不可越界的思考世界的基本方式，其一是在矛盾的範疇下神聖的模式，其二是在同一性的範疇下以現象的模式來看。這一切是為了說明什麼呢？為說明有兩種互不交通的觀念，兩種我們無法從其一到其二之觀念存在著，就好像我們不能從「藍」的觀念跑到「三角」觀念一樣。但令人驚奇的乃是班達先生自己也在不太明晰的狀態之下，從觀念之探討轉而進入事物之探討。我們隨後馬上談到他說的話：這個現象世界之所以可以被我們設想與上帝有某種關係，只在於它與上帝的分隔，而不是由於從上帝到世界之間有一繼續不斷之流出（procession continue）。

　　但是事實上一點也沒有與此處所述類似的問題。我認為這個分隔——顯然地是一個非時間性之實現（un acte intemporel），與班達先生在前面自以為已建立起來之兩種「觀念」間之不能過渡性沒有任何關係。「分隔」這一個太過具體的詞彙為他尚嫌不足。因為在下文中，他立刻應用「憎惡」（aversion）一語，他已在為這詞彙即將展示的情緒含義鋪路。因為三行之後，他就提到了「褻瀆」（impiété）。然而我相信藉一個最簡單的形上反省，我們就能看到這個講法中有根本無法理解的內容，我甚至要說，含有沒有思考過的東西。已被限定的存有怎樣與未定存有分開呢？要了解其中關鍵只有借助新柏拉圖哲學才行，後者認為絕

對之原則並非是未定的，而是超越限定之上的。這樣一來，一切的限定都顯得好似印上了貧乏的記號，但是在這些哲學之中，「未定者」，此即「質料」（matter），在流出之整體過程中只占有一個最低級的席位。可是班達先生不肯讓這樣的看法進到他的思想體系中去，因為他完全摒除等級制度之說法。終於我理會到班達先生把他所相信存在於被限定存有和未定存有間之無法彌補的裂縫轉用到這裂縫在那裡不能不變質的領域中去。就在同一時刻，這個裂縫之周圍突然繁衍出許多班達先生誓稱要除去的形上範疇來。這一切情形之根源，如果我們要追溯的話，應當推到班達先生切願將他的體系建立在叔本華式的韻律這一事實上。班達先生最矇矓的意志一直受到某種模糊的辯證所控制，而把以他原有的形上立場要排除的一些很有活力的成分，引入他的大前題中，一面修改後者，同時也破壞了後者；這些本來亦是他極需要為用來辯解自己充滿自我意識之書生態度的。

寫到這裡，我們碰到了一個不可迴避的問題：為什麼不直截了當地把這個未定的或無限存有拋擲出去，一勞永逸——此不定存有有時顯得像一個純粹的非存有，有時卻像一種倉庫裡邊雜放各種貨物，而現象世界又傻傻地願意在其中設立一個等級制度和次序？為什麼不只保存《有條理的演詞》一書之第三部分就算了——這第三部分旨在給予讀者一個斯賓塞式的宇宙觀，並且參照了（也因之而弄混了）叔本華、尼采和柏格森諸人之見解？為什麼不能建一種帝國主義哲學，而以一些傳統的概念如生存意志或權力意志作出發點？但是這樣一來，對該書第四部分「論及宇宙之回歸上帝」將如何處理呢？順便我們也該一提：該書第四部分實際上是《作為意志和表象的世界》一書之附錄，但

這點無關宏旨。我適才提及班達先生不能不在價值的問題上採取立場。事實上，這個現象世界，那就是說有區分，個殊化，且為帝國主義之世界應受判決，或至少能自己設想已被判決。為什麼「應當」呢？只因為班達先生已寫了《書生之叛逆》（*La Trahison des Clercs*）。[15] 有人會向我說：「這簡直荒謬，倒過來說才是真的。班達先生寫了《書生之叛逆》為把世界重新領回到理性那邊去。」抱歉，我們要堅持我的立場。就因為有《書生之叛逆》一書，所以現象世界應當能夠被思成已受判決的東西。現象世界之能遭受判決乃因為有人把它想成與某一事物隔離了。此「某一事物」是什麼呢？我們無法說這就是「善」，或這就是「絕對睿智」也。我們只簡單地說，這便是神。神之存在在《書生之叛逆》一書中遭到存疑的命運。有人可能還要同我辯下去，他要說：「班達先生之寫《書生之叛逆》一書，他是在應用及引申《有條理的演詞》一書中發揮之形上學。」我的回答將是我一點也不相信這種論調。《書生之叛逆》一書依我看來純粹淵源於一種氣質的心理學，更好地說是一種嚴格的猶太人心理學。只是我們現在是處於一個一切斷言都自承有其理的領域，這是為什麼《書生的叛逆》一書從地下室頗自然地取出一大批保護性裝置，這就是我們放眼所見的一切，它自然地要按照嚴格地預定好的目標而作用。但是人性之常往往是：那位發明這些裝置者卻是最後一個理會到它們的起源與目標的人。

15　*La Trahison des Clercs.*

1931 年三月十一日

把「仁愛」（charité）看成「臨在」（présence），看成「絕對的自我奉獻」（disponibilité）。我從未那麼清楚地看到仁愛與貧窮（pauvreté）如此關係密切。「占有」幾乎無可避免地是被占有。被占有的事物常常逞強。這一點值得我們仔細推敲。

在仁愛之中心必有臨在，把自己當作絕對的禮物為給別人。這樣一類的禮物不但不會導致施與者貧乏，反而，使他更富有。我們目前處於一種特殊的境界之中，此處適用於事物世界之有效範疇已完全不再適用了。其實，範疇一詞，如果加以審察，是與「物體」（objet）之概念緊密地連在一起的。如果我擁有四樣物體（東西），而我送人兩個，則我只留下兩個，而我必然地比以前貧窮一些了。然而這種說法之所以有意義，必須具有下列條件，即我在我與這些物體之間建立了某種親密的關係；我甚至認為它們與我同體（consubstantiels），它們在或不在都深刻而強烈地影響到我。

讓我們再來加深體會「不能自我奉獻」（indisponibilité）這一概念的意義。我覺得這個概念非常符合受造物（萬物）之為受造物的特性。從這個觀點來看，我會設想為什麼不可以把整個的靈修生活界定為，我們藉以逐漸從我們身上減除不能自我奉獻之部分的活動整體。事實上不能自我奉獻與自己覺得、或自己認為不能自我奉獻，二者密切相連。不能自我奉獻與自我依戀（adhérer à soi-même）實在分不開，而後者比自愛更為原始，更為徹底。

死亡使不能自我奉獻這一種心態絕對瓦解。

　　我深感這裡包含了一個重要的思維反省礦藏。因為，任何人在此都會了解到必須作下列區分，即愛自己但不能自我奉獻的自愛，以及愛自己並能把自己奉獻給別人的自愛，這個愛是上帝在我身上所能施予的愛。這種合乎情理的愛，對照與之相反的情愫，即對自己之憎恨，則更為彰顯其光輝。那種憎恨可能被籠罩在某種對死亡的欲求之中。不能自我奉獻的問題也與自己只為自己的心態相關。這裡有些東西，能讓人有興趣去推敲。

　　讓我們來分析「不能自我奉獻」之概念。

　　我覺得其中一直涉及的是疏離的概念。有一筆不能動用的資金，等於這些資金雖然被我擁有，但它們有一部分卻與我疏離。這類解釋在物質層次是非常清楚的事。現在我們要看看，如何用我今天早上指出的方式來擴展引申這個概念。我在這裡想到一個典型的個案。有人向我述說一件要激起我同情之不幸事件，但我覺得無動於衷。雖然理論上我知道此人所說的非常值得我關切，我還是一無所感。如果此人向我訴述之不幸在我眼前發生，那麼情形可能很不一樣。一種當下的經驗會把我潛在的悲憫心腸釋放出來，打開封閉的大門。奇怪的是：雖然我竭力想要感受這種在我看來似乎是「強加給自己」的情緒（我認為在類似的情境中覺得感動是很正常的事），但我仍是一無感覺，我無法隨心所欲地安置我自己。或許我可以用馴服野獸的方法，用某種精神訓練法術來逼使我產生類似的情緒，但是如果我誠實無欺，我不會上當，我清楚知道這只是一種劣質的仿冒。只有在兩種人中，即嬰孩和聖者，這種極難予以確切定義之疏離才不會發生。疏離的情形顯然是與正常成長的經驗有關的。這裡我們可以與幾年前我所寫的配合起來看：沒有賭注就沒有生命；生命離不開某種冒險。

我處世的工夫作得愈多，我愈體會到，在與我相關及與我不相干的事物之間會有某種自身看來合理的分配關係發生。我們每一個人都變成一個精神空間之中心，此空間中有許多同心圓；隨著關係之減弱、興趣之減少，圈子與中心的距離也愈大，自我奉獻也愈呈困難。這種情形為我們顯得那麼自然，以致我們忽略了其中所形成的最細微的觀念，最細微的表象。我們中的某些人可能在某個機會中有過這樣或那樣的邂逅（rencontre），而把上述的自我中心的個人地勢格局打碎了；從過去的經驗我能了解，一個偶然邂逅的陌生人，會在我心中湧起一股無法抗拒的吸引力，甚至會突然地把我所有的對事物的看法顛倒過來；那些本來似乎近在眼前的事物突然變得無限遙遠，反過來說也是一樣；然而這類經驗往往是過渡性的，撕開的裂縫很快地又縫合起來。我相信這類經驗雖然很使人洩氣，有時在我們的心頭留下一種苦澀悲哀的感覺，甚至有些諷刺性，卻帶來以下這個無法估計的益處，讓我們突然覺察到我稱之為「我們的精神空間」的偶然特質，以及它藉以穩定自己所有凝結的結晶體之不穩定性。尤其在某些大德不凡的人士身上所實現的聖善表率叫我們了解：我們所謂的正常次序，可能以另一個角度來看，乃是一個恰巧相反的另一次序之顛倒。

毫無疑問地，從形上角度來看，說「我即是我的生命」是一個錯誤。這個斷言所隱含之混淆，我們略加反省就能明察秋毫。然而這種混淆不僅僅是不能避免的，它甚至是人類戲劇化生命的根源，並賦予後者某些意義。這齣戲劇會失去它之偉大，如果那位捨掉自己生命者並未發現自己處境，處在在那些使他覺得這個犧牲能夠——或應該（如果缺乏信心的話）——成為徹底犧牲的

情境（les conditions）之中。

　　我們應當看清楚：那不只會構成危險，甚至造成嚴重的罪過也在所難免，如果有人沒有聽到某種要求他以徹底方式、與我稱之為世俗（profane）經驗之正常情境一刀兩斷之召喚。我們能作的，至少是在思想上，能從超越的觀點，認出這些情境所隱含的異常（l'anomalie），而這個超越觀點是一個要求我們置身其內所採取的觀點。

　　另一方面，我們難道不能主張：我們以一般意義來稱謂的空間，實際上只是我之前界定之同心圓系統的一種翻譯而已嗎？但是如此一來，我們可以問：取消距離是否具有雙重意義？它固然與空間之物理觀念的改變有關聯，但同時，它也廢除了遠與近的區別，使它們不再具有質的價值。這種情形似乎並不能在時間中找到可以比較的例子，這是因為過去，就其本身的定義而言，逃離了我們的把握，在它的面前我們會感到自己一籌莫展。甚至在這裡我們還應該更深入一些，因為如果過去之物質性（la matérialité!）是不變的話，隨著我們考慮之觀點的轉移，它就就會具有不同的價值和色彩，而這種觀點會與我們當下的臨在一起變化，也就是說，隨著我們的行動而變化。（我舉一個此刻我想及的例子：一個活在沒有光明中度過一世的人，終於積勞成疾，可能滿懷憂悒失望而死。很明顯地他得依賴他的後人來展現他一生的成果，賦予他回顧此生取得的意義和價值。既使這樣還嫌不夠。我們內在有些東西想要求，想讓這些成果被認可，得到那些藉其生命、藉其一生默默的奉獻而獲得發展之人的認可。我們還要問，這樣一個要求有什麼價值？在法律上是否能講得通？在現實的世界裡可以置之不理到什麼程度？這些都是不易說得叫人明

白的問題。）

　　「不能自我奉獻」——和隨之而生的「不臨在」——與對自我的掛慮（la préoccupation de soi）密切相連。這裡有一種奧祕存在。我相信我們可以在其中再發現有關「祢」的所有的理論。當我與一個不能自我奉獻者在一起的時候，我覺得跟我在一起的是一個對他來說我並不存在的人，於是我覺得我又被拋回到自己的身上。

　　我能不能把神界定為絕對臨在呢？這點與我有之關於絕對援助（recours absolu）的觀念連得起來。

1931 年三月十五日

　　不能自我奉獻：被自己所占有。但是我們對於「被自己」這三個字尚應作一番思考。分析之下我們發現，從我目前所處之觀點來看，在我被自己的健康、自己的財富、自己的情人、自己現世之成就所占有之間沒有什麼區別。由此而可知，被自己所占有，就不是被一個特定之物所占有，而是被某種尚未界定之方式所占有。或許我們可以藉由內在陰暗或閉塞的觀念來了解。參考了我所有的最深刻的經驗後，我想我已明白，在每一個情況中，我們都已被固定在某個確定的範圍或區域內，處於一種本質上不確定的焦慮中。然而異於某種膚淺的反省，他們以為這類焦慮（甚至這類未定性）會在上述的固著中恆留。它的特徵便是「緊張不安」（crispation），與在被劃定區域中橫行的「焦躁」（agitation）並存。其實，這種焦慮——這裡我與海德格或齊克果的看法接近——或許就是對時間性產生的焦慮，覺得自己

被拋擲到時間中而有的苦惱。這種苦境含有一種對「不抱希望」的體驗（湯瑪斯‧哈代〔Thomas Hardy〕之詩中曾用過的字：*unhope*）。這類體驗一旦針對一個確定對象時，就無可避免地會轉變成「絕望」（*désespoir*）了。這一切情形之相反，乃是可探討的毫無掛慮（l'insouciance）的心態。

如果以上所述均可成立，則「悲觀主義的形上根源與無法自我奉獻之形上根源該是同一個了」。這一點應當與我對喜樂和希望所講過的話連起來看。

我們必須重拾我曾提到過的事：這一宇宙之結構給予我們希望；並且察看這句話的本體含意。

我們還應該自問，究竟這個既是價值又是實體之「你」是否就是我所謂的我內在的自我奉獻的能力。此外還要探討，希望在「你」的理論中的位置（何謂守信？何謂信賴宇宙？）。

剛才我提到的焦慮能不能看成是人類基本的不幸（disgrâce），一種普遍的與料（或至少是可能的與料）？它最具體的意象來自我在黑夜中體驗過的恐怖——覺得自己被拋出去，一無所依。

此刻我又在想是否可以說明：各種不同的科技成就能否有利地抵抗這種無能的狀況。它們本身並不隱含我才提及的固著。「去做」（faire）本身顯示出有益於人的價值。但是這種態度很可能把人引到我在別處講過的對技術之偶像膜拜。

我們不能不指出至關重要關係的是：「怕」與「欲」處在同一層面，無法分割；但是希望卻處在另一層面，這是斯賓諾莎所未見，也是他智力無法逮及之處。（斯賓諾莎把「怕」和「希望」並列而論之，而我們的自然傾向也叫我們仿效他。）希望之

區域也是「祈禱」之區域。

1931 年三月十三日

幾時我們對問題的處理要求得非常嚴格的時候，我們就會發現要界定希望之本質是一件極難的事。我要舉兩個例子：希望一個親愛的人之痊癒或皈依宗教，希望被壓迫的祖國獲得解放。此處，希望牽涉到一些以自然次序來說不隸屬於我們的事物。（它完全不在斯多噶派人士可以操縱的範圍之內。）在希望之底基處，有一種叫我們陷於失望之處境的理會（疾病、精神淪喪等等）。希望乃是對現實界寄以信賴，肯定在實在界中有克勝此危險之事物。我們在這裡可以看到與希望相連者不是怕懼。後者將事物弄得更糟，是一種能使實在界變得無能之命定悲觀主義，因為它否認實在界能夠關切我們每人的幸福，並且認為實在界對我們視為絕對意義下之「善」也毫不予以關心。

今晚我對希望之本質有了我以前從來未有過之了解。

它所關涉的總是完整生活次序的重建。但另一方面，它也包含對永恆及永久幸福之肯定。

因此它具有如下的特性：幾時在有形之物範圍內的希望落空時時，它就會躲進一個不會失望之層面去。這點跟我很久以前對「無法證實者」（l'invérifiable）所作的反省連得起來。那時候我在黑暗中摸索，設法講出我今天所領悟的東西。

即使器官之完整——即當我希望一個病人獲得痊癒——也是最高級之完整性的預兆（la préfiguration）和象徵。

就此而言，我認為一切希望乃是對救恩（du salut）所持之

希望；我們絕不可能把兩者分開處理。可是在斯賓諾莎的哲學之中，救恩這一概念不具任何實質意義，在斯多噶派人士的思想中也是大同小異。只有在一個承認「有真實的損傷」的宇宙之中，才有救恩之位置。

現在我們必須指出：欲望之對象絕不是完整性，卻常是享受之一種模式，就像怕懼之對象常是受苦之一種模式一樣。然而，毫無疑問地，救恩超越這一組對立。我得承認這些反省對我自己尚不算清楚明朗。

今天早晨我在想：只在能夠接受奇蹟之可能的世界之中，才有希望的可能。而今天晚上，這個反省的含義對我來說變得較為明晰。我相信這裡我與齊克果，或至少某些受他啟發而生的思想是相契合的。

1931 年三月十七日

如果我看得準確，我要說，在希望和某種對永恆所作之斷言之間有非常密切的關係。永恆指一種超越的次序。

另一方面——就像我在《對當代宗教精神之喪失有感》中的看法——一個科技稱雄的世界乃是一個把人導向欲求和怕懼的世界。希望之本色可能是既不直接應用科技，也不向科技求助。希望是手無寸鐵之人的所有品，它是手無寸鐵的人的武器，或更精確地說，它是一個與武器恰巧相反的東西，這正是它神奇有效之所在。我們這一時代對希望這一主題的懷疑論點，就在於毫無能力看到有一種與普通所謂之能力完全不同之力量的有效性。

就在這兒，我相信我們撞到了一個最艱難的形上問題，在這

問題之中似乎含有一個術語的矛盾。我們不能不問：希望何以能有效力？但是這種提問的方式，已經假定了人們在無意識中已把希望看成一種科技，以一種不尋常、甚至以神奇的魔術方式在操作。[16]

應當看清楚的是，這種真正效率，在外觀上，與完全無效率相對應，只有在確實絕然無能為力的時候，才能夠設想得到；那裡不會出現偽裝和拐彎抹角的情形（那是一種意識的狀態，由於貪懶或卑怯，而自我欺騙、誤以為自己無能為力）。

我們能不能說，某一種活動——此詞之意義尚須商榷——在經驗的領域，也就是說在行動的領域中，發現無路可循時，改道而行，而搖身一變化成希望，同時也不失去在開始時它以某種方式獲得的效率？這種狀況與河水的流動在碰到阻礙時會改道而行的情形有些相似，我要說的是：希望之出口處並不直接坐落在這個有形的可見世界裡。

我們或許從而了解，為什麼一個手無寸鐵者之禱告會具有更高更大的效率。

我非常明白一直到現在我只是圍繞著問題在轉圈子，我既不能不把這個問題「提」出來，又不能不惶然地「詢問」，究竟「無為」和「不用科技」具有什麼特殊能力。這樣我們就進入了基督信仰之主要資料所引發的問題核心中去了，尤其是對惡的不抵抗。

我看到的只是下面幾點，並且非常模糊：

首先，我們不再處於原因或律法之次序中，即不再在普遍通

---

16 幾乎不需要再說清楚，以上所述都涉及祈禱的形而上問題。

則的層次。「希望」不是一個原因，不像一個機器般地運作，我們絕對不能說：「每次某人習修希望之德，他一定會產生某種效果。」這等於再次把希望變成一種科學技術，變成一種與它自己相反的東西。（我必須順便指出，這類的誘惑實在非常強烈。）

其次，在某些情況中，「希望」之功效豈不是清清楚楚地顯示在「解除武裝」的價值上？這一點至少在不抵抗的層次是非常清楚的。如果我反對某個暴力，也就是說，我把自己放到與暴力相同的地方，那麼我必然會使它火上加油，變本加厲。就此觀之，我們可以確切地說：一切爭鬥都暗示敵對雙方具有某種基本的默許，繼續爭鬥是他們的共同意願。這種情形只有在戰鬥完全不再像一場遊戲、而雙方都決心要消滅另一方時，才告終止。另一方面，這種要消滅對方之意願激勵對方，使它與自己相似。我們能不能說，消滅之意志只在假定在敵方也有同樣的意志時，才能替自己辯護？把自己看成合法的防禦？如此一來，如果它遇到不抵抗，那就會立即消失，而完全地繳械……。

我趕緊補一句話，我絕不會由於上述反省便忽忙地、毫不遲疑地鼓吹，單方面的停戰是合理的事。如果應該審察一下這個問題，我們應當詢問，為什麼從形上界轉渡到經驗界，在這種範圍內會引發出如此重大的困難。

我覺得「希望」似乎具有一種奇異的效能，能以某種方式將其他的無力量置於困境；「希望」自稱克勝這些無理力量，憑藉的不是與之決鬥，而是憑藉著超越它們。另一方面，當希望實在是非常脆弱，並且一點也不偽裝脆弱的時候，換句話說，它更不能被視為某種懦弱的虛偽面具時，它之效率顯得更為確實可靠。

這種想法不可避免地會引起許多異議。譬如說，怎麼從這點

解釋豁然痊癒這樣的事呢？

我們千萬別忘掉：希望之出口處是坐落在不可見的無形世界裡。希望一點兒也不相似當一個行人走到某處發現路被阻塞，而必須取一捷徑越過障礙而再折回正路。

不必多作解釋，讀者就可明瞭，以上這些反省同我從前作過的「不能自我奉獻」的評論，是可以相連起來的。當一個人越變成無法自我奉獻的時候，他越不可能具有希望。這裡我們應當提及整個現代世界具有愈來愈多不能自我奉獻的嚴重現象。

今天下午我在想，希望之功效是否與它所假定的本體攫取（la prise ontologique）的力量本身有密切關係。（此點與我昨夜所寫有關完整性的一段話也連得起來。）但是我覺得，這類吸引人的解釋，有點危險。老實說，我自己也看得不很清楚。使問題更形複雜的因素，乃是「希望」顯然具有「恩惠」和「功勞」的特性。這一點尚須有系統地加深推敲，但我還不知道應當怎樣進行。

我們應當立即說明清楚的乃是，在那一點上「希望」超越了一個應然（sollen）的斷言；它實際上是一種預言性的力量。無關乎應該是什麼、甚至無關乎應該必須是什麼。它只簡單地說：「將會是什麼！」對希望所作的反省可以最直接地使我們領悟「超越」一詞的含義，因為希望是一個躍動（élan），是縱身一躍。

它意味一種對可能性之計算的徹底揚棄，這是很重要的一點。它似乎隨身帶著以「假設」名義出現的一個斷言：實在界（la réalité）超越一切計算的可能性，它好像願意藉著一種我無法闡明的祕密默契接觸到在事物和事件底基潛藏之原則，這

個原則在嘲笑人們所作的計算行為。此處我們可以引用貝璣
（Péguy）和克勞岱爾（Claudel）所寫精妙絕頂的文句來加以說
明。這兩位作家接觸到了我所發現的事物的最深層面。

　　在這種意義之下，「希望」不只是由愛所強加的一種保證
（une protestation），並且也是一種呼喚（appel），一種朝向
其本身也是愛之盟友的急切呼求。而在希望之底基中的超自然
（surnaturel）成分終於呈現出來了，就像它的超越特徵一樣明
朗，因為，未被希望所照亮的自然本性，對我們來說，顯得只似
一個巨大而冷酷地作統計的場所。[17]

　　另一方面，我也要問一問，我們在這裡是否可以看到柏格森
形上學的若干限制，因為在我看來，我所說之完整性在其中似乎
沒有絲毫的位置。對柏格森而言，救恩只在自由之內，但對一個
基督化的形上學而言，自由卻是為了導向救恩而具有的。我不能
不重複聲明：希望之原型乃是對救恩之希望。然而我覺得救恩只
能在默觀（la contemplation）中才能顯出它的力量來。我不相信
這一點是可以任人隨意忽略的。

　　我今天下午寫的關於不可估量的可能性的一些反省，叫我設
想在希望和意志（當然不指欲望）之間應當搭起一座橋來。「希
望」難道不就是一種意志，願把自己作用的範圍延伸到無限嗎？
這是一個值得深思的公式。

---

17 ：我們應當詢問那一類科學把人引到失望的深淵裡去，並且這種科學到什麼程
　　度在判決它本身的罪惡。「科學與希望」之問題比「命定論和自由」是更基礎
　　的哲學問題。我們應當再次檢討我從前曾提出過的失去救恩之觀念（l'idée de
　　perte），了解希望如何在本質上延伸到不可見的世界中去。（1931 年十二月八
　　日補記。）

就像我們可以設想世界上有一種罪惡的意志存在著，我們也能設想有一種魔鬼式的希望。可能這類希望就是我們稱之為魔鬼之本質。

意志、希望、預言的視野，這三者都持有存在，並在存有內獲得保證，超出某種純粹客觀理性的運作範圍之外。現在我應該針對「失望」（démenti）這一概念加以深究。這個觀念表達人經驗中所有之一種自動地抗拒某些東西的力量。

靈魂只在希望之中才能生存下去。希望可能便是構成我們靈魂的原料。這個思想尚須繼續加以深究。對一個人感到失望，是否就是否認他具有靈魂？對自己失望，難道不是提前的自殺嗎？

1931 年三月二十二日（一個憂悶的星期日）

時間宛若一個穿透死亡之深洞——穿透我的死亡——穿透我之淪喪。

時間，深淵。在時間面前我感到一陣暈眩，因為在時間之深底有我的死亡，並且它在把我吸下去。

1931 年三月二十五日

我們應當放棄神的預知（prescience）概念，因為它曲解一切，問題並沒有獲得解決。一旦假定有個神諭事先存在，不論以何種意義，先於其涉及的某一自由行動時，就避免不了宿命論（la prédestination）。但是也不應該說成是視察，像昨天 A 神父在別爾嘉耶夫（Berdiaeff）的家中所為。神並不作任何「視察」

（*constate*）。我隱隱約約略有所明。首先，不能把神對我的行為的透見看成是一種客觀性的與料（一如下例的情形：有人透過收音機的節目廣播，收聽到我說的話）。只當我自己進入某種精神層面的時候，我才能領會一些上述狀況。我對自己所述的尚不能清楚把握，但我相信這些反省相當重要。

1931 年三月二十七日

我要用「同在」（la co-présence）來取代「預知」的觀念。可是「同在」一辭無法以「共存」（co-existence）一辭來表達。我們總不能忘掉：上帝不是「作為（或說成）……之某人」（quelqu'un qui ...）。

昨天我一步一步地推敲「思維」與「了解」之間的區分。把某一個思想看成不含了解成分之思想，會不會是一種錯誤？在這種情形之下，思維豈不就是相信其有所思？

我們只有在自己所是之基礎上了解別的事物。我認為只有處在某種精神境界的人士才能了解何謂「同在」。此處「你的形上學」和「不能自我奉獻」之觀念又相連起來。我愈不能自我奉獻，上帝為我乃愈顯得像似一個「作為……之某人」。[18] 這種態度恰好否定了「同在」。另方面，我們還應注意，記憶也在這裡扮演一個角色，記憶如忠信一樣（忠信於被記住的理解行為，但不是意志可以任意地使它活生生地再現的）。

---

18 我覺得這一觀點把無神論的根暴露出來了。無神論所否決之上帝實際上只是「作為……之某人」。

　　我要嘗試把不能自我奉獻這一概念與我從前寫過關於「我體」的哲學放在一起對照它們之間的關係。

　　我把「身體性」（corporéité）理解為一種特性，只當我把某一個身體看成屬於某一人時，我才能把這個身體看成生活著的身體。

　　身體性好似是在「是」與「有」中間的邊界地帶。一切「有」都以某種方式對照著「我體」而獲得界定。我體在這兒成為一個絕對的有，而不能成為在任何其他意義之下的一個有。有（什麼），指能自由地處理（什麼），具有對（什麼）一種權威。我看得很清楚，這種自由處理或這個權威常暗示，有一種有機體插介於其間，從而我們不能再無誤地說我能隨意地處置它。不能自我奉獻之形而上奧祕主要原因，可能就在於我無法真正地自由處理那允許我處理其他東西之物（即我的身體）的事實。有人會反對我說，既然我有自殺的可能，可以說我還是可以說能自由處理我的身體的。可是明顯地，這種處理我的身體的方式立刻會使我達到一個不再可能處理它的盡頭；分析到底，兩者同歸於盡。我的身體是一種從絕對字義來看不能被我處理的東西，除非將之放入一種我不再有任何可能處理它的狀況之中。這一種絕對處理實際上乃是報廢而已。

　　會不會有別人要向我反駁說：在我任意移動我的位置的時候，我至少在支配我的身體了？可是明顯地可以看到，從另一角度，在同一程度中，我把自己委託給它並且依賴它。

　　總之，比較清楚的是，我竭盡所能要重建一些條件，使我可以「認為」我能處理我的身體。但不太清楚的一點是，就在「我」的結構中有某些因素，與我對立，有效地阻礙我在我體與

我之間建立一種獨特的關係，因為我體對我有一種無法抑制的侵占性，在我之為人和受造物之根基之處。[19]

1931 年三月三十日

今天早晨反省「有」的問題。我非常清楚地覺察「有」常隱含某種同化（une assimilation）觀念的隱晦意義（我只有某些變成我的東西，這是在某種方式下形成的，不論是何種方式）；這樣一來，「有」也意味著對某一個過去的參考。另一方面，我們不能不把「有」與容器的觀念連合在一起。只是我們應該看清楚：並非是容器為「有者」，而是持有這容器之主體為有者。這

19　我覺得我並未充分地發掘這些話語的內涵。它們對我來說也開拓了一幅相當新穎的視界，針對一連串關及物理奇蹟（le miracle physique）的晦暗問題，更好地說，針對把實現某種程度之內在美善（聖德）和為我們看來似乎是超乎尋常（supra-normales）能力之作用聯繫在一起之隱藏著的關鍵。可能那位愈不自稱能處置自己身體的人，實際上愈不是自己身體的奴隸。會不會這種自負（即自稱能處置自己的身體）表面上看似乎是一種力量的記號，實際是一種奴役？這會引起很多後果。奇蹟式之痊癒更應該從這個角度來查看。我們大概不會太離譜去設問：自我委棄（s'abandonner）能不能若其後果（當然不命中注定的後果）在我們普通含糊地稱為靈魂與肉體之結合產生嶄新的變化？我們可以理解：一個內心激烈反抗的病人，固然他很自負地說願意自由處置自己的身體，但他不能不同時理會到，他這片自負的心意被事在界予置問，而立即發覺他是處於一種甚至是生理上的不能自我奉獻的狀態之中，他之這種無能比另一位相反地把自己委順於一高級力量之病人的無能遠為徹底，不論他對這力量所有之認識到什麼程度。願意說得更清楚可能會是一種冒失，一種不智。這一切絕對不是說：病人把自己委付於神的行為自動地會使病狀改善。如果真有這種情形，這個自我委棄的行為將會失去它的特色；更有進之，它會變成一種法術，而變成與自己相反的東西。可是在這裡，我們不是隱約地看到如何自由與恩寵奇妙地聯合在一起？（1934年八月補記。）

一點是很難加以確切說明的。在「有」的根源處，有某一種當下直接（immédiat）狀況存在，它使某一樣東西參加到它自己的當下直接性（immédiateté）來。總之，我覺得昨天我稱之為「身體性」者實是包含在「有」之中——就像身體性也含有我們稱之為歷史性（l'historicité）的東西。一個身體就是一段歷史，更精確地說，是一段歷史的成果和固定化。因此我不能說我有一個身體，至少按字義講，但是把我的身體與我連起來的奇妙關係卻是在我對「有」之一切可能性之根源處。

我覺得從以上的反省，我們可以抽取許多材料來處理我近來常在思索的、比較更具體的問題，因為我發現了在「不能自我奉獻」與「有」之間具有的密切關係。亡者指那個不再「有」任何東西的人（至少如果我們把「有」的一字從能確定的意義來看）。人們往往有這個誘惑，即想「沒有什麼」等於「不再存在」（不再「是」）。事實上在自然的層次，生活的一般傾向是把自己等同於自己所有的東西。若然，則本體的範疇就會消失了。然而犧牲（sacrifice）之事實還存在著，活生生地向我們證明：「存有」肯定自己對「有」具有超越性。殉道（martyre）若作見證（témoignage）之最深刻的意義就在這裡。它就「是」見證。

我今晚作的這個反省極為重要。它讓我以最具體的方式把握本體的問題。但是我們仍須注意，這種對「有」的否定，更確切地說，對「有」和「是」之間間相關性的否定，不能與此否定懸掛其上之斷言分開的。這裡我還沒想清楚，我且在此打住。

無論如何，我領悟到：引領人走向成聖之徑和牽引形上學家肯定存有之途之間有隱約的同一性。我還要說，就在這裡，人類

的考驗，尤其是疾病、死亡的本體意義終於朗顯出來。只是這種考驗的特色，就是可能會被人誤解。它要求我們予以解釋和同化，而這兩點恰好吻合我們的自由本身。[20]

1931年三月三十一日

「受苦」，難道不是我之「有」被侵襲到，這時候我之「有」與我之「是」有在受苦的構成上是同質的？身體受的苦可以看成一切痛苦之原型和根源。

從散步回來的路上，我在想「有一個觀念」意味著什麼。我覺得此處有一個難題。但我甚至想，這裡所涉及的是一種在某生長體上進行的接枝行為（「接枝」比「整合」〔intégration〕更恰當地表達了我想要說明的意思）。這個生長體如果不趨於把自己表象成一個容器，至少在它自己看來，像似被贈與、而擁有了一個容器。

但是我們能不能想：身體性並不必然包含在這「生長體」或這「活生生體」的現實中？我們對身體「絕對之有」（L'avoir absolu）（這絕不是某一種「有」），真是我上面談及之「精神之有」（un avoir spirituel）之條件嗎？這是我尚不能清楚明辨的觀念，更好地說，我尚無法對這個問題用我自己非常清晰的術語來討論。然而我覺得畢竟我把從前常常思索的有關基本關注（l'attention fondamentale）的問題又找回來了。

---

20 我想我應當在這裡指出：這些觀點和雅斯培的觀點——我在當時（1931年）尚未知曉——其間存在著基本上的一致性。（1934年八月記。）

我所看到的乃是：我所賦予精神秉賦的優先權或至高地位，是透過類比的方式來構思、或想像的；是這種基本的優先性分辨出我的身體不是我的。在這個特權中，我的觀念，是屬於我的，並間接地分享這個特權。把「有」與「是」說成宛若空間與時間在本質性上的凝聚，這樣的說法是否有意義？我不確定。

1931 年四月七日

我不會繼續思索上面提出的觀點。

我清楚地看到的是，常常藉著「有」，我忍受到痛苦。那會不會因為實際上「有」是「多」（la multiplicité）。一個完全純化的存有，即謂完全地「一」，不會是受苦的主體。[21] 但這種絕對的單純能夠實現嗎？我覺得那裡會有一種錯誤的神祕主義，一個會發生十分嚴重的困難的來源。

---

21 這項真理從未被歷史上任何偉大的形上學家忽略過。然而它遮蔽一些危險的曖昧。事實上，很明顯地有一個不屬於受苦的此邊境域。我們可以設想，或更確實地說，我們可以領會：有一些太初級的；本質上未太分化的人，他們不會受苦。只是這樣的人還算是一個「存有」嗎？對我來說，我看得很清楚：一切時代和一切國家中的智慧之士邀請我們提升自己達到之一個境界，實際上與上述之一致性沒有任何相同的地方。究其實，其中區別與柏羅丁（Plotin）在「一」與「質料」所作的區別是同樣的一個。可是由於言語非常不適把這種區別澄清，因為它屬於推理的範圍，我們常能混淆真諦而構成嚴重的後果。如果我是誠實的話，我應當承認我不能不問這種混亂是否至少以某種程度破壞了某一種自律的修身工夫（ascétisme）。這裡有一連串的問題要求我們以大無畏的精神抹拭去一切傳統的公式。我們絕不能忘掉救恩只能在充實中才能被享有，雖然我們也承認一種富足，不論它以那一種方式出現，一點也無法把我們領近到救恩那邊去，甚至叫我們遠離救恩。只是此處的問題乃是怎樣在「多」中開出一條路來，並且將之超越，而絕對不是逃避「多」而已。（1934 年八月記。）

1931 年四月八日

形上學被視為一種驅除失望之魔的法術。

有一種哲學明白地宣稱它同時要逐出希望和失望，我指的是斯賓諾莎的哲學。我責怪他的主要原因是，他完全不了解人類存在的時間性結構。在這個層面上，柏格森的立場倒是無懈可擊。

今晚我對自己說，我必須反省絕對評估（une évaluation absolue）之必要性，即受審判之必要性。（請參考《上主之人》〔Un homme de Dieu〕一劇的結語。）

1931 年四月十日

今天早上我清楚地看到，有必要用「我是我體嗎？」，來取代「我是我的生命嗎？」的問題。我的身體一旦不能動彈，那只是我的屍體罷了。我的屍體本質上就不是我所是，即不能是我所是。（這就是普通在發訃聞時人們要說的：他不再「是」。）另一方面，幾時我擺出我有一個身體的姿態時，顯然我正想方設法讓這個身體不要動，宛若要把生命抽離身體。我現在想問，「有」之為「有」是否總是意味某種程度的抽離生命，確實與一種初期奴的情形相符合。

困難乃是如何理解，斷言「我是我的生命」，並無法可據地結論：「我有我的生命」、「我有生命」，其中可能觸犯的形上學謬誤。我想，這個看法可以回到我上次在三月二十七日所作的反省。絕對地說：我不能處置，此處我不說我的身體，而說我的生命，除非將我放入一種自此之後我再也不能將之自由處理的

境況之中：這是不可挽回（l'irrévocabilité）的時刻。這種情形不但在自殺和為別人犧牲性命的個案中十分顯明，而且實際上在不論那一種行為實現（acte）中都是一樣。

但是「不能挽回性」這個概念的意義，還必須仔細審查並加以擴充；不然，在自殺和為別人犧牲性命之間的區別將成為不可理解的、甚至無法想像的。這個區別的要素就是希望。不可能有、也不會有一種沒有希望的犧牲。排除希望之犧牲是一種自殺。這裡出現了「無私利」（désintéressement）的問題。不過問題在於，知道把「無私利」等同於絕望，是否合理。必然地有人會肯定地說：在我「為我自己」而希望的情形中，「無私利」的問題一定不會出現；而只有當我把希望寄託在必須放棄自己的命令、或事業的利益時，才有所謂的「無私利」問題。只是我們可以不冒失地再問一下，究竟這「為我自己」的意義，是否如其顯示般那麼明朗，或它之所以如此，只因別人自然地認為如此。這裡必須按照我在三月十五日作的反省方式來進行。我們將會詢問一下：這種「為己」而希望之本質究是什麼，更深入地問：此存在於犧牲中心的「為己」之本質究竟是什麼。[22]

---

22 甘心為革命或其政黨而死去之革命者把自己等同於為之他放棄自己生命的事物。此處，政黨或革命為他成為「比我自己更為我自己」的東西。這種貼附與認同在他的行為中表現出來，使他的行為具有特殊意義。有人會說：「可是它並不想看到他為之犧牲自己之事業的成功，也不想去享受其成果，而放棄一切補償和酬勞；基督徒卻是另外一種例子，他們設想自己會親身參與他們為之實現作過貢獻的勝利，而他們自身也會以某種方式成為其犧牲的受益人。在這種個案中我們就不能再說無我了。」

但問題的關鍵繫於確定究竟那一種價值我們可以付諸於一個行為，藉此行為我使我稱之為我的消滅之事實提前出現，然而我卻勉力籌備隨此行為而來之事象，又稱說我並不享受它們。此處似乎充斥著幻想和錯誤。我說我不會享受它們；然而

至少以某種方式我提前了這種享受。我提前這種享受的感覺至少有我提前有我的消滅感一樣多。更有進之，很可能我提前者乃是這種享受感，和只是這種享受感而已，因為我之毀滅按其本質來說只是空無，如此則不能被我提前體驗的。並且，想我不再存在往往能增加我的享受感，把一種傲慢和虛榮的成分滲入其中，使之更為刺激。然而此處迫切者卻是我現時刻的實際狀態，而絕對不是要知道事實上我死後尚生存與否。從這個觀點來看，我覺得這種自誇式的無我含有一種能破壞它的驕傲成分，更好地說是挑戰的成分。我怎樣去和那個要絕滅我的敵對實在相遇呢？首先我瞧不起它，然後我又宣稱我自己有助於它的構成。同我們平時所想的恰好相反，沒有比這種更謙虛的態度了，也沒有比這種包含更傲慢的自稱了。

可能辯者還要堅持下去。他會說，譬如一個革命者不相信他死後還會生存，正因如此他承認自己並不重要，而他的人格也並不重要。我相信實際上這裡有一種我稱之為他的道德重心的放錯地方的情形。使他作自我獻祭之原因原來只是一個使他把自己的人格絕對化的因素。

他們還會說：「由想望酬勞啟發的犧牲不能稱一種犧牲。」這是真的。但是把有信仰者的犧牲看成是一種估計的結果，這種心理分析顯得多麼幼稚與錯謬！因為他們的犧牲是由希望和切愛之情所激發的。後者一點兒也沒有減少前者的價值，恰好相反。沒有人能支持相反的看法除了那些死守於康德的倫理形式主義的極端份子，他們甚至會根除實際理性所假定的東西。此外一切情形都在驅策我們如此思想：在沒有對神和對近人有情感的地方，那裡只有私情，只有自愛。這是一種不具任何內在價值值狂妄態度。我也樂意地承認，有些宗教書籍的作者不由自主地把這些基本觀念弄得混淆不清，因為他們似乎要建立功勞的計算說法，以致破壞了獻祭的純粹性，此即神聖的自我獻身（consécration）。我相信只有把徹底獻身者的經驗公開於世之刻，我們才能排除這些世俗誤解。我們那時會理會到：徹底獻身的人同時都具有一種不可戰勝的希望，後者啟發他們引導他們進入與他們的上帝間建立的更密切與更完全的關係中去。確然，希望沒有任何理由——更好說相反——去想如果抑制這種吸引，會給自己贏得什麼功勞。正因為希望知道自己沒有什麼內在價值，而在自己身上所有的一切積極美好的事物都是從上帝取得。輕視自己就是輕蔑神的禮物，而能使自己有一種最嚴重的不知恩的罪過。一個拒絕相信被自己的父親喜愛的兒子能呈顯出什麼價值呢？當受造之物把自己看成某些權利的享有人，把自己看成債權人時，錯誤就要發生了。這種情形不只顛倒次序，並且有一種根本的墮落。只是我們不該忘記無信仰者也往往把自己看成一個無錢償還之神的債權人，這是另外一種方式的嚴重情況。

我覺得這裡有一個判準的成分，使我們認出對不死之信仰是否提示一個宗教價

1931 年四月十二日

現在我重新要討論我的關於本體冒險（l'enjeu）的觀念，討論生命中具有某種不屬於生命層次之冒險。很明顯地有一類絕對無法證實這個觀念的經驗。冒險之特色就在於它能被我們否認。但是還可以問一下這個否認本身有什麼意義。

我很喜歡把這個冒險稱之為靈魂。靈魂之本質即能被拯救或失落，就因為它是一種冒險。這是很不尋常的事，並且很明顯地與下列事實相連，即靈魂不是一個物體（un objet），而且絕對不能被視為一個物體。某物的失落或保存（此處說「得救」沒有意義），就其本質而言，只是一種偶然。對物體的本質的思考，可以不受物體是否失落的影響（譬如說一顆珍珠）。

我們應當把這些反省與我從前寫過關於「有」的內容放在一起探討。

一方面，我的靈魂向我顯示，像「有」那樣所含蘊的關係（？），一點兒也不適用我的靈魂。在世界上最不能與它相提並論的就是占有品。

另一方面，可能的失落，則與一切占有相反，是招致損失的那部分。不過，靈魂看來最不能被失落。

這個表面上的矛盾使我們覺察到，與「失落」之觀念相關的歧義性。我們能不能說在「是」的層次上有失落（就以此義、並在此層次上，靈魂是能被失落的），[23] 在「有」的層次上也有失

值，整個問題在於知道它是否相似信和愛的行為，或相似一個值基於只關心自己的傲慢心理上。（1934 年八月記。）

23　在存有層次上之失落就是所謂的靈魂的喪亡（la perdition）。然而我們應當承認

落，這與物的本性有關？但同時我們應當看到——這點至關重大——在「有」的層次上，每一次的失落都對我所謂的靈魂者構成威脅，並且會一不小心轉變為一種在存有層次上的失落。這裡我們又回到了絕望的主題及我關於死亡所寫的一切（三月三十日）。

我的生命。生命能為我顯得實實在在地毫無意義之事實是其結構不可分割的一部分。於是生命為我顯得好似純粹出於偶然。但是那個發現自己莫名其妙地被贈與一個荒謬的存在的「我」，接受了一個與禮物完全相反的某樣東西的「我」究竟是什麼啊？他無法抗拒地必要走向否認自己的道路：這個生命不可能由任何人所贈與，它實際上也不屬於任何人。無疑地，這種徹底的虛無主義只是一種極端的立場，一種難以站穩的立場並且含有一種英

這種確定字義的方法並沒有充分地解釋那原是異常複雜的事物真相。為把它看得更清楚一些，讀者自然應當參考我在討論希望時所作的有關「完整性」的解釋。我們總不能說重複太多了，希望只有在失落成為可能的地方才能生根，而指出關於這方面沒有必要在所謂的生命層次和靈魂的層次間作一個區別，這是一個非常有益的判斷。希望一個病人痊癒和希望一個浪子回頭，都是非常合法的事。在這兩種情形之中，與希望連起來的乃是某種偶然地被翻倒了之次序的重建。我們還可以走得更遠，說找回一件失落的物品也能給人產生希望的機會，這種說法也可以說具有意義。然而我們可以清楚地看到這裡有希望的降級，從最熱誠、完全植根在神內之希望降到最自私最迷信的希望。如果我們追索這個降級之思路軌跡，我們會發現不少樂趣。順著這條思路前行，我們會清楚地看到：當「失落」這一觀念愈是指向「有」的層次，它激起之抗議愈顯出一種對權利要求補償（une revendication）的特徵；同時那個提出抗議要求補償者的態度愈離開我適才界定之希望的純粹境界愈遠。總之，真正的希望可能常是等待從一能源（我們或許無法清楚地給他的能力作一界定）流過來的某種恩寵（grâce），由於他之慷慨，我們覺得無法給劃定界限。希望之焦點集中在對這慈惠的能力所有的感覺上，相反地追償權利的精神本質上常是繞著自我意識和自己的名分而旋轉的。（1934 年八月記。）

雄主義。可是我們在這裡又遇到了一個極大的矛盾，因為如果這個英雄主義一旦被覺察到它是如此這般的話，它立刻會把主體重新建立起來，同時它把已被它否決掉的意義重新歸還給存在。事實上它至少表現它有下面一個價值：即成為否認它之意識的跳板。為了使原先的立場得以保持，虛無主義最好留在陰影之中，把自己還原成一種自我麻醉的方式；雖然它能具體地以許多不同的形式來表現自己，實際上還是把自己的主要特徵保留在自己的同一性裡比較穩妥。

有人或許會反駁說：拒絕給予生命一個冒險並不必然陷於這種麻醉的境地，好像樂於退成被動份子。但是就因為把生命看成絕對的東西（看成與其他事不必有關係而存在的東西），所以能使人覺得：如果某些條件不得實現，他會想，至少自己有權利擺脫它。此處各項資料愈趨複雜。實際上生命等同於某種充實和內心繁榮的意識。幾時這種充實和內心繁榮的情形不能發生，這個生命就失去了它成為內在地有價值的理由。而我有了藉口說除了將我絕滅之外我一無可做的事。這個「我」究竟是什麼呢？這個「我」就是我的生命；這一次，我的生命挺立起來反對它自己，自以為有不尋常的絕滅自己的特權。從此，自殺的思想似乎進駐到一個願意自己度一個沒有冒險之生命的中心裡面（就好似在一個沒有交換過婚約，並且沒有在任何證人面前成婚的結合，常能訴諸離婚為解決同居時期發生的困難。我認為這個對比的含義相當深奧，值得深思）。[24]

---

24 我再強調一次這個對比值得深思。它本質上可以照明基督徒對婚姻不可分解性的了解。或許在沉思這項關係的時候，我們逐漸會澄清下列事實，即對一個有關自由和忠信的形上學來說，婚姻的聯繫具有屬於它自己的實質內容，像我們所稱的

　　在那裡甚至找不到對贊成自殺論點純粹合乎邏輯的反駁。沒有什麼能強迫我們想去冒險的念頭，實際上也沒什麼會阻止我們自戕。在此我們處於自由與信仰共同的根基。

1931 年十二月九日

　　我再回到希望的問題上來。在我看來，希望的可能的條件與絕望的條件全然一致。死亡是絕對希望的跳板。一個世界缺了死亡，這個世界的希望也只處於潛伏狀態中。

1931 年十二月十日

　　在讀完 L 所寫檢討唯心論之傑出著作後，我給他寫說：把希望看成欲望就如把忍耐看成被動性一樣。我覺得這點非常重要。忍耐：今天早晨我想及科學家的忍耐。但是它不也很相似獵人的忍耐嗎？把真理看成獵獲品就是把真理看成被我們征服的東西。實際上，真理之形上問題難道不是為了知道，究竟在真理之內是否有某種成分，拒絕化約成為對吾人管轄的屈從？

　　與 M 一席談，得益匪淺。他建議我去閱讀《舊約‧約伯傳》（le livre de Job）並且向我推薦有關《訓道篇》（l'Ecclésiaste）的一本稀有的註解（《訓道篇》是一本上帝指示在那些條件可以度一個有智慧生活的書）。他給我引用聖嘉耶

靈與肉的結合一樣。為了誠實起見，我不能不承認如此這般的想法使我有一些不安的感覺，因為我無法妥善地調和經驗的教訓（我姑且稱之）和形而上及神學層次的要求。（1934 年八月記。）

當（Cajetan）之話：「寄希望於神不是為了我，卻是與我。」
（*Spero Deum non propter me, sed mihi.*）

我曾說過，純粹出自基督信仰之希望所包含的「永恆」觀念，完全不同於隱含在「既無希望又無懼怕」（*nec spe nec metu*）智慧內的永恆概念。M 還建議我去閱讀聖十字若望所著有關希望的篇幅，一如我所擔心的那樣，他並未超越希望。我表示我所關心的是，何以說預言（la prophétie）只在希望的領土中、而不在科學的領土中才能可為。希望與說預言有共同的根源，此即「信仰」。

剛才在我散步的歸途中，我想到幾種比較粗淺的希望形式：希望獲中頭獎。抽彩和保險從其經濟字義上看確然有其重要性；切願不受意外事故侵擾（意外事故被看成是一種成分，如冷或熱）。我們也必須審察一下，如何在祈禱中希望得以具體成形。

我對M說：「從外面看，忍耐會淪為被動，而希望則化為欲望。」我又說：「希望，或是會變質而墮落，或是會失去自己的內容，或是它的本體效用愈顯貧乏。」

目前我注意到的一個問題是，難道沒人反對我的看法，說希望是與生命密切結合攸關生死的要件嗎？我想我的回答會是這樣：如果有這種情形，那要看生命之看成具有本體性到什麼程度。這倒是一個不易解決的問題。它可以成為一個被問的問題。我覺得在生命與希望之間，有靈魂夾在中間。[25]

---

25 請參閱 1931 年四月十二日我所寫的附註。我想當一個具體的人被我看成「你」時，我不能不給生命一個「具有魂靈」（animique）的名號（這個名號非常彆扭，可是我想不出別的）。我們如果把生命和靈魂分解開來，我們不可避免地會想把它變成本質，而這是一種乖巧的方式將它出賣。（請參考我的劇本《明天的

1932 年十月五日

　　我重念我所寫的論「生命之價值和本體問題」，以及論「存有作為信實的場所」（l'être comme lieu de la fidélité）。這些字裡行間包含了我最近形上思索過程中的主要發展。此處最基本的論據乃是，面對整體觀點下的生命，我可以採取立場，我可以拒絕，我可以絕望。在這個關鍵處，我想我們應該完全排斥那種認為是生命本身在我身上否決它自己、拒絕它自己之解釋。這是一種莫須有的、且是毫無意義的解釋。讓我們至少在開始反省的時候，滿足於我們已經知道的論據：我賦予生命一個價值。實際上，是在這個價值層面，而不是在知識的層面，主體面對客體。我要補充的是，這裡其實並沒有一個單獨的行動，可以或不可以接枝進入我的生命。對人而言，活著即是接受生命，向生命說「好！」；或相反地，把自己投入一種內在鬥爭的狀況之中，表面上所作所為似乎在接受什麼，但在內心深處，卻拒絕或相信自己拒絕之。這一點應當與我在他處所寫關於存在的東西連在一起了解。

　　失望之可能性是與自由相連的。自由之本質乃是能在使用自己的時候出賣自己。在我們以外的任何事物都不能把失望之門關閉。道路是開放的。我們甚至能說：世界之結構是這個樣子，叫我覺得絕對的失望實在是可能有的情形。有人會說連續不斷發生的事件，在在都在勸說我們把自己墜入深淵中去。這是很重要的

亡者》（le Mort de Demain）中安端講的一句話：「愛一個人，就是同他說：你啊，你不會死。」（1934 年八月補註。）

一點。

　　信實是對一個恆常的東西之認識。此處我們已超越過理性與情感之對立關係。尤里西斯（Ulysse）之被歐墨魯斯（Eumée）認出，耶穌之被走向厄瑪烏（Emmaüs）路上的門徒認出，都屬於此類情形。這裡出現了一個有本體含義的「恆常」之觀念，是某種繼續存在下去並包含歷史之「恆常」，這與一個本質之「常」或一種形式安排之「常」截然不同。

　　見證是出發點。教會是以永不止息之見證方式，以信實的方式存在著。

1932 年十月六日

　　我的信實所忠誠對待的存有，本質上不僅可能被我出賣，並且以某種方式受到我出賣它之影響。忠信是永不止息的見證方式。但是見證的本質即是能被塗抹掉、被磨滅掉。我反省這種磨滅的情形怎樣會發生的。或許是因為我們以為這個見證已經過時了，它已不再相符實際事物了。

　　存有是被作證的，而感官是證者。我認為這是一個很重要並且新穎的思想，也是唯心論者系統地忽略掉的觀點。

1932 年十月七日

　　又有一個思想浮現了：我向它奉獻我自己之客體，值不值得我對它所作之奉獻？這是對原因之相關價值所作的檢討。

　　我腦海中又出現了一個關於「創造性的信實」（une fidélité

créatrice）的觀念，就是說關於一種除非它不斷創新則不能自保之信實。我在設想，是否它的創新能力與其本體價值有對稱的關係。

　　如果有信實，其所針對的必定是一個具有位格者（人、神），而不是一個觀念或一個理念物。一種絕對的信實必含有一個具有絕對位格者。我在想，對一個受造物（此指向另一人）的絕對忠實，是否假定「祂」，在「祂」之前我訂這個約定（譬如婚姻聖事）。

　　我們從不會說得太多，說我們活在一個在一切時刻，以一切方式常能出賣（約定）的世界：被我們大家或被我們之中每一個人出賣。我還要重複說：這個世界的結構本身似乎在不斷向我們建議出賣（trahison）。死亡之景象就不停地邀請我們否定一切。這個世界之本質可能就是出賣。可是另一方面，我們在宣說出賣時，是否把自己構成了它的同謀呢？

　　把記憶看成本體的指標。[26] 這是與見證不可分隔的事實。難道人的本質不是一個可以作見證的存有麼？

　　有關見證之形上基礎的問題顯然是形上學中最核心的問題之一。這是個一直尚未澄清的問題。「我當時在場，我肯定我當時在場。」整個歷史有一個由它所延長之見證的作用；由此觀之，它是植根在宗教精神之中的。

　　剛才當我徘徊在萬神殿（le Panthéon）和哈斯拜耶大道（boulevard Raspail）間，我想起不少其他事情，有很豐富收獲

26　心電感應（La télépathie）與空間之關係豈非可以比擬於記憶與時間的關係？雖然後者只以靈光一現的方式衝到意識表層，但這無關宏旨。

的印象。

我也想到宗教儀式，它調節我們的心靈使能度一個信實的生命。但我也看到只以習慣性方式去參加禮儀，能使人逐漸走向出賣。這一點可以與我今天早晨所寫有關創造性的信實連結起來。此外，這豈不是聖德之極確切的定義嗎？

我同樣地也看到對亡者舉行的追思所包含的深刻意義，因為藉此儀式，我們拒絕出賣那位曾經被人單純地認為不再存在的生者。這是一種積極的抗議，相反某種玩表象的把戲，拒絕順從這類遊戲或讓自己整個地投身其中。如果你說：「他們不再存在。」這不單把他們否認掉，並且也否認掉自己，或許這是「否認」之絕對意義。

我相信自己終於看到了查考證明神存在這一觀念之可能性，這是針對聖多瑪斯哲學之五路證明而言的。他的證明並不具有普遍的說服力，這是一個事實。如何解釋這種局部的無效性呢？這些證明假定聆聽者早已對神有了堅定的信仰，而它所作的實在是把一個完全不同性質的行為帶到推理思維的層面上去。我相信這不是道理，卻是錯誤的道路，就像有錯誤的窗戶一樣。

我在思索這些問題的時候，我問我自己是否我思索的工具是一種反省式的直觀（une intuition réflexive），雖然我還不能交代清楚它的本質。

或許我們是活在一個從宗教角度看具有特別機運的時代，因為「出賣」一事──它的大本營就是這個世界──在今日顯得特別明晰。十九世紀之主要幻想現在已被滌清了。

1932年十月八日

「反省式的直觀」這個說法實在不能叫我滿意。下面寫的，才是我想說的。我覺得我不能不承認，在我內心的某種層面，我就在[大寫的]「存有」（l'Etre）面前。從一個意義來說，我看到了祂，但從另一個意義來說，我只能說我看到祂是因為我不把自己當作觀看者。這個直觀不能作自我反省，也不能直接地反省到它自己。但是當這個直觀轉向祂的時候，卻照明了其所超越之整個思想世界。從形而上角度說，我想不出還有什麼比這更好的方法來解釋信仰（la foi）。此外，我覺得這個看法很切近亞歷山大學派（Alexandrins）的思想，不過還需考證。我認為在一切信實的根源處，都有一個如此這類的直覺，然而在這直覺中的真實實在界，還是會常常受到質疑。我總是會說：「是的，我曾『以為』我看到，但是我還是落空了……」

　　一直在思索「見證」的問題。能不能說，見證之範圍「大體上」與經驗之範圍重合？今日之人傾向於漠視見證，把它看成某種「體驗」（Erlebniss），尚算正確之陳述。但是見證如果只是這麼一件事，那麼它實在不算什麼，它也不可能有什麼作證價值，因為沒有任何東西能絕對地保證經驗得以遺存下來並且獲得確切證實。這又連上昨天我寫的論「世界作為出賣的場域」——不論這種出賣是有意識的或無意識的，並且這個世界愈來愈明白它是這個樣子的。

1932 年十月九日

我想到純粹反省會全面攻擊見證的可能性，並且還會主張不可能產生有效的見證。任何見證本質上都是可以再次被懷疑的。而我們都有傾向懷疑任何可能的見證、懷疑見證本身。這個程序是否有其合理的依據呢？它之可以成立與否，端賴於我們能否先驗地見證被承認有效所必須滿足的條件，然後又指出本見證並不具備上述條件，或至少無人能指出這些條件已經是齊全的了。但此處就正如懷疑存在的情形一樣，人們能作的只是貶抑其價值，針對的是本身「不可道」之體驗的記憶、以及一切概念化的轉譯。

能不能說屬於本體界之事物的本質乃是不能言說之而只能為之作見證？

只是見證一事還應當好好地被吾人反省。它只有在存有之內，並且藉著自己與存有的關係，才能肯定自己的價值。在一個只承認體驗，只注重純粹剎那（purs instants）的世界之中，見證便沒有地位了。但是如何又能說見證是以表象的身分出現呢？

1932 年十月十日

「作證」是個人的事。它牽涉到整個人格。但同時它轉向存有。因此它的特徵可以由個人與存有間發生的張度來表達。

然而以上所說並不能滿足我，我也尚無法找到適當的話來說明我的觀點。我清楚看到的，是與葛利斯巴克（Grisebach）完全相反的態度，我在記憶中看到本體所顯現的一個主要面向。關

於這一點我的看法多麼接近柏格森，還有聖奧斯丁！在柏格森的思想中，作證是什麼一回事呢？無疑的，它是一種神聖的奉獻自己（une consécration）的行為。但這個概念本身非常曖昧。我們應該小心別以實用主義的方式去解釋它。

應注意一點：作證不只是指出場證明，並且也指取用某一個證據。後者所有的關係本質上是二而三的（triadique），按《形上日記》內之意義解釋之。

1932 年十月二十二日

本體奧祕之立場及其具體進路。

這是我要在馬賽哲學協會中發表之論文的題目。「存有的奧祕」、「本體的奧祕」，對比於「存有的問題」、「本體的問題」之說法——這幾天突然出現在我的腦海內，給我不少啟示。

形上思想可以看成瞄準某種奧祕而作的反省。

然而，奧祕之本質是要能被吾人體認。形上反省假定這個不自己出且不受自己管轄之體認奧祕之事實。

把「奧祕」與「問題」作一區分。所謂「問題」，乃指我們撞到的某物，它擋住我們去路。它完全在我面前。相反地，奧祕卻是我發現自己參與在其中之某物，它的本質不可能完全處在我的面前。似乎在這個領域中，「在我內」與「在我前」之區別已經失去其意義了。

自然層次：自然層次之領域與問題層次之領域恰好重合。常會有誘惑，想把奧祕轉化成問題。

奧祕層次卻與本體層次是重合的。知識的奧祕是在本體論的

層次（這一點馬里旦看得很清楚），但是知識論的專家把它忽略了，不了解它，而把它變成「問題」。

舉一個典型的例子：「惡的問題」。我把惡看成一種掉在大機器——此即宇宙——之意外事件，而我卻在這架機器之外觀察它。這麼一來，我不單把我處理成不會受到它的疾病或軟弱之損害者，並且以外在於宇宙的方式，我試圖，至少理想上，把這個世界之完整重新建立起來。

我通往存有論的，是怎樣的一個進路（l'accès）呢？很明顯地，進路這個概念在這裡並不適用。它只對屬於問題層次的事物有些意義。只有在某一地區清楚地規劃出來之後，我們才能問怎樣進到裡面去的問題。對存有，我們無法用這種方式來處理。

存有與奧祕：尚待探索

與啟示有關的先決條件。

既然不處於與問題相關的世界中，啟示顯得多餘。

把「形上思想看成瞄準一個奧祕而作的反省」，從這個定義的角度來看，這種思想之進步實在無法理解。只有在問題的層次才有所謂的進步。

另一方面，問題的本色即可以被詳細分析、解說，而奧祕卻相反，無法詳細分析、解說。

1932 年十月二十九日

在現象學界的首要問題是：在大部分有識之士、甚至在最傾向形上學、專事研究存有的思想家他們那裡，都會引起的、幾乎不可克服的猜疑是什麼呢？我懷疑，是否應當從康德主義對許多

知識份子持續的影響來要回答這個問題，事實上它的影響在明顯地減弱中。說實話，柏格森主義之作用實在也不亞於康德主義。但是，我想我們正深深體驗到一種無法用言語清楚表達的情緒，我還是設法要把它講出來；即我們愈來愈確信沒有所謂有關「存有」的問題、或以問題的方式接觸存有的可能。我想只要我們仔細推敲問題一概念就足以使自己相信這個觀點。此處令人困惑的事是，我們已養成了一個孤立地看問題的惡劣習慣，那是說把它們插入生命經緯內之活潑關係予以抽象。這是科學家處理客體的方式。在他研究過程中有一個科學的難題出現了，科學家撞到這個難題就像他的腳被石頭絆到一樣。任何問題之出現常暗示，心智必須設法重建之某種延續性之暫時斷裂。

1932 年十月三十一日

把存有看成取竭不盡的原則。尼采沒有看錯：喜樂與取竭不盡的感受是相連起來的。我要重新討論從前我寫過關於存有抗拒藉批判而將它化解的能力。這與我有關絕望所說的話也是相連的。這裡有一個死結。在那裡我們可以清點存貨的地方即我們會失望的場所，譬如：「我已經估計過，我將毫無辦法作……」但是存有超越一切估計。失望是心靈在遇到下列情形中感到的衝擊，「沒有別的東西了」，「一切有結束的事物都是太短了」（聖奧斯丁語）。

只是我們應該記得這個取竭不盡的原則本身既非一個特徵，又非一連串的特徵。這一點與我以前所寫關於奧祕與問題層次相反之看法是很切近的。

1932 年十一月一日

把時間與空間看成取竭不盡性的表露。[27]

把宇宙看成存有之開裂（déhiscence de l'être）？這是一個可以嘗試的概念。

每一個個別存有皆是本體奧祕封閉（儘管無限）的象徵和表達。

1932 年十一月七日

從對存有問題所感到不舒服出發來反省。這種不舒服來自用理論的辭句來陳述存有，同時由於我們的處境覺得別無他途可循。

科技層次與問題層次也是相牽連的。每一個真實的問題都有為他自己解圍的技巧，而每一個技巧都有解決某一特定型之問題的使命。我們能否以假設的方式來劃定一個後設問題（métaproblématique）、後設技術（métatechnique）的區域範圍呢？

1932 年十一月八日

把「問題」的概念作進一步反省之後，使我想問在設問存有

---

27 然而在別處我把時間與空間界定為「不在」（l'absence）之相連模式。從這裡可以引伸出整個一套辯證；這種辯證是在旅行（voyage）和歷史之中心的（1934年十月八日補註。）

的問題之事實中是否已經包含了矛盾。

把哲學看成後設批判（métacritique）層面的事物就會把我們引到一個後設問題的層面上去。

我覺得有必要給人類經驗重新賦與它的本體重要性。

後設問題：[例如] 超越理解力之外的和平、永恆。

1932 年十一月九日

我願意加深了解我稱之為「人類經驗之本體重要性」之意義。此處雅斯培（Jaspers）的思想能有啟發作用。

讓我們來分析一下下面一個思維模式：

「我只是我所值的東西而已（但是我不值什麼）。」這種哲學的出口處是失望，只有藉小心翼翼的幻想才能把它遮蓋起來。

我們可能陷於絕望的事實在是這裡的一個核心論據。所謂人，即是能失望、能擁抱死亡、能擁抱他自己的死亡的一種生物。這是形上學的核心論據，然而多瑪斯主義所建議的一種關於人的定義卻把這個論據遮蔽起來。齊克果思想的重要貢獻，我想是把這個事實透顯出來。形上學應當面對失望、採取自己的立場。本體論的問題與失望的問題是分不開的——然而這些都不是「問題」之所。

反省到「許多他我」（des autres moi）的實質問題。我覺得有一種處理這個問題的方式，它事先排除一切可被接受及了解的答案。這種方式就是把我的實質（réalité）集中在我的自我意識這一個焦點上。如果有人用笛卡爾的方式出發，即主張我的本質就是意識到我自己的話，那麼他就沒有辦法脫身而出了。

1932 年十一月十一日

我們不僅有權利肯定許多他者的存在，而且我會盡力支持以下的觀點：存在之能歸諸於他者，只在他們是「他者」的情形之中；而我也無法設想自己的存在，除非我把自己看成不是他者，我是異於他者才行。我甚至要這樣說：「他者」之本質就是存在；我不能想某人是他者而不想他是存在者。只有當我心中對他者是他者（或「他者性」）開始動搖時，我才會對存在產生懷疑起來。

我甚至要問我自己究竟「我思」──此內包含筆墨無法描述的曖昧──是否只在說明這一點：「當我思考的時候，我就對我自己產生了距離，然而我把我自己像他者那樣地提出來，而我終於顯出是存在著的東西。」這種看法徹底地相反唯心主義，後者把自我界定為自我意識。如果我說把自我界定為自我意識便是使他成為「次級存在」（*subexistant*）的東西，我這種說法是否荒唐？自我只有當他把自己看成為別人而存在者才真正存在。因此就在他理會這情形的時候，他就逃脫了他自己。

有人會向我說：「你這些斷言不論從其內容或形式來說都非常曖昧，並且有些武斷的感覺。你在討論的是那一種存在呢？經驗存在還是形而上的存在呢？沒有人會否認經驗存在（l'existence empirique）；但此中有現象的不穩性，因為沒有什麼東西可以保證『他者』不是我對他者的思想（les autres ne soient pas ma pensée des autres）。這樣一來，真實的問題便會滑脫掉了。」

我相信，就是這種立場，我們應當堅決地拒絕採取。如果我

承認他者只是「我對他者的思想」、「我對他者具有的觀念」，
那麼我絕對不再可能把我圍著自我而劃定的圓圈穿破。如果我強
調主體與客體對立的絕對性，如果我對主客範疇太認真，或太重
視主體把客體置於自身之內的行為，那麼他者之存在將成為不可
思議的事，並且我相信任何存在，不論有何種方式，都將成為不
可思議的事。

　　「自我意識」與「他」：即自我意識的哲學。這裡他者對我
為自己劃好的圓周來說實在是外邊的東西。從這個角度來說，
我不可能與他者有任何溝通，甚至不可能有一個溝通的觀念
（l'idée même d'une communication）。我不能不把他者之主體
之實質（cette réalité intrasubjective des autres）看成莫名其妙、
不可捉摸之 X 的出現。我用這些話勾出普魯斯特世界之最抽象
的輪廓，雖然我們在普魯斯特的作品中發現一些與我所說的不僅
不合，甚至相反的說法。這些跡象在他小說的進度過程中，變得
愈來愈稀少，因為由「自我」構成的圓周變得愈來愈明顯和封閉
起來了。這圓周在貢布雷（Combray）和與貢布雷有關的一切事
物之中尚未存在。那裡尚有一個為「你」可以活動的地方。可是
故事發展下去就不同了，我們發現各種僵化的現象，人物愈來愈
尖銳化、愈來愈封閉，終於「你」從書本中完全消失。配合這種
情形，恰好出現老祖母的死亡，這是一個具有決定性意義的命定
事故。（我相信我這裡所寫的一切，普魯斯特本人從未清楚地意
識過，不論對他自己或對於他的作品而言。）

　　可能有人還會向我說：「可是你對『你』和『他』所作的分
析只對心靈的態度來說還算有些道理。只在最狹義的情形之中，
它才是現象學的分析。你能不能把這個分析用形上學的方式建立

起來，並給予『你』形而上的有效性？」

這個問題的內涵實在非常晦澀並且難以說明。但是我還要嘗試把它更清楚地予以陳述。試看下面的說法：

當我把另外一位看待成一個「你」，而不再是「他」的時候，這個變化是否只指出我對這另外一位的態度有所不同，或者我可以說：以「你」的方式來對待這個人時，我便更深入地進入他的內心，我更直接地領悟他的存有或他的本質？

我們在這裡還該保持警惕。如果「更深入地進入」，或「更直接地領悟他的本質」這類說法只為表示掌握更精確的知識，或在某種意義之中對他具有更客觀的認識的話，我應當毫不遲疑地說：「不！」關於這一點，如果有人堅持要以客觀判準來決定一切的話，我們常常可以說：所謂的「你」只是吾人的幻想而已。但是請注意，「本質」一詞本身的含義就非常曖昧。「本質」一詞能指「本性」（nature），或指「自由」。可能就在於我的本質是自由的情形下，我能叫我自己順從或不順從我之以天性方式下表現的本質。或許我之本質即為「能不是我之所是」（de pouvoir n'être pas ce que je suis）；簡而言之，即我能出賣自己。我在「你」內所碰及的對象不是本性式的本質。實際上，當我把某人處理成「他」的時候，我就把他化約成只是「本性 特質」而已的事物；一個以如此方式，而不以另一種方式作用之能活動的客體。相反地，當我把另一位看待成「你」的時候，我把他看成具有自由的人。我了解他是自由體，因為他也「是」自由，不僅是本性特質而已。更有進之，我以某種方式使他獲得更充分的自由，我協助他成為自由的人。這種說法表面上看來極為弔詭、且充滿矛盾，但是愛德不斷地在證明這項真理。另一方面，只有

另一位是自由人時，他才是真正的「他者」。以本性特質出現的話，他為我看來就好似我為自己只是本性時的我完全一樣。可能只有藉著這個曲折，我才能在他身上施行暗示的作用。（一般人常常分不清楚「愛德的效力」和「暗示的效力」之間的區別。）

　　從上所言，我今天早晨所寫的思維模式就比較容易理解了。只在我對「他者」開放，當他是一個「你」的時候，他者才能為我以另一位他者的方式存在著；但我之能向他者開放自己，先假定我不再在我心中建立一個以某種方式將這他者、或更好地說將他者的觀念封藏的圓圈。因為對這個圓圈來說，他者已淪降為他者之觀念（l'idée de l'autre），而他者觀念當然不是他者之本身，卻是處在與我產生關係中之他者，他已從自己原來的座標中拆開，他是已脫臼者，或正在遭受脫臼者。

1932 年十一月十四日

　　一切能用言辭表達的東西，都是可以思考的東西。或更精確地說，在言辭可以說明的東西之中，沒有什麼不能在某一時間被我們之中一人所信、所思。言語的能力十分相似最先進、最現代化的大眾傳播網。但是它如果只向自己傳播，只向自己講話，則一無作用可言。

　　這些見解是由一些我已記不清的某種非真實的美感感受向我提供的。可惜得很，它們也在不少非真實的形上學中插上一腳。

1932 年十一月十五日

我能不能把優先權給予一個藉之「自我」構成自己為我之活動，而不給予「自我」肯定他者之實質的活動？如果我們同意有這樣的優先權，我們應當如何了解它呢？我想，有兩種方式來了解這個優先權，或從經驗的意義層次、或從先驗的意義層次。從經驗的層次來講，我有一個由我的各種意識狀態（mes états de conscience）之總和所構成的領域。這個領域具有一種被感覺到是「我的」領域的特色。這一點表面上看似乎很明顯，但實際上卻非如此。表面上之清楚，我想只來自支持這些公式之唯物主義的裝束（représentation matérialiste）。結果我們不僅不盡力去思索被感物作為被感物（le senti en tant que senti）之意義，而且用某種機體活動（événement organique）的觀念取而代之、某種在所謂完全可以明晰地規劃的區域、姑且稱之為「我體」區域中進行的活動的觀念。我相信實際上在強調自我意識之優先性的一切經驗主義觀念的基礎上，有下列的基本信念，即一切為我而有的事物都必須首先透過我的身體。這種信念認為我的身體絕對地介於我與其他事物的中間（une interposition absolue de mon corps），然而它並不以嚴肅的態度去尋找把我與我體聯繫在一起的關係是屬於那一類層次的關係，並且不問藉之我肯定此體為我體之行動的涵義。可能——我不用絕對的語氣作肯定——在這裡有一個循環：我們似乎注定應從「感覺」（*feeling*）的角度去描畫我體的實情，為了接下來再按照「感覺」的作用解釋使我體成為我體的特權。我倒以為如果有人堅持要用經驗主義的觀點來看這個問題，那麼就不會再有超越對「此體」所作的斷言的需

要，而「我體」的說法就會變成一種無法理解，甚至徹底相反理性的因素了。

如果我們採用我稱之為先驗的觀點來看問題的話，情形就會大不一樣。

1932年十一月十六日

我注意到某種生命哲學為對存有所作的沉思構成阻礙。這個沉思幾乎會顯得只在這種哲學之此端或他端中才有發展餘地。這些初步的觀察關係重大，它給我們一個深入思考的鑰匙。

我曾寫過：「我的存有被某種不給予我、並且也不能給予我之事物在我的意識前遮蔽起來。」我的生命不能成為給予我的東西。雖然表面上並非如此，但實際上我體也不能成為給予我的東西，就因為我的生命具體地化入我體之中。我體不是，並且不可能是我的客體，就像一個外在於我之器具一樣。吾人一般有把我體和屬於我之某一樣器具（如手錶）之間的區別縮到越小越好的傾向。美國人喜歡每過一段時期把自己送入醫院「檢查」一下。這是具有啟發性的事。實際生活中每一個人可以循著這個方向盡量向前進行。然而還有一些完全無法予以檢查的情形，如車禍等意外。

幾時我們把「我的生命」與「我的存有」區分開來之後，我們就有幾乎不能抗拒的誘惑要詢問何謂這個存有，它包括些什麼的問題。終於構成了對這一問題或這一偽問題（ce pseudo-problème）所思索而獲得的答案。

「我是什麼」這一問題似乎要求一個可以概念化的回答。但

同時一切可概念化的答案似乎可以被拒絕或被丟棄。

　　然而這個問題究竟是否是一個合乎法理的問題呢？它究竟有否提呈出一個意義來呢？此處我們就不能不問得更仔細一些：我愈依附我的所為、或我的社會階層（mon milieu social），這個問題就「愈少」真正臨於我。我常能把它「陳述」（formuler）出來，但是它對我只發出一陣空空的回響。當一個問題是真實的時候，那是說它激盪出一種我認為很飽滿的回聲的時候，它假定我要對我所做的，對我參與人類公共世界之方式採取某種擺脫和放鬆開的態度。

　　會不會有人以為這種擺脫是不合法理之抽象？但是作如是觀的我的生命（即作為此世界的共同參與者），確能為我變成判斷、鑑賞和非難的對象。「我的生命是我能評估的某樣東西。」一個重要的核心論據。但是在評估我生命之我是什麼呢？實在無法對一「先驗我」（un moi transcendantal）之幻想予以贊同。這個作評估工作的我本身也受到鑑定。必須補充說明一句：我的生命就因我在活它而顯得似乎也忍受一個暗含的評價。（依附的或反抗的，因為很可能我度一種存在生活，而在我之內有某種東西以低沉的方式不斷地在反抗這種存在。當我詢問我是什麼的時候，我就在隱射這種複雜而在某些方面充滿矛盾的處境。然而正因為這裡有一個真實的處境，所以我可以在它面前逃逸，並且可以「開小差」。）

　　我們這個世界的結構（對「世界」一字的意義尚須斟酌一番）是如此這般地，使生活於其中的人可以體味到絕望的真諦。就在這種情形下，我們發現死亡之冷酷意義。死亡之事實存在一天，我們就會覺得被吸引到絕望者的隊伍中去，並以一切方式變

節。這種傾向至少在下列的情形中會發生：即從「我的」生命的哲學觀點來看死亡，並且堅稱所謂的「我」完全與我的生命等同。在對死亡所作的令人困擾的解釋和把自己的生命看成在這生活過的片刻之外，均為不可捉摸的之間實有暗中默契（為了出賣存有）的關係。上述把自己生命看成只在活過的片刻中才是可捉摸的態度有嚴重的後果，因為一切聯繫、一切誓約、一切承諾都要變成僅建立在謊言上的東西，把片刻之不穩固的感受任意地作永恆性的延長。這樣一來，一切方式的信實均要被視為荒謬，因為沒有根基；相反地，背叛或出賣卻以嶄新的面目出現了：它要宣稱自己是真正的信實，把「出賣」界定為出賣此片刻，或在片刻中所體會過的真我。此處我們掉入五里霧之中，因為把信實之原則置放在片刻一個焦點上，實際上是超越這個片刻。我承認這一切討論只是沒有實效的辯駁而已。然而真正有效的反駁在這裡也行不通，因為絕望是不能辯駁的事。我們在這個困境中唯一能作的事，乃是超越一切辯證之中作一個徹底的抉擇。

我要順便提及一點：我們只能在某些見證人、其中首推殉道者（martyrs）、身上體會到絕對信實（la fidélité absolue）。這個論據所賦予的，還是內屬於信仰的層次。相反，出賣之經驗卻到處都有，首先是在我們身上。

1932年十一月十八日

從存有的問題轉渡到「我是什麼」的問題？我是什麼？那探詢存有的我，是什麼？我具有什麼天賦以致可作如此這般的一個詢問。

從問題轉渡到奧祕。此中有等級的差異：當一個問題可能激起本體的回響時，它就顯得在自己內隱匿著一個奧祕（死後生命的問題是一個例子）。

靈魂與肉體之間有什麼關係的問題是大於一個問題之問題。這是我在《形上日記》的附錄〈存在與客體性〉（Existence et Objectivité）的結語中，所暗示的觀點。

一個無法表象化的具體實在（Un irreprésentable concret）——無法表象化，因為它比觀念更大，它超出一切可以理解的觀念之外，它就是臨在（présence）。而物體本身則是不在場的。[28]

1932 年十一月二十一日

昨天與 A 神父談及德蘭·紐曼（Thérèse Neumann）的種種。[29] 今天早晨想及理性主義者對這些事實的反應感到憤懣。他們對這類現象採取漠視的態度。我又回過頭來反省自己感到的憤懣情緒，我想這種情緒一定來自在我自身尚有的缺乏堅信（incertitude）的殘餘。如果我絕對地確定，我對這些存疑的朋友，便只會有一種純粹的愛德和憐憫感（un sentiment de pure charité et de pitié）。這一點我相信還能引申到更遠的地方去。我

---

28 從這裡我們可以引伸出關於聖體聖事之臨在的理論（une théorie de la présence eucharistique）。（1934 年十月十日註記。）

29 譯註：德蘭·紐曼（Thérèse Neumann, 1898-1962）是本世紀初有神祕體驗的基督徒，德籍。據說她身上印有與耶穌相似之五傷創痕。

覺得愛德和堅信是緊緊相連的。這個看法值得我們繼續推敲。[30]

1932 年十一月二十八日

我看到躺臥在一店門前之小狗時，我的口脣喃喃地說出一句句子：「活（vivre）下去是一件事，存在是另外一件事：我選擇存在。」

1932 年十二月五日

最近幾天為上演《明日之死》（*Mort de demain*）一劇而引起的情緒波動和疲勞，使我今天早晨已到達無法了解我自己思想的程度。我屢次有傾向說：「奧祕」一詞似乎貼有一張標籤：「請不要碰我。」為了再一次了解奧祕，我們應該常常參照問題的層次（l'ordre du problématique）。所謂奧祕，是後設的問題。

另一方面，我要應用上星期六關於了解「許多他我」之實質所提出的原則。我們在實在界的層級（la hiérarchie des réalités）上升得愈高，我們愈會有產生強烈而濃厚的否定和背叛的可能。[31]

---

30 這裡含有一個似乎是無稽的觀念，即認為在狂熱主義的根源並沒有確定性，甚至沒有過度的堅信（une certitude intempérante），卻只有一種它不承認的對自己不信任和害怕。

31 正因如此否認神比否認物質的存在容易得多。（1934 年十月十日註記。）

1932 年十二月六日

……剛才我反省時看到下面一個情形，即我們的條件——我暫時不給「條件」兩字作精確的定義——暗示或要求在我們內，或在我們周圍有系統地使自己對奧祕採取閉塞的態度。這種態度來自一種幾乎無法說清楚的觀念——這還算是觀念嗎？——「一切都出乎自然而已」（du tout naturel）。在「物體化」與「一切都出乎自然而已」之間有密切的聯繫。除非把層層將我們包圍而又由我們自己分泌所生的硬殼一下子穿破，不然的話，我們絕不可能把握存有。「除非你們再次變成小孩子……」我們的「條件」有可能超越它自己，然而這需要英雄式的努力，並且必然地以間歇的方式達到目的，而非一蹴可成。物體之為物體的形上本質可能正是它具有的閉塞力。對於這一點，我們頗難予以確切說明。在任何一個物體之前，我們無法詢問被此物體隱藏起來之奧祕的問題。[32]

1932 年十二月十一日

今天早晨我對「凝神」（le recueillement）這一現象沉思良久。我覺得這裡有一個非常重要的核心論據，很少被人家注意過。我不僅能對一般而論在我意識中塞滿的叫囂聲強制靜默，並且這個靜默本身具有積極的作用。因為就在這個靜默之中，我才

---

32 但就在這裡有一切真實的詩文之形上根源，因為詩的本質便是不問問題，而是作斷言。從此我們可以看到「詩性」與「先知性」之間的密切關係。（1934 年十月十日註記。）

能夠重新把我自己整合起來。它本身便是一個使人恢復元氣的原則（un principe de récupération）。我很想說：「凝神」與「奧祕」是相互鉸鏈在一起的東西，在「問題」之前談不上有什麼凝神的心態；相反地，問題常常以某種方式使我感到內在的緊張。凝神之結果卻是一片鬆弛（détente）的感覺。然而「張力」和「鬆弛」的詞彙有時會把我們弄混了。

如果有人詢問一個能凝神的存有之形上結構是什麼的話，他便很快地要進入一種具體存有論（une ontologie concrète）裡去了。

1932年十二月十三日

在我的演講一開始，我就應該指出：在我腦中縈縈於懷的乃是如何界定一種我認為最有利——如果不是唯一有利的——於發展有關超感覺層次所作斷言之形上氣氛。

1932年十二月十八日

由於幾乎理智全瞎而忍受了數小時不堪折磨之後，我突然再次領悟，並且更清楚地了解了以下幾點。這是我在爬過聖日內維耶小山坡（Montagne Sainte-Geneviève）上獲得的靈感。

我們應該明白：

（1）本體的的需求（l'exigence ontologique），在謀求了解自己的過程中，覺察到，不可將此需求同化為尋找答案（une recherche de solution）。

（2）所謂後設問題，是指我的實體成為主體的一種參與（我們並不屬於我們自己）。反省之後我們看到：一個如此這般的參與，如果是真實的話，就不可能是一個「答案」；不然，它便不會再是參與了，也不會再具有超越性，卻降低其等級，淪為插入一連串事件之過程中的東西了。

從而我們必須在這裡從事兩種不同性質的探討，其中之一為另一個鋪路，卻並不限制後者；它們兩者倒有相輔相成的關係。

a）探索本體需求之本質。

b）探索真實的參與所必須具備的條件。

我們立刻會發現，這一類的參與超出問題的層次（此指能以問題方式查看）。其次，我們還該解釋：事實上，就當我們有臨在的體驗時，我們已經縱身一躍而降落在問題的層面以外了。在此我們還須指出：推動以問題與答案之方式進行思考之動力，只把一種暫時有效的特性賦予每一個判斷。在這種情形之下，每一個臨在經驗常引申出一些問題，但是它有如此變化的時候，已失去了它為存在時具有的價值了。

1932 年十二月二十日

知識內在於存有，被存有包圍住，這是知識的本體奧祕。任何人如要對這奧祕有所了解，他必須用一個依賴臨在體驗而運作的第二力量的反省（une réflexion à la deuxième puissance）。

1932 年十二月二十二日

　　我清楚地看到痛苦的問題（也可說所有惡的問題）與我體的問題之間的關聯性。有關痛苦的形上解釋，必有一個指向我的痛苦的指標（有時候能是隱含的）。除去了參照我的痛苦這個因素之後，解釋的內容便會失去意義。由是觀之，萊布尼茲對這一問題思索所得顯得非常的空洞（斯賓諾莎由於他的英雄主義精神作祟，對痛苦問題所發的高論也不見得比萊氏高明多少）。我們前面屢次指出的困難再一次強有力地映現出來，因為問題愈來愈尖銳化起來，就在於這個痛苦更全面地進襲我的存有。另一方面，如果這種情形愈形嚴重，則我愈無法以任何方式將它從我自身撕裂開，我更無法取一個站在它前面的立場。我的痛苦與我化成一體，它是我。

1932 年十二月二十三日

　　深刻地探索痛苦的真諦，就會使這個問題染上《舊約‧約伯記》一書的色彩。把《約伯記》中神學的成分去除之後，我們會看到下列的信念：一種痛苦襲擊我的程度愈深，則我愈不能任性地把這種痛苦看成外在於我，而我只偶然地忍受它的事件；這是說我不能任性地假定在我存有之中有一種事先已定局的完整性（intégrité préalable）。以上的情形在服喪和患病的案例中尤為顯明。然而我覺得，我在這裡所看到的一切都是在隔了一層帷幕的情形下看到的。我切望這層帷幕愈快愈好地裂開。

為 1933 年一月二十一日在馬賽市哲學研究協會的演講所擬的草稿：

論本體奧祕之具體立場與進路（*Position et les Approches concrètes du Mystère ontologique*）

　　A. 如果我們考慮在一個戮力加深對它自己需求認識的意識之內形成的哲學思想，和這思想實際上所採取的立場時，我們似乎免不了要羅列以下數項觀察：

　　（1）今日尚為某些人士取用來陳述存有問題之傳統術語普遍地引起一種極難克勝的不信任。這種不信任的基礎倒並不在或明或暗地貼附康德的論點，更簡單地說，唯心主義論點，倒是因為受到柏格森之批評的感染。這種現象我們甚至可以在那些從形上學角度看不能排在柏格森麾下的人士身上看到。

　　（2）另一方面，在存有問題之前乾脆地棄權，對之不加置問——這種態度在當代哲學理論之中有相當大的代表性——分析到底的話，這種態度是站不住腳的。因為或者它要化約成一種本身無法解釋的懸疑，可由懶惰和膽怯形成，或者——一般情形中都是這樣——它最後會暴露出它或明或暗地否定了存有，以偽裝的方式拒絕聆聽我們出自內心的深切需要。實際上，我們人的最具體的本質便是以各種方式將自己「投身」，也因之而發現到自己不僅與一個應當忍受，且應將之化為己有，以某種方式從裡面要予以復興的命運糾纏在一起。否認有存有這一種態度實際上只能是對不在場或缺失的「體認」而已。我們之所以能否認，因為我們願意如此，那麼我們也一樣可以拒絕否決存有。

　　B. 另一方面我們並不牽強地看到：在詢問存有之我，並不

事先把握了「我存在與否」的問題，更不清楚「我是什麼」，甚至對「我是什麼」一點也不了解，然而這個問題卻困擾著我。從而我們看到存有的問題在這裡侵襲它自己的與料，並在問這問題之主體內被深入探討。這樣一來，這個問題立刻超越了自己——超越了問題的層面，而蛻變成奧祕。

C. 事實上在問題和奧祕之間似乎有下列基本分別：問題常是我碰到，我發現完全安置在我面前的東西，並且正因如此，我可以把它加以規範和化約。奧祕卻不是如此，它是我自己也投身入內的東西，因此我只能把它想像成在其內「我內」和「我前」之區分已失去其原始意義和價值的範圍。一個真正的問題常常可以合理地按照某種科技的作用而獲得界定，相反，奧祕在本質上就超越一切科技的限制。或許我們常常能夠（邏輯地或心理學地）把一個奧祕降級，使它變成一個問題。可是這種作法實在非常惡劣；我們或許可以找到這類傾向的原因就在於理智的腐化。哲學家們稱為「惡的問題」提供給我們有關這類降級一個很有啟發性的例子。

D. 由於奧祕的本質即是能被認出或確認（d'être reconnu ou à reconnaître），因此它也能夠被人否認、被人漠視。這樣它就被化約為「我曾經聽說過」的某樣東西；我否認它與我有任何關係，它只「對他者」有意義，因為「他者」被一種幻覺所欺騙，而我卻明察秋毫。

我們應當竭力避免混淆「奧祕」與「不可知」。「不可知」實際上只是一種問題的界限，就是說，被實現的任何情況，都會矛盾。對奧祕的體認卻不是如此，它本質上是心靈的積極行為；它不僅自身積極，而且是一切積極性之可以成立的基礎和條

件。這裡我一面運思、一面理會到：我大大地受益於一個我占有著卻又不直接地知道我占有著之直觀（une intuition），這種直觀不為它自己而存在，並且它不發覺自己的作用，除非透過它藉之反察到自己的經驗之多種模式，後者也受到直觀藉這個反察而照明。今後，形上學的基本思考要成為對這反省之一種反省，這就是第二力量的反省，或簡述第二反省。藉此反省，思想主體努力重新獲得那個直觀，不然的話，這個直觀在作用的時候反會消失。

凝神之實際可能性能被視為我們所把握的最具啟示性之本體指標。它構成了一個在其內我們才能實現振興存有之目標的真正氛圍（milieu）。

E.「存有的問題」將是只給一個能凝神者體驗的奧祕之不適當的意譯。這樣的一位能凝神的存有之主要特徵，就是不把自己單純等同於自己之生命。我們能夠證明這個觀點，因為我們事實上常以或明或暗的方式評估自己的生命。對我的生命而言，我不僅能用抽象的法律形式加以判決，並且我能夠有效地將它結束掉。如果我不能有效地在逃脫我掌握之生命最深處，將生命徹底結束，至少我能把我自由地設想的從這個生命化約而得之有限及物質表達予以控制。如此情況之下，可能自殺之事實就成為一切真實的形上思想之主要導線了。不只是失望而已，甚至任何方式之失望和出賣的事實都有效地把存有否決掉。一個失望的心靈把自己封閉起來，不再顧問我們自信已獲得之一切積極性的原則之肯定──此肯定奇妙地占有我們存有的中心位置。

F. 只說我們活在一個任何時候、以一切程度和方式都可以發生出賣行為的世界中是不夠的。我覺得我們世界的結構本身如果

不強迫我們這樣想，至少推薦我們如此去想。這個世界所提供給我們的死亡景象能從某一觀點來看，被視為繼續不斷地刺激我們去否決一切和徹底背叛存有的因素。此外，還有人可以說，時間與空間若不臨在之兩個相配合的模式，把我們拋擲到自己身上，並儘量把我們壓縮到只尋找片時行樂的貧乏的存在裡去。但同時，我們發現，相對地，在死亡、出賣和失望之內有可能將這三點否決掉的本質。如果超越一詞尚有意義，那就是指這一類的否決力，更精確地說，克勝力。因為世界之本質或許是出賣，或更確切地說，在這世界上沒有一樣我們能夠肯定其威望足以抵制聲勢浩大的批評反省之攻擊的東西。

G. 如果情形是這樣，那麼本體奧祕的具體進路便應當在邏輯思想的範圍之中尋找起點了，因為客觀化的努力最後必會把我們帶到上述的問題中去。更好的途徑是去澄清某些按其本色為精神性的資料，譬如信實、希望和愛的現象；在這些現象中我們看到人與否決一切，與只顧自己及心靈硬化的誘惑作殊死戰。純粹的形上學家在這裡束手無策，因為他無法決定這些誘惑的原則是否潛藏在人的本性之中，即在人的內在而不變的天性內，或在這同一本性之腐化墮落的情形之中──這墮落是產生歷史而不只是歷史中的偶發事件之大災禍的結果。

或許在本體的層面，信實最為重要性。因為信實對本體恆常性（un certain permanent ontologique）的確認，不是理論、或口頭上的認可，而是具有實際效力的堅信。這個本體恆常性持續綿延、關係著我們的經久存活，是包含、且要求一個歷史的恆常性，因此絕對不同於法律式、或純粹功效式的遲鈍、而僅具形式的恆常性。信實讓隨時會被否認、被泯滅之見證得以長存。信實

所認證的，不僅面延長存、而且具有創造力，其創造力隨著被它作證之物的本體價值之提升而愈見增大。

H. 一個以如此方式出發的存有學自然地會向接受啟示（une revelation）之方向開放，雖然它並不要求、又不假設或吸收，甚至絕對地說毫不了解這個啟示。說一句老實話，這種存有只能在已由啟示事先鋪好路的場地上才有發展的可能。反省以後，我們看到這種見解一無驚人之處，更不會激起什麼憤慨之情（scandaliser）。因為任何形上學之產生與發展廣大絕不能與激發它的某種處境（une certaine situation）分開。而我們所有的處境的主要因素便是信仰基督之與料的存在。或許在這裡很適合做一件事，即一勞永逸地拋棄掉素樸的理性主義觀點，此主義在尋找的是一個放之四海為一切思想一切意識皆準的斷言系統。這個思想是科學知識之主體，此主體只是一個觀念，不比一個觀念更多一些什麼。相反，本體的層次只能被一個整體地切身投入一個存在處境（un drame）中的人所體認。這個處境一方面固然是他的處境，但從各方面又溢出他所能包涵的範圍。這樣一個人已是具有肯定或否定自己的驚人的能力：他可以肯定「存有」（l'Etre），完全向祂開放，或否定存有而同時把自己封閉起來。就在這二律背反兩難（dilemme）的情形中，人的自由顯出它的真諦。

若干闡釋

（1）從這個觀點看，證明上帝存在的觀念會受到什麼影響？

我們的確應該非常小心地把這個觀念重新加以考察。在我看

來，所有證明本身都涉及某種論據，涉及我自己、或他者，對上帝的信仰（la croyance en Dieu）。證明只能由我剛才界定的那種第二反省構成。具有重建能力的第二反省以插枝的方式接在批判性的（第一）反省上，它就有精神的修復（une récupération）作用起來，然而它之所以能有這番功力，乃因為它依助於一種我稱為「盲目的直觀」（une intuition aveuglée）。顯然，把本體奧祕視為後設問題的體悟，乃是這種具有修復能力之反省作用的推動力。然而我們必須注意，我們現在論及的是心靈的反射運動，不是啟發性的程序。證明能作的只是堅定我們以其他方式已經獲得的經驗與料。

（2）那麼上帝之屬性（attribute）的觀念是否也會有所變化呢？

這一點在哲學層面上看顯得非常模糊。我現在稍能有所把握的只是獲得答案之一些進路。然而提到答案二字，必指有問題要解決，而上帝的問題這種說法毫無疑問地包含一種矛盾，甚至可以說褻瀆神靈。後設問題，首先遇到的便是「超出一切理解力者外的的 [大寫的] 和平」、這是一種朝氣蓬勃的和平，就像莫里亞克在《蝮蛇結》（Le Noeud de Vipéres）那部小說中描寫的和平，某個人的大寫和平（une Paix）、某種具有創造力的大和平。我覺得上帝的無限性（l'infinité）和祂的全能（la Toute Puissance）也只能由反射的方式建立起來。我們能夠了解，如果我們否認神有這些屬性，我們會重新陷入難題。這也是為指出：哲學引領我們達到的、本質上是一種否性的神學。

（3）現在我們要在後設問題觀念的解釋下，反省一下系動詞（la copule）的意義。我認為：在一般光景中，在有植根到本

體奧祕的情形時，就有存有。推而言之，我會主張：純粹抽象的東西不「是」（因為它的全部生命是完全可以問題化的）。我們必須把系詞之「是」與存有之為存有連結起來。後者在系詞之「是」中透射出自己的光輝（皮耶之存有在「皮耶是好人」〔*Pierre est bon*〕的系動詞裡透出光芒來）。

我應該更貼近地再次查看我提及過的直觀，因為我對它仍不太清楚。我們要討論的直觀實際上是一個非常活潑、並有高效力的直觀，但是我對它絕對無法擺布。它是一種完全不讓人控制的東西。然而它有否在場可藉在反省中感到之本體不安（l'inquiétude ontologique）來證實。為了把這點再澄清一下，我要用一個譬喻：可能這是對心靈純潔或甚至對真理的要求。這個直觀並「不在我身上」。如果我們不願意停留在「否定」式的黑暗之中，我們應該去尋找，並發明一些東西。

實際上叫我們承認有直觀的原因，乃是反省「我自己也不曉得我信些什麼」這個弔詭的事實（這個弔詭已有很久引起我的注意。值得我們再加以挖深了解，加以鑑定說明）。我們本能地會承認相反的事。我能把我相信的事物列一張清單，或把我相信的與我不相信的事物作清楚的區分。這樣作法假定我對我依附的或不依附的事物有相當清楚的感覺，好似我把握住的與料一般。

一切對我肯定知道我所信的內容之細述，至少假定如此這般的一個統計或清單的可能性。但是另一方面，我覺得信仰所指向的存有超越一切可能作的清單；這是說：它不可能是「許多他者中」的某物之一、「許多他者中」的某一個物體（倒過來說，「許多他者中」只對物、或物體才具有意義）。

以上所述即使對我自己來說，也尚未顯得很清楚。

（當然我們不需要在這裡解釋積極的信道內所含的每一項目。在這種情形中，清單並不由我所作。此處有一個以不能分隔的方式向我們呈示出來的整體性。異端之生就在於從這個整體之中任意抽掉若干項目。）

或許有人會問我說：你在論說的是「哪一種」信仰？是「哪一類」信念呢？

此處我還是被邀請細述（spécifier）一番。如果我拒絕去作，他們會斥責我停留在曖昧之中，以致一切討論和澄清都成為不再可能。然而我們必須仍然堅持有這個先於一切可能作的澄清之前的混沌、而沉厚的信仰。它包含對一個本質上不能「被分割」、「被切片」之實體的貼附（une adhésion）。如果這個實體不是先向我呈現出來，或許應該說：如果它不是先把我整個地緊緊包圍住，我不可能對它有如此完全的貼附。

還要深入地探討下面的事實：「最奉獻自己 [給神] 的人是最開放自己為別人服務的人。」（ *les plus consacrés sont les plus disponibles.* ）一個向神奉獻自己的人已經把自己捨棄了。可是在一個向某個社會事業而獻身的人上是否也會發生同樣的情形呢？

1933 年一月十五日

對死亡所作若干現象學觀點

它 [死亡] 可以顯得好似我們的可腐朽性之最極端的表達方式（在《黑夜盡頭的旅行》〔 *Voyage au bout de la Nuit* 〕一書

所用的方式），或相反地，把死亡看成「純粹的解放」。第一種看法是把死亡當作最極端的不能自由地獻身為別人開放服務（indisponibilité limite），第二種卻把死亡看成這類不自由之取締（indisponibilité supprimée）。用一種不同的、比較膚淺的觀點看時，我們也能把死亡看成出賣。

一個發憤黽力使自己愈來愈能自由地獻身為別人開放服務的人，不能不把死亡看成「解放」（我想及 F 太太在汽車中給我們提及的 B 太太去世的情形），把這種看法視為幻想的意見，我們絕對無法賦予任何有效性。（說：「你將要看到這不是真的」或至少「你要了解真相，如果……」，我覺得很荒謬。）到什麼程度，信仰使這個解放成為實際地可能的事？這是一個應以毫不含糊的語氣詢問的問題（在所有其他的案例中，只能算是假設的東西，到這裡就變成了不可見的、堅忍不拔的確信）。[33] 我順便要提出，基督徒的克己（mortification）觀念應當從這個「解放性的死亡」的脈絡中去理解。克己是叫我們獲得更大的人類自由之見習階段。我還要說一次：有一種接受死亡的方式——這些最後片刻是極端重要的——使一個垂死的人把自己完全奉獻給創造他的天主（正因如此，他使自己達到了我剛才試圖描繪的精神完全自由和開放）。斯賓諾莎之基本錯誤，就在於他否認對死亡所作的任何沉思會有價值可言。柏拉圖卻相反，他可能預先都想個周詳了。也可以從這些反省來考慮自殺（我想到昨天聽到小 N 自殺的可怖情形）。以這種方式來處置自己恰與把自己祝聖而奉獻，使自己成為向一切需要自己的人開放的生活方式完全相反。

---

33 不可知論者之「或許」，對一個虔誠自獻的心靈來說是絕對不能接受的態度。

1933 年一月十六日

下面一點非常重要，值得我們深思。為別人絕對開放與服務的人不自認有權隨意處置自己。

自殺是與不能自由開放的事實相連的。

1933 年一月十九至二十日

反省「我是什麼」的問題和這問題所涉及的事。當我反省在問「我是什麼」這個問題牽涉些什麼時，我發現它在指：我有什麼資格來解決這個問題。結果，一切「來自我的」對此問題的回答均能被視為可疑的。

然而，能不能由另一個人給我提供一個答案呢？立刻會有一個異議出現：另外一個人能為我回答這一個問題之資格，以及對他所說的我們終能判為有效之因素，都是由我來決定的。然後我有什麼資格來鑑定他的資格呢？為了避免矛盾，我不能不把我的判斷指向一個絕對判斷，以後者為標準來規範我的判決。然而這絕對判斷比我自己的判斷更內在於我自己之內。因為只要我稍把這個判斷看成外在於我的東西，我無法避免要再次撞到詢問它為何值得我之遵循，以及它如何會被我珍視的問題上去了。到這裡時，這個問題終於失去它的問題面貌，而轉變成為一個訴求（en appel）。但或許就在我體認此訴求之真諦的時刻，我要逐漸認出：此訴求之成為可能乃因為在我內心深處有某樣不是我的事物，它比我對我自己來說更為內在——立刻這訴求改變了它的標記。

　　有人會反對我說：這個訴求從第一個意義來看能是一種沒有對象的訴求，它可能會以某種方式掉失在黑暗之中。但是這個反對有什麼意思呢？如果說對這個問題我尚未獲得任何答案，那就是說沒有什麼另外一個人作了回答。這樣我就停留在觀察到或不觀察到什麼的層次上了。可是這麼一來，我就把我自己局限在問題化的圈子中去了（這是說可被置放在我前面的事物）。

1933 年一月二十四日

　　昨天當我們在蒙頓（Menton）之山坡上散步的時候，我再次反省控制我們自己的控制力（la maîtrise）是怎麼一回事。這點顯然與第二力的反省有平行的關係。很清楚地看到這種第二控制不在科技的層面上，也絕不可能成為某一些人的專利。實際上，所謂空泛地想（la pensée en général），是說「某人」（l'on）在想；而這「某某」正是科技大架子中的人，也是知識論的主體——當知識論被視為一種像科技一樣的知識，我相信康德的哲學就是個例子。相反，形上反省的主體完全與「某人」勢不兩立，他本質上不是「不論什麼人」（n'importe qui）（或英文裡的 man in the street）。一切企圖奠基在空泛的一般性思想之知識論都喜歡讚美科技和一般的普羅大眾（一種要把自己破壞掉的知識民主論）。此外我們不宜忘掉科技與它所假設的創造活動比較之下也是低了一級的東西，因為創造活動超越了「不論什麼人」統治的世界。「某人」也是降級的個人；然而在承認他是這樣的情況時，我們創造了他。我們活在一個世界之中，那裡這種降級的人或物愈來愈竊取了實體的形象。

1933年二月二日

　　我願意把以前談過的再拿出來加深探討。應當說奧祕是一個侵襲到它自己的可能性的內在條件之問題（而非它自己的與料）。自由便是基本的例子。

　　這個不可能問題化的事物（le non-problématisable）在什麼方式之下才能有效地加以思索呢？如果我把思維的行動看成觀看的一種方式的話，這個問題不可能獲得任何結論。從定義上來看，這個不能問題化的事物不能被人觀看，或被人客觀化。只是這種表達思想的方式是非常不適合的；我們應當儘量給它作一個抽象。然而我們必須承認要做到這點實在不易。現在我所能看到的乃是思維的行動是不可表象化的（irreprésentable），並且必須如此了解它。甚至，我們必須了解：對它所作的一切描繪本質上是不相當的。如果我們不再相信思想可以有一個客觀性的錯誤意象時，包含在思考奧祕這一事實中的矛盾就會化為烏有了。

1933年二月六日

　　我要重新討論一月二十六日寫的反省。為什麼一個為別人完全開放奉獻的人應當承認他不再有權自由地處置自己就因為當他這樣處置自己（自殺）時，他使自己不可能再自由地為別人獻身，或者他的作法與那些從來不思慮如何使自己常能為別人開放服務的人所作出一轍。在這兩種情形中有絕對的聯盟。然而在自殺與殉道之間卻水火不容。這一切反省都圍繞著一個公式在進行：最徹底地把自己奉獻給天主者必然地（*ipso facto*）是最自由

最開放最喜歡為別人服務的人。這樣一位聖賢願意像一個好工具那樣的幫助別人，但自殺是否認自己可以成為幫助別人進步之工具的事實。

一月二十四日（Menton）我所寫下的觀點繼續為我顯得非常重要。很明顯的，「某某」是一個虛構，但大家似乎都同意把這個虛構體看成實物，它愈來愈如此。（然而技術人員不是純粹的技術人員，因為他無法施展他的技能，除非他已達到最低程度之某些生理與心理平衡的條件。我們還有資格詢問：分析到底是否可能有處理這些條件的技術。）

讓我們回到問題化（problématisation）的概念上來。我認為一切問題化的努力都受到觀念上的立揚所限制，這種立場主張，即使表面上看來並非如此，但仍應當維護經驗的連續性。結果，從任何一種可問題化事物的角度看，奇蹟（miracle）顯得毫無意義。這一點實在很清楚。只是對這個經驗連續（continuum empirique），我們是否也能加以批判？我們應當在以這種方式詢問此問題和我對奧祕所作的定義之間找到確切的聯繫。無疑地我們在探討一個具體問題（如邂逅）的機會時可以查看這一點。

我頗想說：包含在一切問題化活動之連續性是「為我而有的系統」（système pour moi）內之連續性。然而在奧祕內，我發現自己被拖曳而去的方向，是在「為我而有的系統」以外的地方。我「具體地」投身入一個本質上永遠不會為我變成客體或系統的層次之中，而只是為一個超越我、並把我包圍起來的思想，對它我甚至只在理念上亦不能把自己與之等同。此處「彼界」（au-delà）一詞具備了它完滿而真實的意義。

一切問題化活動與「我的系統」有關係，而「我的系統」是

「我體」的延伸。

這種自我中心主義的看法是可爭議的，然而實際上任何科學理論分析到底都顯得依賴「知覺」（*percipio*），絕對不是單靠「我思」（*cogito*）的。無論任何問題化活動，其實質中心依然是「知覺」，雖然它非常小心地改頭換面過了。

再說，我剛才試圖尋找用推理的字彙來翻譯實用的神中心主義（théocentrisme pratique）。此主義的主心思想是：「願祢的旨意，而非我的意願（得以承行）。」但另一方面我們應當看到，這種神中心主義預設一些極難形式化的理論斷言：祢的旨意並不像我的求生意願，我的欲望那樣清清楚楚地被我知道。祢的旨意對我來說常是某種我要去「認明」和「辨讀」的事物，而我的欲望卻是自然而然地顯露出來，並要求我就合它的需要。

1933 年二月七日

我們愈把過去用具體的方式去思考，我們愈會覺得不能把它看成不變的死東西。真正獨立於我現在的行動和不受再創造式解釋影響的東西，是事件的某種圖表，而這種圖表只是抽象而已。

「深入研究」過去——並「閱讀」過去。

用科技的角度，用科技的光來解釋的世界，就變成「可閱讀」、「可解碼」的世界。

為總結我所有的觀察，我敢說：相信有個不變的過去是由於精神眼光上所犯的錯誤。有人會向我說：過去就其本身而言不會變動，看到有所動乃是我們思考它的方式所致。然而是否在這裡我們應該取用唯心論的口吻而回答他們說：過去是不能與對它所

有之觀察截然有分的嗎？——他們可能還要說：皮耶在某時曾作過如此這般的一個行為，這是一個不會更改的事實，能更改者只是對此行為的解釋而已；這解釋是在皮耶和皮耶所作的實質行動之外的。可是就在這裡我懷疑，我相信這最後一個斷言是錯誤的，雖然我沒法指出錯在那裡。在我看來，皮耶之實質存在——無限地超越皮耶之某一行為——依然親身投入這種持續更新、並重新創造此行為的解釋。或許這是一種荒謬的設想，待考。然而我毫不遲疑地會說：皮耶之實質存在體以一種幾乎無法鑑識的方式與以後要挖深了解他的作為，及對那份所謂不變之與料加工的能力結合成為一個實在。這一個看法在最高層面，即在基督論的層面（l'ordre christologique），顯得非常明朗，然而如果我們依序而降、去處理無關緊要層面的事物時，我們就發現愈來愈模糊與不確定。然而無關緊要的事只能算是一個極限，最傑出的小說家用他們的精妙手法向我們指出：嚴格地說，沒有什麼無關緊要的東西，並且不可能有。

1933 年二月八日

　　我的歷史對我自己來說並不是透明的。它是我的歷史，只因為它對我並非是透明的。就此而言，歷史不能融入我的系統之中，甚至還可能會把系統摧裂。

1933 年二月十一日

　　我覺得，我所討論過的一切還需要進一步探討。基本上，

「我的歷史」並不是一個明確的觀念。一方面，我把自己解釋成一本可能寫的傳記之主題。另一方面，就從我自己的一個親密的經驗出發看，我要揭發在一切可能想像的傳記中心會有的幻想，我要把一切傳記看成虛構。（這是我討論席洛茲的《果戈理》〔Schloezer's Gogol〕一書所寫的小文結論中所暗示的觀點）。

1933年二月十四日

反思自主性（l'autonomie）。我覺得，只有在管理、可以管理的層次，才能合法地討論自主性。知識——作為認知的行為和工作——能同化到「管理」（la gestion）之中嗎？

1933年二月十五日

管理一筆資產、或一筆財產。生命本身也能被人同化成一筆財富，被處理成可以被管理、被操縱的東西。在這些光景中，我們都可以談自主管理的問題。然而我們愈上升接近到創造的行為時，我們愈無法講自主；或者，我們可以在一個較低的層面談論自主的問題，這是在發揮經營利用（l'exploitation）的層面。譬如說：藝術家發揮他的靈感。

學科自主的理念（Idée de disciplines autonomes），也應該從管理的角度去解釋。發揮利用某種深度的觀念，包括針對特別需要的而分派的工具和資本。然而當我們上升到某個哲學思想的概念時，以上的觀點完全失去其意義了。是的，事情真相便是這樣。學科被處理成經營利用的場域或模式。

　　把這些思想與真理的觀念本身接觸一下。設法把那些認為人類在追求真理時應是自主的看法者所持的預設揭露出來。這對我今天來說尚不顯得十分明晰。我覺得我們常從一個雙重的概念出發，一面看到要進行經營利用的場域，另一面也注目在使經營有效的裝備。這似乎是我不讓自己承認此裝備可以「從外面」（ab extra）來補給的。我們還要說這是一種不能有實際效用的騙局。

　　我偏向於設想：自主的觀念與一種主體之化約或特殊化行動（particularisation）相連。我愈整體地進入活動，我愈不能合法地說我是自主的。（按此義來看，哲人比學者較少自主，而學者比技術人員的自主更少。）自主常與能嚴格地規劃的活動範圍之存在相連的。如果實情是如此的話，康德的全部倫理是建築在可怖的矛盾之上，由於推理之錯誤而形成的。

　　從生命牽涉到的一切事物的整體來考慮我的生命——假定以上作法是可能的——則它為我顯得不是可管理的東西。（不被我，也不被我以外之任何人管理。）就因為如此，我發現我的生命深不可測（請參閱二月八日所記）。在管理者與被管理的東西之間應當存在某種均衡性，然而在這裡並沒有。在「我的生命」的層次中，管理包含損毀（mutilation）的意思（在某些情形中損毀是免不了要發生的事，但在別的關係中卻是褻聖的行為）。

　　就這樣我們終於到達了超越自主與不能自主的他律（hétéronomie）對立的層面。因為他律就是被別人管理——然而仍舊沒有跳出管理的窠臼。我們停留在同一層面。然而在愛與靈感的地區，這些區分完全失去了意義。在我內心某一深層，在那裡許多實際的分類都消融在一起，「自主」與「他律」的詞彙就

不能再適用了。

1933 年二月十六日

　　然而在這一切討論中，是否我忽略掉「自主」一詞的重大意義呢？這是一個理性上有自發性的觀念，它在實現自己的時候具有法律的地位呢！事實上，一個為自己而普遍立法的理性的觀念，在這裡要以怎樣的面目出現呢？或深入地看，我們應當給予立法這個行為那一類的形上尊嚴呢？實際上，一切問題均在這兒。我認為立法行為只是管理之形式罷了，因此並不超越後者。從此可知，一切不受管理約束範圍的事物本質上也不受立法的約束。

　　作為「非他律」（non-hétéronomie）的自主性。這個說法讓我想到：用現象學的講法，自主牽連到一個曾被假設、但已丟棄的他律。一個開始學步蹣跚而走的幼童拒絕別人向他伸出的手臂，就是這種「我自己一個人做」的肇端。自主的萌芽公式便是：「我願自己做我的事務！」它針對的焦點是「做」什麼，而就像我前幾日所寫的，它暗示著在時空中被規劃的活動的某種領域。一切屬於「利」的層次，不論是哪一種，都能被我們相當容易地處理成以這種方式劃定的地區或省分。更有進者，我不單能把我的財富，並且把那些絕對不能同化到財富，或更一般性地說，一個「有」者將以管理，並且處理成可被我管理的東西。相反地，就在「有」的範疇愈不能適用的地方，我愈不能再有意義地談「管理」了，不論被別人或被我自己管理。因此歪論自主。

1933 年二月二十一日

我們一進入存有之中，我們就不在自主的範圍之中了。這是為什麼凝神——由於它的功能使我與存有再次接觸——把我引渡到一個在那裡自治成為不可思議之地帶。這種情形也能適用在靈感的經驗，並且一般講要求我整個存在參與的行為。（愛一個人所產生的效果實在與靈感很相似。）我愈存在，愈肯定我自己是存在著的，我愈不能把我想成是自主的。我愈能思考我的存有，我愈無法想像它能合適地具有自己的裁判權（jurisdiction propre）。[34]

1933 年二月二十六日

假定在人類歷史中，有幾千人或全體人類，完全地白白地接受過一個絕對恩惠的話，請問哲學家在什麼意義之中，應當或有權將它加以抽象？願意援用自性之觀點的人（或用內寓原則〔le principe d'immanence〕的人，這二種觀點實際上殊途同歸）立刻會說：「這種恩惠在思想的辯證地調節好的過程中，將構成一個異體（un corps étranger），一個使人理智觸礁的事件（un scandale）。身為哲學家，我無法承認它、接受它。」這種不接

---

34 這些句子反映出一個能在自己系統內相當重視某種本體性的謙遜之形上學的主要特徵。這個重視自斯賓諾莎以降，大部分的傳統哲學都歸諸於自由。這一點也可以說真實無誤，如果它們宣稱主體自負地把自己理性地與某個內寓於整體之思想等同（une certaine Pensée immanente au Tout）。然而我要盡力建立的形上學中卻要絕對否認有這類等同的可能性。（1934 年九月十一日註記。）

受的態度是否已包含在哲學的概念中呢？總之，這些人拒絕讓某種東西侵入被他們認為封閉的系統中來。然而具體地說，對我這個哲學家來說，我對這個現象有什麼解釋呢？這個系統不是我的思想，它溢出到我的思想以外的地方去。我的思想只是插入某種永不止休地發展著的洪流中去，然而它自視與這洪流原則上共久長在（co-extensive）。[35]

論「有」

某個有一致性的主體（unité-sujet）對某一事物變成依附或領悟的中心。它們兩者中有相互關係，或我們把它們處理成為有相互關係的事物。其中有之及物（transitive）關係只在文法的層面上（「有」之動詞幾乎從來沒有用在被動句，這有深厚的意義）。這個關係主要影響到的是具有一致性的主體，並且逐漸地把自己化在主體之內，變成後者的一個狀態；然而這種變化或吸收不可能達到完全的程度。

為了能夠實在地「有」，主體應該以某種程度「是」，這是說，主體是無間地（immédiatement）為自己，理會到自己受到影響，忍受改變。在「是」與「有」之間有相互的依賴關係存在。

35　我說：它溢出我的思想以外，並未講錯；但是更主要的一點乃是：我的思想也溢出系統之外。此處我覺得可以批判「就在於」（en tant que）這個觀念。我非常自然地會想：哲學家「就在於」是哲學家，這是說就當他在他的自己存在之中作一個能摧毀他自己的區分時，他就在否決自己是哲學家。上一世紀最活潑的心智，如尼采、叔本華都曾竭其可能地揭示這種辯證真理。因為對這種辯證性的領悟，哲學家一般說會否認自己是專家。（1934 年九月註記。）

　　我發現在向某位訪客展示我「有」的某畫家的珍畫之事實和我「有」對某些問題在適當機會中發表之見解的事實間，有非常貼近的相似。我們所「有」的東西本質上是可以向人展示（exposable）的東西。有一些屬於存在或存有層面的東西，一被我們處理成可以向人展示的物體時，立刻會變成實體化的「所有」。但是我們能有意義地說：對……有意識指在自己面前將它展示。意識本質上不是一個「有」，不是一種「有」的方式，但它能成為享受一種它待之若「有」之事物。每一個行動都溢出「有」的範圍，但能在事後也被處理成為一個「有」。這是由於降級所致。我理會到：「祕密」（le secret）與奧祕不同，本質上是可被展示之「有」。

　　我們不應當忽視一個事實：一切精神之有（tout avoir spirituel）都從一個不能展示之泉源中汲取給養。（我的觀念植根於我所是者。）然而不可展示者之能成為如此的特徵，乃是它不屬於我，它本質上不屬於任何東西。從此看來我也能不失意義地說我不屬於我自己，這正是說我絕對不是自主的。

1933 年二月二十七日

　　我們展示我們所「有」的東西，我們啟示我們所「是」者（當然只是一部分而已）。

　　創造活動可以看成不可展示的東西之解放。哲學工作中沒有創造性的時候，也沒有什麼可謂是哲學的東西。它不可能不否定自己和出賣自己地結晶成可以變成單純地被同化和被占有的成果。

1933 年三月一日

我們能不能從「有」出發，來給「欲望」下定義？欲求是以沒有的方式去有（avoir en n'ayant pas）。這是說，在欲望之中早已完全地存在「有」之心理的或不能客體化的成分。然而正由於與物體化的成分拆開了，所以欲望叫人感到如割的痛苦。

1933 年三月四日

下面我的見解如果顯得有異端的嫌疑，我只能對正統派人士說聲遺憾了。我有一個刻骨銘心、牢不可破的信念：不論有多少神修大師，他們的看法與我的南轅北轍，我還是相信：上帝絕對不願意我們為愛祂而必須反對祂所創造的事物，卻願意受造世界，並以此作出發點來獲得祂的光榮。這是為什麼那麼多的修身寶冊為我成為無法忍受、不忍卒讀的書籍。那個與自己創造的東西對立，並且似乎嫉妒祂自己的作品之神，我覺得只是一個偶像而已。把這些思想寫出來，心中大感舒暢。我還要聲明：除非到一個新的境界裡去，不然的話，每次我要發表與我剛才所寫相反的斷言時，我會對我自己不誠實。昨天與 X 君一席話，令我感到周身不舒服。我同他說，我最討厭「宗派主義」（confessionnel）。他不了解，並說我驕傲。我卻覺得相反的態度才是驕傲。[36]

---

36 總之，我絕對認為真的看法是：一切「神性心理學」（psychologie divine）的企圖，一切自以為是地想像神對我有什麼態度，都叫我產生強烈的不信任。因為我覺得我絕對不可能同意即使只以理念（idéalement）的方式把自己放在神的位

1933 年三月五日

　　昨天所寫的日記實在還需要修飾一下。對我所處的階段而言，這是真的；然而這個階段仍是初級的。

　　重聽由溫加特納（Weingartner）指揮的《莊嚴彌撒曲》（*Missa Solemnis*），我再次體會到 1918 年聆聽該曲時有過的深切感動。我覺得沒有更好的作品能更切合我在思考的東西。它好似一道豪光般地註釋我的思想。

1933 年三月八日

　　布拉姆斯（Brahms）的一句樂句整個下午縈繞著我的腦海（我相信這是他的間奏曲〔*Intermezzi*〕第 118 號中的一句），使我突然領悟到有一種不屬於概念層次的普遍性。這就是音樂觀念之鑰匙的所在。只是，為了解這一點可好不簡單！這種領會不是唾手可得的，必須要經過一番長時期的精神醞釀（gestation spirituelle）才會出現。這與有生命的存在（l'être vivant）有密切的類似性。[37]

置上，然後從祂的角度來看我們自己。我並非不知道從這種可能性會產生之形上學和神學方面的嚴重困難。然而我應當承認：神學家們用類比的觀念（l'idée d'analogie）來逃避困境的作法反而會引起更大的反對。以上所作的解釋，所舉理由對我自己來說也不算堅固，我對我所寫的感到非常不滿。（1934 年九月十三日註記。）

37　這上面所寫的都再需要加深推敲、思考。柏格森言之有理，他認為我們處在一種次序之內，在其中時間的延續性以某種方式與它為之開路，並使之成熟的東西化合成為一個了。然而柏格森並沒有足夠地說明實在界中這種次序的結構光景。（1934 年九月十三日註記。）

1933年三月十日

再來反省自殺的問題。說實話，經驗似乎向我們指出：人們能「處置」，能「廢棄」……。因此我把自己看成也能任意處置我自己的人。然而我們在這裡必須確定在那些限制中別人的道德性能真正地從外面被體驗到。這種經驗針對那些從來不把我當作一回事的人（從未為我存在過的人）來說更是實實在在的。然而對那些曾經一度重視過我，並且還繼續保持如此態度的人來說，「處置」兩個字就會失去其意義了。（「屬於過去」這一說法所表達的意義並非是單義的，它能有無限級數地減弱。最強烈的看法就是把它看成一種報廢的工具，丟棄一旁，不予置理。）當然有人會向我說：我們應當徹底分清楚下面兩種不同的光景：一面是把別人看成我的確可以「除去」的客體，另一面則是我的心智對他建立的一整套的主觀的上層結構（superstructures），而這一套上層結構由於附著我存在，因此只要我在心靈中還願意把它們保存下去的話，它們不會隨著客體之消失而消失的。但是就像新黑格爾派人士明察秋毫般地所見到的那樣，上述的區分非常不穩定，我們應當慎重處理之。因為在關及一位同我的生命緊緊地結合在一起的存有身上時，這種說法會逐步完全失去它的意義。除非你堅持「緊緊結合」的說法在這裡不適用，並且你強調絕對的單子論，不然的話，你無法否決我的看法。如果事實並非如此——依我看來很顯明地事實並非如此——那麼我們應當承認在具有真實的親密關係（une intimité effective）的地方，這種出發點是行不通的。一種親密性：這實在是這裡的基本觀念。

從上所言，我們可以清楚地看到：除非我把自己完全看

成陌路之外，我不能把我自己看成可以被我自由「處置」（*be disposed of*）的東西。簡言之，我必須把不斷地來糾纏我的這種心態毅然地置於一邊，糾纏（hantise）一詞，我取其英文含義。我終於達到了如下的結論：我愈同我自己建立起一種有效而深刻的親密關係的話，我愈不能把我自己看成客體，並且設想自己有權有朝一日將這客體徹底報廢——後面這種看法值得懷疑，甚至顯得荒謬。（很明顯地，當我引用「糾纏」〔hantise〕一詞的時候，我在提醒自己如果我謀殺一個人以後，所能引起的許多後果。實際上我並不能把我的犧牲品扔掉。我自以為已經把他滅絕，然而他陰魂不散，無時或息地騷擾我。）此處可能還有人要向我說，問題的關鍵還是在於要知道：這個犧牲品本身會不會意識到他在那個自信已將他從自己的宇宙中擦掉者身上所引起的無間斷的困擾呢？這裡我們應當更慎密地考察意識這個問題。首先應當把這個應用得太多而意義變得含糊之詞彙加以刷新。很顯然地，如果我死執心理生理平行主義的看法（un certain parallélisme psychophysique）的話，我會宣稱：在我的肉體遭到毀壞之時刻，我的意識毫無疑問地也要消滅掉。留下來要知道的便是對這種平行主義我們應當如何思考才好。

對我來說，由於這個世界之有如此形式的安排，因此我們都多多少少感到傾向於相信這種平行主義，從而也相信死亡之實在性。可是在同時有一個比較隱密的聲音，有一些比較精微的暗示叫我們感覺這只能是表面的裝潢，並且只能被看成這種表面裝潢。這裡終於出現了自由，自由反抗一切表面的事物。就在自由逐漸自覺的過程之中，體會到在經驗的邊緣有某一種共謀似的東西，有某一種承諾——其中有許多互相照明和增強的暗示。這些

「共謀」和「承諾」都指向尚未被人想像過的解放和曙光。

關於死亡和克己（mortification）。基督徒把死亡與生命相形比較之後，將前者看成「一個更多」（un plus），或「一個到更多的過程」（un passage à un plus），一種喜出望外（une exaltation），而不是像有些可憐的人認為的是一種凌遲，一種否定。如果實情是如此的話，那麼尼采所言完全有理了。然而他還是錯了，因為他堅持以完全素樸的方式（naturaliste）來觀照生命，而從這個角度出發的話，上述的問題不再具有任何意義。以這種觀點看生命的話，生活之內不存任何超越境界，生活內不再有高峰經驗（surélévation），它不能再被超越過去。

無日期

論存有的問題

提到存有，就叫人想似乎在尋問世界之最後材料是什麼的問題。這是一個本質上會叫人失望的研究。一層一層的反省下去就會叫我們看到：「材料」（l'étoffe）之觀念本身非常曖昧不明，可能不能應用到以整體觀察之世界之上。尤其因為這個質料，即使我們能夠鑑定它是什麼，很能顯出這不是問題的關鍵。如此，在產生這問題之需要──它本身是模糊的──和發問時取用的術語之間就出現了一種間隔、一個邊緣。即使這個問題能夠予以解決，發問這個問題時所有需要並未獲得滿足。此後，這種需要會變得更尖銳。若然，那麼應當循此而尋找一個可理解的組織或結構來謀求問題之解決。

上面所提的只是可能嘗試探討存有的方式之一。

此外尚有別的方式：反省外觀的觀念（l'idée d'apparence），反省有外觀這一事實本身所具的含義；另一方面，反省作斷言這一事實（le fait de l'affirmation）。

有一些能夠被明顯地揭示為外觀之外觀。這裡有一切形式的奇想幻景。但在這個次序中，我們所能達到的只是一些糾正工夫而已。我們還會有很大的誘惑把這些線索延長而把整個的經驗看成現象。只是我們要遇到在分別初性次性時類似的很難解決的判準問題。反省的結果使人發現初性對次性來說不必一定具有更高級的本體尊威。這裡我還理會到理性的迫切需要在作用著，而在使這種需求明朗化時忍受強烈的苦楚。

斷言的問題。一切存有論都把焦點放在肯定這一個行動上（l'acte d'affirmer）。但是說真的，此行動不從它本身去考慮，也不把它當作行動的方式去思索，卻從它的特定的意向性角度去推想。然而也就在這個區域中存有論與狹義的邏輯學之間能建立起一種具有危險性的鄰近。

1933 年三月十二日

在一切情形之中，斷言絕不顯出為它所肯定之實物的發生者。此處有這一條公式：我肯定它，因為它存在著。這項公式已經把一個第一反省翻譯出來了。在這個階段，「它存在著」顯得似乎在斷言之外，並且是先於斷言之事實。它是指向一個與件的。然而，馬上要一個第二反省了。斷言在反省它自己的本質的時候，逐漸會走到一「它存在著」之保留並幾乎是神聖的地域裡

去。從此我向自己說：這個「它存在著」本身假定一個斷言。從這裡開始要出現一個無終點的倒退，除非我不把斷言肯定成存在的發生者。我們暫時最好不要太逼緊。讓我們接受一種存有在我身上先作過投資的看法。此處所說的「我」乃指作斷言之主體。這個身為存有與斷言之間的媒介（médiateur）之主體所干涉的範圍實在不小。我在一月十九日札記中提到的問題再一次出現了。因為無可避免地我要提出一個問題：這個我對向他投資的存有來說有什麼本體地位？是否他沉沒到存有裡去，或相反他能以某種方式向存有發號施令？但如果他能向存有發令，是誰給他這種權力的，並且這種權力確切地說在指什麼呢？

1933 年三月十四日

我們能不能說：透過更深刻的反省我們會體認出斷言假定了一個從某一個立場出來的力量（une puissance de position），此種力量以某種方式走在斷言之前，並且給予後者以所要肯定之物實質內容？很可能這是真相，但是我怎樣去接近這個真相呢？

至少我們可以注意到這種。從某立場出來之力量本質上已超越到高於問題化之層次上去了（請參閱二月六日所記）。

這幾天焦慮在氾濫著。解武的協商會議告吹。Kehl 的事故，並在那裡瀰漫的恐怖氣氛。有時候我覺得活在一種我們一切人、和我們所愛的一切、都被死亡所籠罩的氛圍中。今天下午在往訪 V 君的路上，途經共達米路（rue La Condamine）時，我忽然有所領悟，就是這個簡單的觀念：「想到一個夢在逐漸夢魘中，但當夢魘發展到最高峰的時候，你就要驚醒過來。這就是你

今天稱之為死亡的事件。」這個思想把我的心安定了一下。這也是對常侵襲我之巴黎會遭到毀滅的夢魘能服的一貼有效的穩定劑。

1933 年三月十六日

「奧祕（the mysteries）非指某些超越吾人的真理，而是指那些把我們緊緊包圍起來的真理。」（朱福〔Jouve〕神父語。）

1933 年三月三十一日

有關 N 的自殺……把我自己化約成絕對的無能是否是在我的權力範圍內能夠作到的事呢？我能不能使用我的意志力去作一切，甚至於到使我自己不能再有所願、再有所能的程度？實在界會不會允許我實施這種絕對變節（defection）的作法？或至少誰會如此願意呢？吾人所能肯定的最大限度乃是：實在界顯得具有如此這般的一結構，使我會相信有這一種步驟之可能性，並且相信它最後的有效性。在我周圍的一切表象串聯在一起鼓勵我相信：我實在可以「把我自己除滅掉」（get rid of myself）。

這是一個自殺現象學所要表達的內容。它要檢討如何自殺不能不對我顯得好似完全的解脫（affranchissement total），但是在這種情況之中解放者在解放自己的情況之中同時把自己消滅掉了。

可是這裡有另外一種反省的方式，這是一種「超現象學」

（hyperp-hénoménologique）的方式：在我周圍串聯起來的外觀真的告訴我實情嗎？它們似乎以結盟的方式逼我相信我有徹底的自由。但是對我自己所行的這類絕對的行動究竟可不可能呢？如果真是如此，那麼我好像有權利宣稱我的生存事實完全出於我自己，因為我之所以能繼續活下去只因為我允許我自己如此而已。現在我們要探討之焦點乃是：在有容忍一種我稱之為徹底的背棄（une défection absolue）之結構的世界之中我這個人究竟具有怎樣的實質呢？我覺得至少有一點是分外地明顯：即如此這般的一個世界徹底排除我參與那建立我的主體實在性之存有的可能性。在這種情況之下我只是某種莫名其妙的偶發事物，然而對這個我把自己化約成為的事件，我又賦予能有的最大權威。此中有沒有一種內在的矛盾呢？用另一種話來說，我是我的生命，但我還能思索它嗎？

1933 年四月十一日

再一次領悟下面的見解。為我們之中每一個人，在每一時刻都能發生最不吉利的事、或我們認為不吉利的事。這個看法應當與一個神的觀念，和一個全能上帝的觀念配合起來。那麼最不吉的事會發生豈非證明上帝絕對無能的嗎？在無限之脆弱及無限之威能之間似乎有一種奇妙的連結在作用，這是一種在因果關係以上的重合。

1933 年七月二十三日

與 R、C⋯⋯討論痛苦與惡的關係。

我認為這種關係嚴格地說是非實證性的，那是說，它不能被引渡到某種特殊經驗的層面上去。在某位忍受劇苦的人面前，我絕對無法說：你的痛苦來自一個可能你本人並非是犯者之惡的報應。（C 提出遺傳的因素，按宗教觀點來看，這種說法已經脫離了正規。）我們現在處身於「難以理解、深不可測」（l'*insondable*）的光景之中，而這裡有一些我們應當用哲學的方式來澄清的事物。有一件很不尋常的事實，即事實上痛苦只在含有深不可測之奧祕的特性時，才能具有形而上的或精神性的意義。然而另一方面，我們也看到一個弔詭，即一切痛苦本質上是「這個痛苦」，因此我們會有一種幾乎無法抗拒的誘惑給它尋找出一個本身也是被決定的、特殊化之解釋或說明。而這卻是不可能的事。從宗教角度來看，這問題之處理方法在於把無法測量者轉化成積極的價值。我隱約地看到如下的一套辯證：如果我們要用報應來作特殊的說明的話，我們就把神看成「某一個人」，那是說，把祂置放在受苦之某特殊存有之同一平面上，而必將激起這特殊存有採取討論和反抗的態度（為什麼是我而不是另一個？為什麼要罰這個過失而非另一個過失等等⋯⋯）。然而明顯地正是這個比較與討論的層面，我們必須超越過去。這的確與下列的說法如出一轍：這個痛苦應當被了解成實際地參與普遍的奧祕，此奧祕非他，乃人與人間具有形上聯繫之博愛情誼（fraternité）。

另一方面我們切勿忘記：那位站在圈外的人士——我想到的

是 R、C——那位叫我注意到我的罪與我的痛苦之間有聯繫者，應當具有作這種解釋的內在資格。他不可能如此，除非他本人是一個完完全全謙遜的人，並且把自己縱身投入我的罪內，參與我的罪。甚至可能他應當參與我的痛苦。簡言之，他是另外的一個我。如果他留在一個純粹「他者」的地位上，他不能這麼做，他的資格不夠。從這些反省我們可以轉渡到對基督的哲學立場上去。[38]

1933 年七月二十六日

「有」與空間性（spatialité）。「有」與「獲取」有關。然而能被獲取者都是在空間中之物，或可同化到空間之物者。以後還應當仔細考察這兩句話的含義。

1933 年七月三十日

在鹿都（Rothau）時我就願意記下這句話：痛苦的所在地似乎處在「有」流入「是」之地帶。可能我們只在我們的所有物那個層面才會輕易受傷（vulnérables），但事實上是這樣嗎？

剛才在策馬特（Zermatt）之頂上作了一次舒暢人心的散步。我相當仔細地再次思索「過去」之本質的「易變性」

---

38 以上的意見對我來說為說包含在司鐸品位（le sacerdoce）內之形上關係具有極大的重要性。（此處我們也不分那一宗派的神職。）我相信這些意見能幫助我們分辨司鐸和倫理學家態度間有天淵之別。當司鐸一把自己轉變成倫理學家的時刻，他就否認自己是司鐸了。

（*mutabilité*）。實際上，把事件看成在歷史過程中一樣一樣沉放下去的事物的觀念是錯誤的。如果我們靠近審視一下，就會知道沒有什麼歷史性的沉澱。過去常常相應於我們以某一種方式對它的閱讀。而我感到在我心靈之中「過去」和專注於過去之世界之間有愈來愈明顯的相互緊張關係。如果實情是這樣的話，「發生一次就成定案」，或「單純地發生之事而已」之看法就包庇了一個貨真價實的謬論（paralogisme）。我不能不想在這裡我撞及了某條我尚未真正投身入之思路的入口。可能這裡有一些可以澄清死亡真諦的靈感。然而我承認我並不清楚地看到什麼，所看到的只是一種預感（presentiment）而已。我們應當繼續努力尋找對歷史性沉澱之觀念所作之批判中所具有的積極含義。

1933 年八月十三日

「認知」作為「有」之一種方式。占有一個祕密、據有之（détenir）、安排之——這裡我們再次發現我從前寫過的關於「可展示物」（l'exposable）的意義。在祕密與奧祕之間有絕對的不同，後者本質上便是我不能據有，我不能隨意安排的東西。知識由於是一種「有」，因此本質上是可以通傳給別人的。

1933 年八月十四日

在「有」之內含有雙重的恆久性（double permanence）。（我常喜歡把「有一個祕密」作為範例。）祕密本身是某種抗拒持續性的東西，為對付它持續性（la durée）顯得無能為力，或

至少它（祕密）被看成如此。但是從主體的角度來看，情形也是一樣，為有之者言，不然祕密就會把自己消滅掉了。很明顯地，祕密可以直接地同化到被儲藏的客體範疇中去，好像是在某一容器中保存的物品一樣。我想只要我們站到「有」的境界，我們常能作這種同化的行為。只是有一件值得我們注意的事：分析在空間中保持什麼東西的事實時，思想不會在空間的層面停滯，而必要進入精神的層面。很久以前我就把這個看法記錄下來了。

　　我又反省到什麼程度我們「有」一個感受，在何種條件之下，一個感受（un sentiment）可以被看「有」？我相信只能從社會的角度去看，並且就在我與我自己對話的情形中才行。

　　臨在也者，乃我絕對無法處置的東西，是我沒有的東西。我們常常會有誘惑，或把臨在轉變成客體、或把它看成我的一面（aspect）。這是說為思索它我們沒有足夠的條件。這些反省可以適用到無數的事例中去。

　　心智之有（L'avoir mental）。某些人有一種心理結構，他們能夠隨意地處理心智之有，就像處理這個那個客體，或已歸類的文件似的。他們把自己也仿效在他們周圍由他們建立的分類模式來組織自己。但是我們也可以倒來說，外面的分類其實只是他們在自身設立的次序之外面可見的標誌而已。總之，在兩者之間有的對稱都趨向於更嚴格。身體之干涉反而成為擾亂次序的原則，一種本身無法被人探測的原則。我在我自身建立之次序依賴於一種分析到底絕不受我支配的某種事物。

　　幾時我處身在所謂「正常」的條件之中時，我的心智之有會順應「所有物」之特性。但一旦這些條件有所改變時，它就不再如此。老實說，這些條件本身以某種方式依賴著我，因此，它們

也有些像似所有的東西。但是擴大範圍來看，這是幻想。

1933 年八月十五日

再一次我想知道擁有資質（qualités）之事實指什麼。我覺得「也」（l'aussi）字只在「有」的次序之中才具意義。可能為思索資質的意義有一條路行得通，那就是向「有」的範疇求援。如果我們要設想（或自信能設想）資質並列的問題，「有」的範疇實是非用不可的權宜之計。今夜我感到筋疲力盡，然而我覺得此中有路可循。

1933 年八月十六日

我要說的是這一點：幾時「也」（l'aussi）和「加之」（l'en plus）這類範疇一干預我們的思維，「有」的範疇立即偷偷地上場了。這種說法甚至僅對一個資質來說也是有效的——只要在我們不能不把它想像成「加」到無（rien）上面去的情形之下（在某種理念型的容器之內）。我覺得從上所述我們可以引申出非常重要的形上後果，尤其是有關神我們無法以「有」的模式，即「有……者」去想像的事實。從此可知，一切有關屬性（attributes）的理論均不可避免地會把我們導入歧途。「我是自有者」（ego sum qui sum）這是《聖經》上上帝的自稱，本體角度來看，實是定義上帝最適合的公式。

這裡我們可詢問一下在「有」與「被動性」（passivité）之間有什麼關聯。我想我們之成為被動者，我們讓別人別物操縱自

己之多寡，就以我們參與「有」之次序多少而定。然而無疑的，這只是一個更深刻之實在的一方面而已。

「有」能不能被視為以某種方式是吾人所不是者。

很明顯地對我來說，這些表面上是如此抽象的反省，實際上是建立在一個分外直接之依附在吾人所占有之物的經驗上（這些占有物貌似外在，事實上非然）。我們應當常常回到典型個案去看，此處便是身體性（la corporéité），指有一個身體，有的原型，絕對有。而在身體性之上，再把握我與我的生命的關係。這樣我們才能理會犧牲生命之本體意義，即殉道的意義。我已經記錄過類似的看法，但我們應當不斷地再回來討論。此時此刻我看得比較清楚的一點乃是：我們必須同時強調在殉道和自殺之間有貌似等同，實際上相反的性質，前者是自我肯定，[39] 後者則為排斥自己。

基督徒的節欲修身功夫（l'ascétisme）之本體基礎就在於此。只是我們不能把這種超脫（détachement），如貧窮和貞潔，看成抽象的行為。我們所放棄的東西應該同時在一更高的層次上尋回。我想我們應該在這些反省指引下重念《福音》中的一切章節。

---

39 很明顯地這個公式並不周詳。在殉道中受到肯定的實非「自我」，而是存有。自我以一個藉之他放棄自己存在之行為來為存有作證。我們也可以倒過來說：在自殺的行為之中，自我藉著他原想用之來使自己與實在界割斷關係之方式肯定自己。（1934年九月二十七日記。）

1933 年九月二十七日

我重念了最後的札記。分析「歸屬」（appartenance）的觀念。我的身體又屬於我，又不屬於我，這就是殉道和自殺水火不二立之根由。我們值得從事一項研究，來考查在那些限制之下我們可以有處置自己身體的權利。若美其名說我體或我的生命不屬於我而申斥自我犧牲的行為，這也是一種荒謬。我不能不詢問在什麼意義之下，在什麼限制之下我是我生命的主人。

「歸屬」的觀念似乎假設了「有機體」（organicité）的觀念，至少後者是包含在有一個「內在性」（un dedans）的事實之中。然而這個「內在性」觀念尚不太明晰。如果我們深入地推敲它的含義的話，我們實際上會發現它不是純粹的時間性的。最好的例子是一幢房子，或一切能夠同化到房子去的東西，譬如一個山洞。

在盧森堡公園散步時，我想到了下面一個公式：「『有』是為某個其參考座標指向他者之為他者的層次而作用的事物。」[40] 事實上我們應當看得到：隱藏起來的東西，或祕密，必然地是可以展示出來的東西。明天我要戮力從存有的角度來思索這些提示的副本。我覺得非常明顯的是，存有絲毫不具這類狀況；可能就在存有的層次中，「他者」這個範疇要化解掉，並且被否決掉。

---

40 中間的鏈環，此即「內裡」與「外面」區分之事實，暗示一種展望方式（perspective）的效果，這種展望方式只在有「雷同」（the same）和「有殊」（the other）區分的情形下，才有可能作用。

1933年九月二十八日

　　我在尋思是否「內」與「外」之分別會被存有之為存有否決掉。這種思考與外觀的問題有連帶關係。我要問的是當吾人應用「外觀」的概念時，我們就不知不覺地踏上了「有」的層次中去了。當有人問在存有和存有提示之外觀之間有什麼關係時，他就是在設法把後者整合到存有中去。然而，就在我們讓整合（intégration）的觀念進入討論之中的時刻，我們就移入了「有」的世界。存有似乎絕不能成為一個總數的（une somme）。

1933年十月七日

　　讓我們再回到「有」的範疇中來，看它如何包含在一主體具有（帶有）賓詞的事實裡。在「為自己保存」及「於外界產生一些什麼」兩個事實之間存在的對立並非是絕對的。在「有」本身即同時具有這兩種性質這兩種節奏的可能性。讓我們來考察這一點與意識之行為間之關係。意識本身是否也包含這種雙重的可能性呢？或許在有意識之事實和顯示出來使別人也意識到之事實之間並沒有什麼基本上的差別。當我為自己有什麼意識的時侯，「別人」已經也在那裡了。我想如果能把意識到的東西表達出來，正因為有上述情況發生。從這裡我們應當邁入下意識和超意識的領域中去。我們能把它們分別開來嗎？或許我應當把這個反省與我以前有關「我是什麼」所寫之含義對照來看會有裨益。（見三月十二日日記。）

我們能不能說，只在與「有」有關係的東西，或能被處理成「有」之事物之間才有「問題」可言？我把這點與我對本體奧祕所寫的報告連結起來了。在可以問題化的領域之中，「內」和「外」之區分顯得非常重要，但一接觸到奧祕它就蕩然無存了。

1933 年十月十一日

考察「有」與「能」之間的關係。如果我說：「我有做……的能力。」這是指：此能力已列入我的屬性，已是我的產業之一。但這並非是一切：有什麼乃是指能做什麼，因為以某種意義來說這實在是能處置什麼東西的能力。這裡我們觸及了在「有」之中能有的最晦澀、最基本的一些方面。

1933 年十月十三日

我應當把最後幾天所寫的日記與以前讀過關於功能化（le fonctionalisé）生活的片段連結起來。所謂功能，本質上就是某樣吾人所「有」的東西，然而就在於我的功能把我吞噬到什麼程度，它就以此程度變成了我，它取代了我之所「是」。我們也能把功能與行動（l'acte）區分開來，因為行動明顯地不屬於有的範疇。只要幾時我們一有創造性的活動，不管它們達到什麼程度，我們就進入到存有裡去了。這是一個值得我們仔細解釋的角落。對這種看法能夠發出的疑問之一乃是：創造活動從此字之有限意義角度看，或許只能在某種「有」之內才能實現。一個創造活動愈能從「有」的範圍中解放出來；它愈能達到絕對創造的境

界裡去。

綱要

（1）在哲學史上有一個很有啟示性的事實，即大部分的哲學家都本能地迴避「有」。毫無疑問的，這個事實之發生基於「有」之概念內有非常曖昧、晦澀和幾乎無法闡釋的成分。

（2）幾時某一位哲學家的注意力轉到「有」的時候，他就會理會到這種態度是難以向人辯解的。另一方面，對「有」作一個現象學式的分析倒很能幫助我們對存有產生新的認識與分析。我所稱的現象學分析乃指分析思想中尚不明顯的內容，而非指對「狀態」（des *états*）所作的心理分析。

（3）我認為：

a）只有在某種事物（*quid*）牽涉到一個「誰」（*qui*）的時候，我們才能提及「有」。（此處「誰」，或「某某人」乃指一個依附及了解之中心，以某種程度來說是有超越性的主體。）

b）更嚴格地說，我們無法從「有」的角度來討論我們的問題，除非我們以某種方式，以某種程度已經移入一個次序之中，在這次序內「外」和「內」之對立還具有意義。

c）這個次序對反省的主體呈現出一種面貌，即它本質上包含著把別人看成別人之參考座標。

（4）「有」之次序實在就是作賓詞行為（la prédication）和可特徵化（le caractérisable）之次序。但此處有人要問的形上問題乃是要知道到什麼程度一個真實的實在物會讓自己特徵化起來。並且是否存有本質上是不能被特徵化的（當然不能被特徵化

並非指不能被限定。）

（5）不能被特徵化者也指不能被人所占有的東西。從這裡有一條通向「臨在」的路。我們可以把這些反省銜接到在有關「你」和「他」之不同的討論上去。很明顯地可以看到，幾時「你」降成「他」時，這個範疇就跌入可以被特徵化之判斷的魔掌中去了。然而反過來也洞若觀火，「你」之為「你」時，此範疇屹立在另一個平面上。從這個觀點我們可以查考一下「讚美」的含義。

「欲」（le désir）和「愛」之間的對立能給我們對「有」與「是」之了解非常重要的啟示。欲求什麼，實際上是有宛若沒有一樣。「欲」能同時看成以自我為中心（autocentrique）及以非我為中心（hétérocentrique）之態度。但是愛由於把我們種植在存有之中，而超越了「雷同」與「相異」之分。

另一個由此可以推出之適用的觀念乃是自主和自由（autonomie et liberté）之間的對立問題。

1933 年十月二十三日

今天我注意到一點：在容器之內的物（le contenu）實在具有某一潛能行動之觀念（能倒出來，能溢出來等）。在容器內的物和在所占有之物，都具有某種潛能。容器之內並非純粹的空間性物。

1933 年十月二十七日

　　我要加深探討我迄今未思索過的題目，「是」依賴「有」之性質：我們占有的東西把我們吞噬。保存的需要有其形而上之根由。可能我們可以將這個觀點與我以前所寫關於疏離的看法連接上。自我與被占有的東西化成一體。更有進之，可能只在有占有行為之時之處才有所謂之自我。在任何具有創造性的行動裡，自我就化失了。然而只要創造性活動一停止，自我似乎又會出現了。

1933 年十月二十九日

　　我要把以前談過的無法特徵化者再加以發揮。當我們想一個特徵時，我們不能不把它用一個「屬於」之動詞與一個主體連結起來。此中有一象徵的應用，我們應該設法把它的特性加以確定。我們處在一個本質上使用「也」之形式的層次之中。這一個特徵是「在許多他者之中」被甄選出來的。然而另一方，我們不取現象學主義所持的看法，我們不把自己看成站在一堆收集品（une collection）之前的人物。「誰」（qui）之為誰，常有其超越性。然而他的超越性是否會受到我站在他面前所採之態度的影響？他之超越性是否只是拋射（une projection）而已？這一切為我還是相當模糊，這是一個尚須確定的觀念。

　　想某一個他者，即以某種方式面對這個他者而自我肯定。更精確地說，他者是在斷崖之另一端，他無法與我交通。然而這種破裂，這種不在場（cette absence），只在我駐足不動，把我自

己以某種方式包圍起來的時候，我才能領會到。

1933 年十月三十日

這是我若有所悟的事物。有「雷同」和「相異」之世界是可被鑑定的世界。我在其內作囚犯多久，我就把我自己封閉在不在場之地帶多久。而且只有當我把自己局限在這個地帶時，我才能按照「有」的範疇來思考我自己。鑑定什麼（identifier）乃指確認此物或此人有否如此這般一個特徵；倒過來說，這一個特徵是涉及某一可能作的鑑定行為的。

只有在我們能夠思索一個超越有「雷同」和「相異」之分的世界之彼界（un au-delà）時，這一切反省才能顯得有些意義，並且使我們感到有興趣。一個觸及本體層面之彼界。這就是一切困難之來源。

有一點我們立刻可以看到的乃是「我是什麼」這一問題無法在「有」的平面上找到同質的對應物。對這一個問題，由於本性所限，我無法自己作答（請參閱我三月份之日記）。

第二編　「有」之現象學的草案 [41]

　　首先我願意指出我要向諸位所作的講演，為我本人來說，具有相仿於核子科學的重要性。它蘊藏整幅哲學的藍圖。我只能盡可能地將其中一部分加以陳述。如果這是可行的哲學的話，可能要讓其他的專家用種種我目前無法詳述的方式來發揮其他各部分。也很可能我向各位開出的若干思想小徑最後顯得是些死胡同。

　　我相信我應立即向各位指出的，即如何我會詢問自己有關「有」的問題。這個一般性的反省乃是以某種方式接枝到某些比較特殊的研究上去的東西。後者比較更為具體，而我覺得從一開始就提到它們，對了解上述反省必大有裨益。我先向各位道歉在演講中我要引用我自己的許多見解，然而這是最簡便的方法與各位分享引起我作這些研究之興趣；不然的話，它們一定會顯得太抽象。預先給各位分發之書面綱要已能作一些一般性的提示。

　　在《形上日記》一書中，我已經提出一個初看之下似乎屬於心理學範圍的的問題。我問自己，如何才能鑑定一個人首次感受到的情緒呢？經驗告訴我們，要作這一類的鑑定常是極困難的事。（愛情能以不太和諧的方式表現出來，以至於使感受到它的人無法猜測它之真實特性。）我注意到下面一點：這個情緒愈能同化成某一種為我所「有」的東西的話（譬如我有感冒，我有麻

---

41 宣讀於 1933 年十一月里昂哲學協會。

疹之類），上述的鑑定工作就比較易於著手。在這種情形之下，這個情緒就會讓我加以限制、加以定義，而終能將之歸入理性化的事物之類中去。這樣我就能給它構成一個觀念，而把它與我原先對這一類情緒所有之觀念比較（當然此刻我所講的比較太概括了一些，但無傷大雅）。倒過來說，如果這個情緒愈不讓人予以限制，愈顯得模糊，則我愈無法確切地把它指認出來。然而就在相反於我所「有」的情緒之背面，豈不存在著一種感情的經緯密網，此網與我之所「是」有那麼大的同質關係，以致我不再能把它置放在我面前加以觀察、加以思考？我終於隱約地看到了，雖非黑白分明之兩類事物，至少是強弱在逐漸變化中之兩種情緒：一種是為我所有之情緒，另一種是為我所是之情緒。由此我在1923 年三月十六日在日記上寫下這一段話：

「歸根結底，一切問題最後都可以回到『我們所有』與『我們所是』之區分上來看。只是我們極難用概念的方式來把它陳述，然而這還應當是可以做到的事。我們所『有』之物對我們自身來說不可避免地具有外在性。然而這個外在性也不是絕對的。原則上，我們所『有』的，是一些東西（或是一些可以被同化為物的東西，只要的確有這樣同化的可能）。嚴格地說，除非此物在一定程度上獨立於我而存在，我才能說『擁有』之。換言之，此乃外加於我之物。更有進之，被我所占有而加上的其他屬性、特質等，也都是屬於我所擁有之物的。我所擁有者，只是那些以某種方式並在某種限度之內我能自由處置之物，換言之，其根據就在於我能被視為一種力量，一種具有能力之存有。能夠傳遞給別人的東西只是我們所有者。」從這裡，我要轉移思想而探討一個相當模糊的問題，此即在自然界裡實際上究竟有沒有不能傳遞

的東西，並且在什麼情形下，它能被我們作如是想。

在這裡我們找到了一條進路，然而這並非是唯一的進路。譬如說我不可能集中我的注意力在所謂「我體」之焦點上——「我體」之說法恰與生理學家所謂的「身體—客體」（corps-objet）相反——而不會獲得對這個幾乎是無法通透的「有」之新的領悟。然而嚴格地說，我能不能認為「我體」是某種為我所有之物？先要問的問題是，我體本身是否為某種東西？如果我把它處理成一樣東西？那麼如此處理我體之我又是什麼呢？我在《形上日記》（法文版第252頁）上寫說：

「最終我們達到以下思維模式；我體是（一個客體），我不是什麼。唯心論者會有另外一種說法：我是肯定我體具有客觀實體之行為。我補上一句話：這不是一種欺詐手法麼？我相信是的。在這種唯心論和絕對的唯物論之間，所有之分界線好像在消失之中似的。」

但我們尚能繼續深入探測——並且指出這種思考和象徵的方式應用到對死亡和自殺所持的態度上來時，會產生什麼特殊後果。

自殺，豈不就是把自己的身體（或自己的生命）處理成個人所「有」之某物，或一樣東西而已？不是隱約地承認吾人只屬於自己而已？然而此處立刻出現一個幾乎無法通透的黑暗，即這個自我究竟是什麼東西呢？在我與我自己之間究竟存在著如何一種奇妙的關係呢？我們不是覺得很清楚：在那位因不承認自己有此權利或自己屬於自己而不願自殺者身上，此中所有之關係完全不同麼？在這表面上看來似乎可以忽略的其不同之公式之下，我們不是理會到有一個難以填滿之深淵？而我們能做的只是一步一步

向前探索而已？

我只想提供兩條線索，雖然還有許多呢。在我們運思的過程中，其中某些條線索還會呈現出來。

這樣一來，我們就不能不作一個分析。我也願意預先聲明一下：這個分析並不是一種「化約」（une *réduction*）。這個分析會給我們揭示一個事實：我們實在面臨到的是很不透明的與料，對此與料大概我們也無法完全加以控制。這樣我們就承認了某種「不可化約」（un *irréductible*）物的存在。上述態度把哲學的思考向前推進了非同小可的一步，它甚至能以某種方式把促成此態度實現之意識加以改變。

事實上，我們無法設想此種不可化約物，如果不設想一個超越的層面，彼界（un au-delà）。前者並不被吸收融化到後者中去。我相信「不可化約者」與「彼界」之雙重存在正好能幫助我們界定人之形上條件。

首先我應當指出：哲學家們對「有」的觀念似乎常常抱著一種不明白地說出之猜疑。（我說「觀念」，但我們尚可詢問此詞是否適當，我自己覺得不適當。）有人會說哲學一般說不喜歡「有」這個字眼，因為它是一個不純粹的觀念，並且本質上無法確切規定其含義。

「有」具有之基本的曖昧性的確應該從一開始就提示出來，但是我不相信我們就因此而可以逃避我今天一直想深入探究的問題。當我閱讀史坦恩（Gunther Stern）論《有》（*Ueber das Haben*）一書（於 1928 年出版於波恩）時，我恰好也在思考同樣的問題。下面我願意引用該書若干片段：

「我們有一個身體。我們有……。從日常用語來看，我們非

常明瞭要講的是什麼。然而沒有人會去專心注意那個在生活中習用字「有」究竟有什麼含義，究竟有沒有一個複雜的關係網牽連在內。他們也不會詢問是何物特別地構成有之為有。」

史坦恩先生很正確地注意到：幾時我說我有一個身體，我絕不只為說：「我意識到我的身體；」也不是為說：「有一種可以稱為我的身體之東西存在著。」這裡似乎應該有一個中間辭（middle term），一個第三個王國。接下去史坦恩進入一種完全受胡塞爾詞彙染色的分析中去。我對這種方式的分析和研究的結果感到很不習慣。作者本人也同我說過，他對自己反省之成果早已感到不滿意。我想更直接之澄清問題或許能更快地進入核心，卻避免借助於那些屢次極不容易轉譯的法國現象學慣用的術語。

或許有人要反過來問我，既然如此，為什麼我自己還要用現象學一詞呢？

我的回答是這樣的：在類似的研究之中，我們應當強調有許多不屬於心理學層次的東西。這個研究之目的就是針對思想之內容，使它們出現，使它們浮到反省之光的層面來。

我願從一些非常清楚的例子出發，在這些例子中「有」的意義顯得非常強烈和確切。在別的一些個案之中，這個意義，也可說這個聲調，就顯得不甚清楚，甚至暗淡得幾乎不能辨認出來。這些極限例子幾乎被大家忽略掉，也應當被忽略掉，譬如「有」頭痛，「有」需要等等。（在法文中「有」之冠詞被省略很有啟發性。）然而在第一類例子中，這是說有意義的例子中，我們似乎可以將之分成兩種，只要我們以後不要忘掉去詢問它們之中之關係就行了。

我們很明顯地可以看到「占有性的有」（l'avoir-possession）

能有多種不同的模式，並且能按次序排列成等級制度。然而在我說：「我有一輛自行車」和當我肯定地宣稱：「對這個問題我有一些看法」，或甚至（此處所舉的例子有些不同方向）說：「我有時間做這麼一樣事」之間同樣地顯示出一種占有性的符號。暫時我們把「含義性的有」（l'avoir-implication）擱置一邊。

在一切「占有性的有」之中似乎都有某種內容。這個字還是太明確一點。我要說的是某物（quid）被帶回到「有某物者」（qui）那裡去，後者是內在固有性（inhérence）或感悟（appréhension）之中心。我故意在這裡不用主體一詞，為避免此詞附帶之邏輯上的或知識論上的含義。因為我們在這裡要設法打開的一條新路卻是在一個既非邏輯又非知識論的場地上的。正因為如此，這項工作不是輕易地可以做到。

我們觀察到這個「有某物者」（qui）對某物（quid）來說立刻顯出具有某種程度的超越性。所謂超越性，我是指在這兩者之間有所處層面不同之事實而已，我還沒有交代這種不同之特性。「有者」與「被有者」之間的不同在下面幾種說法中同樣地清楚明白：「我有一輛自行車」，或「保羅有一輛自行車」，或者當我說：「雅谷對於這個問題有非常原創性的見解。」

這一切都很簡單。但是問題馬上會變得複雜起來，只要我們反省到一切對「有」所作的斷語似乎都以某種方式建立在一種典型的立場之上的，而在這種立場之中「有者」已非別人，而是「我自己」。我覺得「有」只在「我有」之內時才把它內含的力量和價值都彰顯出來了。如果我們說有一種「你有」或「他有」之可能，那只是轉移（transfert）之結果，而在轉移之中，不可避免地已喪失了一些因素。

　　我們如果參照把「有」與「能力」顯明地連在一起的關係，就會對上面所作的一些反省恍然有所了悟，因為在「能力」的概念中包括了實質的和字義的占有含義。所謂能力就是我在運用它或抵抗時所感受到的某種東西；總之，兩種情形其實同出一轍。

　　這裡可能有人會向我提出異議說：「有」常傾向於把自己化約到包含什麼（contenir）的事實中去。但既使我們接受這個看法，我們覺得必須指出——這是關係重大的一點——被包含的東西本身不肯讓別人以純空間性的術語來界定自己。我常覺得它暗示著一種潛力（une potentialité）的觀念。包含什麼，乃是說把它放到裡面，封閉在裡面。而封閉即阻止，即抵抗，即不讓內容外溢、外傳、外逸……。

　　如此，我相信在周密的考察之下，這個異議，如果有這樣一個的話，要轉回來反對那位提出異議的人。

　　從此我們終於看到在「有」的內心透顯出一種「被壓抑著的」活力，壓抑在這裡無疑地表現出它最大的重要性。也在這裡，我以前提到過的「有者」（qui）之超越性之特色終於彰明。我們看到一項很有意義的現象，即包含在「有」內的關係文法上顯出來的卻是不及物的（intransitive）。「有」這一個動詞只在非常特殊的情形之下才以被動式出現。這個現象叫我體認到在「有者」與「被有者」有一個不能倒轉的流動程序（processus）。我還要加一句話說：我們在討論的並非是指被一個在反省著「有」之主體所獲得的什麼進展而已。不，上述的流動程序顯得是由「有者」本人所實現的；這個程序發生在「有者」之內。我們應該在這裡停頓一下，因為我們已經抵達討論的中心點了。

只有當我們在某一個次序中運思——在這個次序中不論用什麼方式，或用什麼程度之轉位（transposition），「內」與「外」之對立始終保持著其意義者——我們才能用「有」的語氣來表達看法、想法。

這個結論完全可以適用到「含義性的有」（l'avoir-implication）上面去；對於這種「有」，我現在應該講幾句話了。實際上非常明顯地我們見到：幾時我說「這樣一個身體有如此這般一個固有性（propriété）」時，我覺得後者並不在外面，而是植根於它所描繪之身體的內部。另一方面我注意到我們在這裡思索「含義」而不想到「能力」兩個字，雖然後者的意義並不明朗。我不相信我們可以在解釋「固有性」或「特徵」時，不把它們視為是確定某種功效（efficacité）或某種基本能量（une certaine énergie essentielle）的東西。

但是我們尚未抵達我們研究的終點呢。

以上所作的反省有效地給我們澄清有一種內在性的辯證之存在。「有」自然能指，甚至原則上指：「為自己保有」，保存起來，藏匿諸意。最有趣和最典型的例子應該算是：「有一個祕密。」但是我們立刻會重新發現我從前在討論內容時提到過的東西。祕密之為祕密，只因為我保存了它，可是也同時因為我能把它交付出來。這個能夠把它交付出來叫別人發現它的特性實屬祕密之本質。這個例子並非獨一無二的例子，因為幾時我們面對最狹義的「所有」的東西，情況都是一樣。

「有」之特徵就是能向別人展示出來。在有一些可向訪客展示之某君所作之畫和對如此這般一個問題有簡見之間存在著一種密切的相似性。

　　此外，這種展示性能夠在別人或在自己面前同樣發生。使人驚奇的乃是分析之下以上的分別（即別人與自己）實在沒有什麼重要。就在我向我自己展示我的觀念之時，我為我自己已變成別人了。我成為另外一個人。而我假定這裡有表達（l'expression）之可能性的形上基礎。除非以某種程度我能夠在我自己面前變成一個別人，我無法表達什麼。

　　此處我們見到從第一公式怎樣過渡到第二公式：我們之能夠以「有」來表達我們自己只當我們進入一個具有以別人作為別人之參考指標的次序之中。在這個公式與我剛才論及「我有」所說的話之間沒有任何矛盾的地方。因為我無法說出「我有」這句話，除非我把它放入一個與「另外一個」真正被我體會到是另一個之「緊張」關係之中。

　　就在於我把我自己想成具有屬於的某些特徵或某些名分，我就會從一個別人的角度來觀察我自己；對這個「別人」，我之能取對峙態度乃因為我先隱約地把我自己與他等同過了。譬如當我說：「對這個問題我有一些看法。」我在暗示說：我的看法與眾不同。我之所以能夠排除，能夠否決別人都有的看法，乃因為我曾經把那些看法用片刻的功夫假定地同化成為過我的看法了。

　　因此「有」的方位並不在純粹的內心裡，這會失去它的意義；相反的，它是處在內在性和外在性不再有真正分別的地方，就像音域中高音與低音不再能分辨的地方一樣。我相信應當在這裡強調的乃是在兩者間具有的緊張。

　　這裡我們應當回到所謂的占有式地有這個主題上來。讓我們取一個最簡單的例子：占有一樣事物，不管它是什麼；譬如一幢房子或一幅油畫。在某一個層次上看，我們會說，這樣東西外在

201

於占有它者；從空間角度看，它們是不同的東西，而它們的命運
也各各不同。然而這些看法都很膚淺。幾時我們愈強調「有」及
「占有」，我們愈不能合法地說這是些外在的東西而已。我們
可以完全確定地說，在「有者」及「被有者」之間有著密切的
聯繫，而這聯繫絕不只是外面地聯合在一起而已。另一方面，
由於這被有之物是一樣東西，因此也受到物的交替更迭之動盪
（vicissitude）的約束。它會被遺失、被弄壞。這樣它就變成，
或可以變成一種害怕、焦慮之漩渦的中心。這些現象恰好是屬於
「有」之次序內常有之緊張的本色。

有人可能會向我說：我能對我占有的事物，這一件或那一
件，抱相當瀟灑超脫的態度。我可要回答說：那麼這樣的占有只
能說徒具其名，或許甚至以占有殘餘物之方式有之。

反之，非常重要並且值得注意的是下列事實：在欲和貪（la
convoitise）內，最深刻意義之「有」已存在著。

欲（désirer），常指以某種方式沒有地有著（en n'ayant
pas）。從此觀點，我們可以了解在欲求內有一種燒炙性的疼
痛。這類尖銳的痛苦實際上表現出內在於一種無法保持下去之處
境所生的矛盾和摩擦。並且在我體會到我要失去我所有的，失去
我自以為有的而實際上我已經沒有了時產生的焦慮和上述的貪
欲之間實在有絕對的對稱（la symétrie）關係。如果實情真是如
此，我們似乎發現了以前未曾注意的一點，即「有」以某種方式
依賴著時間。此處我們要再一次理會我們碰到了一種奇異的兩極
性（polarité）。

無疑的在「有」之內有雙重的持久性（une double
permanence）；「有者」之持久性及「被有者」之持久性。但是

這種持久性本質上是受到威脅的。它願意如此，或至少它或許願意如此，它掙脫我們的控制。威脅不是別的，乃是別人（或別物）保持他的別性，這別人可以是這個世界本身；面對著它，我難以忍受地感到我是「我」。我緊緊地抱住這樣可能有人要從我這裡強扯去的東西。我失望地要把它同我化成一體，要與它組成一個不能分隔，唯一的複合體（un complexe unique）。無望地，徒然地⋯⋯。

這些反省把我們領回到身體或身體性上來了。我願意與之等同，然而它不停地掙脫我之第一客體、典型客體（L'objet premier, l'objet-type），即我的身體。我們很可以相信我們現在已進入到「有」之最隱密最深刻的堂奧裡去了。身體是有之典型（l'avoir-type）。然而⋯⋯。

在做更深入的反省之前，讓我們再回來審視一次「含義性的有」（l'avoir-implication）。這裡我發現剛才我解釋的一切特徵似乎都消失無蹤了。讓我們從由抽象到具體的梯子中的一端出發：某一個幾何圖像有某一個特性（propriété）。我承認除非追隨詭辯論（sophismes）的路子，不然的話，我絕對無法在這裡發現相似存在於「內」「外」之間的緊張，或在「雷同」及「相異」間之兩極性的現象。我們終於可以詢問一下：幾時我們把「有」的位置移到本質中去的時候——就像我剛才提及的幾何圖象似乎與生活體之具有某些特徵的情形一樣有這個那個特性——那麼我們在實現一種分析到底時無法建立起來之潛意識式的心理轉移。這裡面還有一點我暫時不想發揮，因為它能引發的興趣不大。然而我相信把我體看成「有之典型」的立場卻標明了形上反省之一個主要時刻。

如此這般之「有」深深地影響「有者」。除非在抽象和觀念的方式之中，這種「有」絕不能化約成「有者」可以任意處置的東西。這種說法似乎叫我們的思想不習慣，然而當我們把它放到我體，或使我體延長之工具，或使我體之能力增多的問題上看時，情形就會明朗起來。可能在這裡有類似於黑格爾在《精神現象學》（la *Phénoménologie de l'Esprit*）中所界定之「主奴」辯證關係。這個辯證植其原則於緊張關係之中。沒有這種緊張，就不會有「真正之有」（avoir réel）的存在。

我們終於抵達到每日生活世界之核心了，在這個世界之中我們有各種危險、焦慮和技術問題的經驗。我們是在經驗之中心，但也是在無法理解的事物（l'inintelligible）之中心。因為我們應當承認這種緊張，這種致命的相互關係（réciprocité）在每時每刻中會把我們的生命陷入一種難以理解且無法忍受的關係中去。

在作更深入的探討之前，讓我們先停下來再察看一下我們的處境。

在一般情形之中，或如果你同意，習慣上，我發現我自己常常面對很多事物，其中有一些與我締結特殊而奇異的關係，這些事物並「不僅僅外在」於我，卻似乎在它們與我之間有從裡面發生的交通現象。它們深深地從地底下（可以如此說）碰到了我。而就在於我與它們依戀程度之多少，它們就在我身上施展多大的控制力。它對我的權力來自我對它們所表現的依戀而來，並且隨著依戀之增強而增強。在這一些事物中有一樣東西鶴立雞群，享有無上的權威：這就是我體。我體對我所有的專制雖非完全地，但至少以某種程度視我對它所有的依戀（attachement）來決定。但在這處境中最顯得弔詭的事乃是：推究到底，在這依戀之關係

中實際上是我自己被我在消耗殆盡，我把我自己吸收到這個我依戀萬分之肉體中去。似乎我的身體真真實實地把我吞噬掉。這種情形同樣地在一切以某種方式懸掛在我體之上的我所占有的東西。結果，（下面的看法為我們是新穎的），在極限情形中，「有」之為有這個事實似乎會讓它自己在原先被它占有之物中廢除掉。現在這個原先被占有的東西卻把從前自信可以自由處理它的占有者吮吸掉。

我認為我體及一切我以為被我占有之工具本質上都要把這個占有它們的我徹底消滅。反省之下，我發現這種辯證只在失節（défection）的情況之下才可能實現。這句話給我們打開了新的思考範圍的大門。

然而還有那麼多的困難呢！還會有那麼多的異議呢！最可能發生的異議是下面一個：「只要你把工具看成純工具，它就對你沒有什麼控制力，而是你本人要操縱它。你們之間不會有什麼相互性。」這話講得很對，然而在有一樣東西和處置它，或用它之間有一條思想難以測定的邊緣（une marge）或空隔（un intervalle）。就在這個邊緣和空隔的地方蟄伏著我們關心的危機焦點。史賓格勒在他出版不久之傑出的《決定時刻》（*Années Décisives*）一書中所寫的種種，和世界實際情況都多少給我在摸索地尋找之分辨關鍵（la distinction）提供了線索。在談到企業公司之投資或股份的問題時，他把純粹所有與屬於企業首長之負責指導工作劃分開來。在別處，他也把在以抽象的質量（masse）面目呈現之金錢與實際財物（如土地）之間的對立加以強調。這些區別對我此刻願意澄清的相當困難的觀念從側面予以照明。不久之前我說過：「我們占有的事物將我們吞噬。」非

常奇怪地我們看到，我們幾時面對一些本身非常遲鈍的客體而變成更遲鈍的時候，上述說法更顯得千真萬確。但幾時我們更生氣蓬勃更主動地與一些即使是物質的東西連接起來——這些物質因我們對之所做的創造活動而不斷地揭示其豐富內涵，上述的說法就變得好像是胡說八道一樣。（創造活動之對象可以是：施肥耕種者的花園，勤勞開採者的農場，音樂家之鋼琴或手提琴，科學家之實驗室。）在這些個案中，我們可以說：「有」不再趨向於自滅，卻把自己昇華變化而進入到存有中去了。

任何地方只要一有純粹的創造活動發生，有之實在立即被超越，或就在這個創造活動內部獲得揮發。占有者與被占有者之二元性（la dualité）化失到充滿生機的實在體中去了。這些見解還要求我們以非常具體的方式來加以說明，不能借用屬於物品範疇的一些例子。我特別想到的是一些偽占有品（pseudo-possessions），譬如我的「觀念，我的意見」之類。「有」這個字在這裡立刻同時取有積極和威脅性的價值。我愈把我自己的觀念，甚至我的信念看成屬於我的東西——也因此而自傲不已，可能並非清楚地意識地，就像某人有個馬廄或植物溫室就以為自己了不起一樣——這些觀念和意見就愈會用它們的遲鈍感（或同樣地也可以說，用我面對它們時有的遲鈍感）對我橫加壓力；這就是一切方式之狂熱主義根源所在。在這種情形及其他情形中發生的乃是，主體「不論在面對任何事物時」所有的無法解釋的疏離感（injustifiable aliénation）。我很抱歉用這個詞。按我看來，受意識型態牽制的人（l'idéologue）和思想家、藝術家之分別就在這裡。前者是人類中最可怕的一種人，因為他不知不覺地使自己成為他生命中已死掉之一部分東西的奴隸。這種自甘為奴的態度

發之於外，就不可避免地形成暴虐無道，來壓迫主體。此中關係還值得我們作更嚴密的探討。相反的，思想家不斷地保持高度警惕，不讓自己受到疏離感的作弄，不讓自己的思想僵化。思想家勉力活在永恆不斷的創造活動的狀態之中，不停地把自己的思想在每一時刻中加以質詢。

　　我相信以上所說對我以後要談的東西能起澄清作用。那個停留在「有」（或「欲」）之境界的人，他或圍著他自己、或圍著別人建立「以自我為中心」的生活。不論圍著誰，結果都是一樣，因為其中都有我剛才提及的那種緊張的兩極關係。我所談的都應該作更深入的反省和發揮，然而我現在做不到。有幾個概念，譬如「自我」、「我自己」之意義，必須要把握住。我們應當理會到，恰好與大部分唯心論者，尤其是以意識為主的哲學家的看法相反，「自我」能把人的靈性表皮變稠（épaississement），並且使人硬化，或許，誰知道（？）它也可以成為身體的一種顯然地已精神化的表達方式，這是屬於第二力量的表現方式（expression à la seconde puissance）。這時的身體已不再是客體，而是屬於我的「我體」，就因為我體是我所有的某物。欲求同時既以自我為中心也以他者為中心（auto-centrique et hétéro-centrique）。我們可以說，它看起來，顯得好似以他者為中心的樣子，而實際上它卻是以自我為中心的，而這種外表看來如此之現象，其實情也真是如此。我們知道得很清楚，這個有自我與他者之分的層面是可以被超越過去的：這是在愛（l'amour）和愛德（la charité）的行為之中。愛環繞著一個中心位置旋轉，這位置既不是自己的，也不是他者的：這就是我稱之為「你」的位置。我認為如果可能的話，更好找到一個更具哲

學氣息的稱謂來解釋一切，但同時我又相信抽象的言語很容易把我們出賣，叫我們跌回別人的層次之中，也就是「他」的層次之中。

愛，由於不同於欲求，且與欲求對立，卻把自我隸屬於一更高的實體——這個實體是在我心靈的深處，比我自己更為我自己——由於愛使銜接雷同與相異之緊張解除，按我看來，這是我們能夠找到的最主要的本體學資料。我想，我順便說一下，除非本體論能徹底理會到愛的絕對首要性，它絕擺脫不了學究思維的陳規。

我相信在這條思路的線索中我們能約略了解一些所謂「無法特徵化」（l'incaractérisable）具有什麼意義。我已經說過，當我們把事物想像成一個擁有賓詞或特徵的主體的時候，我們已經毫無疑問地做了一個轉移（un transfert）行為。我看得相當清楚：在事物及其特徵間所有的區別並不具有任何形上價值；如果你同意的話，我會說這種區別純粹地是在現象層面上的東西。請注意，我們只在允許運用「也」（aussi）一字之次序內才能肯定有沒有特徵的問題。我們常從許多特徵中選取一個。同時我們又不能說一件事物是一大堆特徵的集合體。這些特徵並不平排地置列在一起。只當我們把這些特徵的異點加以抽象，把它們看成單位、看成同質的實物時，我們才能把它們並列起來。然而這是個幻想，在一個嚴密的考察下就站不住腳了。我固然可以把一顆蘋果、一顆皮球、一把鑰匙，一團麻線球看成具有同一特性的物體，而能把它們加起來得一總數；但我絕對無法同樣處理一朵花的香味和顏色，一碟菜之濃厚、口味和消化性。幾時我們把特徵化的行為看成一種純粹計算肩並肩置放在一起的特性之行為

時，我們就停留在一種完全表面而錯謬的操作上；我們不再有任何希望深入我們願意為之作特徵化行為之實體的內蘊。從哲學的角度看，我們應當了解，特徵化的行為暗示我在他者面前所取的立場；我會說這是一種徹底不在場（absence）的立場，把兩者截然區分開來。這個我自己建立起來的不在場，隱然地也把自我「凝滯」起來，我把自己圍住、並且不知不覺地把我自己看待成囚禁在高聳圍牆之內的一樣東西。在暗暗中與這樣東西參照之下，我才企圖對其他的事物作特徵化的行為。

無庸置疑，願意作特徵化行為的人常含有一種既真誠又虛幻的信念，以為可以把自己用本質的方式加以抽象。萊布尼茲對普遍性特徵化的構想，向我們指出，到什麼程度一個人可以實現這種企圖。然而我卻毫不動搖地相信，如果你這樣做的話，一定是忘掉了從形上學角度看、這裡有一個站不住的立場，採取這立場的人以為可以把自己放在事物面前的位置上、為把後者的實質掌握住。固然，作這樣一個參考系統並不是不可能的事，並且使它包含的萬象愈來愈複雜，但是這個系統一定會遺失掉最主要的東西。

如果我們強調實在界或許是無法加以特徵化的。我們的確在宣布一項曖昧的公式，並且表面上看來是自相矛盾的公式。我們應該小心不要按照時下流行的不可知論者之原則來解釋一切。這是說，當我面對實在界時如果我採用一個盡所可能地要把它特徵化的態度的話，我立刻不再以實在界的原相了解它了，它就逃脫了我對它能有的把握。在我面前留下的只是一個幻影。雖然是一個幻影，它之連貫性卻能迷惑我，並且叫我感到深深滿足及驕傲，然而究其實，它應當叫我對這種作法的價值深感懷疑。

　　要把一樣東西特徵化，就是要以某種方式將之占有，即企圖占有無法被我占有的東西。這就是在製作一個抽象的小型人像的同時，亦即英國物理學家所謂的範本（un modèle），卻把原來的實在忽略掉了。這個實體只以最膚淺的方式讓別人對它做這一類的把人導入謬誤的玩意兒。只當我們把自己與這個實體的關係切斷，也就是出賣我們自己之後，這個實體才會讓我們對它作出上述的狂妄行為。

　　因此我想當我們愈把自己提高到實在界的層面，我們也就愈能接近它，它就更不會再像置放在我們面前、使我們對之能夠作各種偵察的客體；同時，我們愈來愈有效地改變我們自己。如果這裡有一個如我相信會有的上升式的辯證──這個辯證不必與柏拉圖所描寫的有太大出入──它必有一種雙重性，一面指向實在界，另一面指向了解此實在界之存有。這裡我無法對這個辯證之本質作更深入的剖析。我只想指出這樣一種哲學能夠對討論神的屬性打開一條全新的進路的事實。我承認，對我來說，神的屬性與新康德派所稱的界限概念（Grenzbegriff）實在是同一物。如果存有（l'Etre）因其為存有本身而更無法被人特徵化（那是說，更無法被人占有，因為它在各種方式更具超越性的話），那麼，屬性（les attributs）之謂所表達的只是以一種完全不貼切（inadéquat）之言語來說明：絕對存有對一切限定（déterminations）都採取不合作態度，而限定抵達之對象只是一個小於存有的東西（un Moins-être）。這是一種客體，我們把自己置放在它的面前，以某種方式按它之大小把自己縮小，也按我們的大小把它縮小。神為我只能是在朝拜祂時所體驗到的絕對臨在（Présence absolue）。我對祂所作的一切概念只是抽象的表達

而已，都是這種臨在之理性化的成果。這是當我要操縱這些觀念時我應當牢牢記住的一點；不然的話，這些觀念將會在我的褻瀆的手中變質。

我們終於到了一個對我來說最重要不過之區別，我不久將要發表之〈本體奧祕〉（le *Mystère Ontologique*）一文就是以這區別作全文的樞紐觀念。這區別所分清的就是問題與奧祕（le problème et le mystère）的不同。其中含義已在我以上所談的一切話語中被我所假定了。

我下面要向諸位選讀一段我去年在馬賽哲學協會中宣讀的論文。這個論文在幾天內就要與我的劇本《破碎的世界》（le *Monde cassé*）一起出版，作為這齣劇本的附錄。

「當我把我的反省指向普通大家都認為的本體問題：譬如有沒有存有？存有是什麼？等等時，我慢慢地注意到如果我一定要反省這些問題的話，我幾乎要跌入一個在我腳下張開的新的深淵裡去：詢問存有之這個我，我能保證我存在嗎？我有些什麼資格來作這些探討？如果我並不存在，那麼我如何能希望達到一個結論呢？就算我存在的話，我又靠什麼來保證這個事實呢？雖然有一個思想立刻出現在我的腦海之中好像給我提供答案，但我不相信「我思」能夠給我們什麼幫助。在別處我曾寫過：我思看守著有效性事物之門檻，這就是它所有的功能了。我思之主體是知識論之主體。笛卡爾主義包含一個或許本身非常有破壞性行為，它把理性與生命拆開。結果不是對其中之一個，就是對另一個採取非常任性的褒獎或貶抑態度。此中有一個致命的節奏，我們都很熟悉，我們也有責任予以解釋。固然我們也無法否認在活生生的、會思考和反省的主體身上作區分並非完全不合法，但是真正

的存有問題必須要在超出這些區分而在此存有保存其一致性並且充滿活力的境界中才能提出來。

這樣我們就不能不問要解決之問題的觀念之中包含一些什麼條件。在有問題的地方，我就把全部資料放在我面前而後著手分析；然而同時我好像已經得到許可不必去管這個在工作之我本身是什麼回事，此「我」在這裡是已被預設的主體。然而當我們把問題的焦點放到存有上時，我們剛才已談過，整個情形就完全不同了。在這種情形之下，詢問存有之人的本體地位就變成最重要的問題了。會不會有人要想像我這樣探討下去，我會一直倒退而總不能達到最後界限吧？但是就在於我能夠設想有這樣一個倒退的事實，我已經超出它了。我清楚知道這一切反省過程都是在「我是」這個斷語，而不是在「我說什麼」之內部進行的──對這斷語來說，我不是主體而只是場地（le siège）而已。了解了這一點，我們就長驅直入地進到超越問題化的事物裡去，這就是說進入奧祕之中。所謂奧祕乃是一種特殊的問題，它侵犯（empiéte）到了它自己的與料、並侵占之，而使問題得以超越，不再只是問題了。

此處我無法再深入發揮上述論點，雖然本來應當作的。我願意舉一個例子來確定我要表達的思想。這個例子便是惡（mal）的奧祕。

「反省惡的時候，我自然而然地會把它看成被我從外觀看的混亂，我再設法把因由和隱藏的目的揭示出來。怎麼這架機器操作得如此不靈活？是否毛病不在機器上，而是我視覺之缺陷引起的，譬如精神上的老花眼或亂視眼？如果是這種情形，那麼混亂之實況發生在我身上，但對發現它並觀察它的思想來說，它仍然

是一樣客觀的東西。只是純粹被察覺到的惡已經不是親身忍受的惡（le mal souffert）。事實上除非惡深深地觸及我，那是說我完全捲入其中，像捲入一起訴訟中一樣，我並不曾把握惡之真諦。『捲入其中』（implication）才是最基本的關鍵。我不能把這個事實不予置理或加以抽象，除非用一個虛構的，雖然在某些個案中尚可說是合法的手法。這一點我絕不能哄騙我自己。」

這個惡的奧祕在傳統哲學中常被遞降成一個問題。正因為加此，傳統哲學在討論這一類的實況，如惡、愛、死亡時，常給我們印象在做遊戲，在變智力的戲法。這種印象愈形深刻，如果它愈近唯心論，那是說思維主體更深地陶醉在實際上完全不真確的釋放（une émancipation）之中。

雖然時間不多，但是我還應該回到演講的第一部分，並且設法指出這一大部分資料的意義如何可以在稍後所作的分析中得以澄清。我清楚地看到：「有」之次序與「可問題化」之次序實在是同一個——當然，同時它也與科技尚可作用之次序混在一起。而「後設問題」之層次序實際上也是「後設技術」之層次。一切科學技術都假設對使它們能操作之條件作了全面的抽象，然而當它們碰到整體的存有時，就顯得束手無策了。這些見解還能在多方面加以發揮。在「有」之根源處有某種把自我專門化或逐一登記（une certaine spécialisation ou spécification de soi）的行為，這種行為與我剛才提及的部分的自我疏離密切相連。從這裡出發，我們還可以考察一個我認為十分重要的區分為結束我這個負載已太重的演講。我要講的即自主和自由之區別。

自主（l'autonomie）最主要的特點即推翻掉一個先假定過後又排斥之非他律（une non-hétéronomie）。「我要自己處理我的

事務」：這就是自主性的基本公式，就在這裡我們看到了在雷同與相異之間的緊張關係，其實這是「有」之世界之本然節奏。除此之外，我相信我們還應該體認出自主能夠作用之範圍不出於人能管理的區域，不論以那一種方式而言。實際上自主暗示著某個活動領域。我們愈能嚴密地在時空中給這個領域劃定範圍的話，我們愈能鑑定自主的特性。不論屬於任何一種興趣的事物都能使我們感到容易處理，因為它們已進入了有規範的地區之內。更有進者，我可以到一個相當大的程度把我的生命看成可以被他者或被我自己處理的東西（這裡所說之「我自己」乃指「非他者」）。我可以處理一切即使間接地能同化到財富，或「所有」中去的事物。然而相反地，在「有」的範疇不能再適用的地方，我就絕不能再有意義地講「經營管理」（gestion），當然更不談「自主」了。我們可以用有藝術或文學天賦的例子來加以說明。當具有這類天賦之寵兒可以把自己的才華作一統計，把這些才華看成自己占有的東西時，他所有的天賦的確似乎可以以某種程度被看成能受管理的東西。然而對一個才華橫溢的真正天才而言，上述的管理說法完全不能適用，因為它含有太大的矛盾。某一人「是」天才，他「有」才華（「有天才」之說法實在毫無意義）。我相信事實上自律之觀念，不論你怎麼了解它，常牽連到把主體化約或特殊化的聯想上去。幾時我愈以我整個人投入活動之中，我就愈無法合理地說我是自律的。從此角度來看，哲學家比科學家較少自律，而科學家比技術人員更少自律性。另一方面可以說最自律的人實在是最投身的人。只是哲學家和偉大的藝術家所有的「非自律」並非是他律，就像愛並不是他律中心主義（un hétéro-centrisme）一樣。它植根在存有內，那是說在自

我領域之這一端或那一端（en deça du soi ou par-de-là le soi），
這是一個超越可能之「有」的領域，我只能藉著「凝神深視」
（la contemplation）和「虔敬膜拜」（l'adoration）的方式才能
進入。這是說，以我所見，這種「非自律」就是自由。

　　我們不想在這裡給自由的理論作撮要的解釋，甚至我們還可
以問一問給自由作理論性的解釋之觀念是否已包含了矛盾。我
在這裡特別要指出：不論在聖德的境界，或藝術性創造的層次之
中，這裡我們都看到自由在閃爍，並且非常明顯地我們理會到自
由並非是自律。因為在聖人和藝術家的生命中，自我及自我中心
主義完全在愛中化失。我相信在這種情形中我們可以指明：康德
主義最不足的地方就是沒有看到這點，沒有了解：自我必須且能
夠被超越，同時不因如此而自律讓位於他律。

　　我應當做結論了——這並不容易。我只想回到原先的公式上
去。在前面我提到說我們在討論終了時將會體認到有一個不能
被化約的東西存在，並且還有一個超越此不能被化約之東西之境
地（un au-delà de cet irréducible），我加上一句話說：我覺得這
種二元性（dualité）實是人之形上條件內最主要的東西。這個不
能被化約的東西究竟是什麼呢？我不相信我們能給它下一個定
義，但在某種限度內，我們可以確定它的所在。這就是受造物
（la créature）本有的缺乏（la déficience），至少是有過失之受
造物所感受到的缺乏不足。這種缺乏感本質上是遲鈍性狀（une
inertie），可是這是一種能演變成有消極作為的遲鈍性。我們無
法把它根除掉；相反的，我們首先應當承認這個事實。它使某一
些自主較低級的學門（un certain nombre de disciplines autonomes
et subordonnées）成為可能，雖然它們中每一個對存有之一致性

都會帶來一些威脅，但是每一個都會有它的價值，都有它的存在理由。然而這些活動，這些自主的功能必須與中心活動（les activités centrales）相配合，因為只在這些中心活動之中，人才能把自己放回到奧祕的臨在之中，此奧祕是人的基礎，離開了它，人就變成虛無；而這三種中心活動便是：宗教、藝術和形上學。

第二卷

信仰與現實

第一編　談當代的反宗教性 [1]

　　我打算盡可能解釋清楚，認為宗教問題已經過時的心態。在此詳說細節是少不了的。

　　認為宗教問題已經過時，並不一定否認某種宗教與料的續存，因為這種與料是在人的感受（sentiment）層面。而這種感受與料，就定義而言，是不會過時的。會過時的，或是某種習俗，或是某種觀念、某種已逐漸化為觀念的信仰。這並不在於，荒謬而不著邊際地去爭辯，宗教作為一種事實、整套制度、禮儀等，所需要的各種解釋；甚至還必須指出，一個對宗教生活愈感到格格不入的人，愈會好奇地想知道：這些古怪甚至悖理的現象怎麼會發生的？怎麼會在人類歷史中占有如此重要的地位？說「宗教問題已經過時」，便是說不必再去追問是否宗教信仰所肯定的東西在存在界實有其事，是否有一個具有傳統上把許多屬詞歸於名叫「神」之存有，是否信徒們所謂的救恩並不是按神話方式粗糙地解釋之主觀經驗。他認為我們已經知道一切來龍去脈。下面我要引一段羅素（Bertrand Russell）的話，我覺得這段話意味深長：

　　「人是許多盲目原因的產品。他的起源、成長、希望、恐懼、情愛、信仰只是原子之偶然集合所生的結果。沒有什麼熱情、英雄氣概、思想或情感的強度能使一個人的生命在墳墓的另

1　此講座於 1930 年十二月四日在天主教大學生聯會中宣講。

一端延長下去。一切時代之豐功偉業、虔誠奉獻之心、靈感、天才之創造都要在太陽系之崩潰中徹底消滅。人類歷史上修建的偉大神廟總有一天會傾倒在地，變成廢墟殘瓦。上述一切現象如果並非毫無討論餘地，至少可以說差不多很確定，而沒有一個反對這些看法的哲學，能有希望站得住腳。」[2]

羅素本人之信仰立場對我們來說並不重要。只是從這段話裡我們找到了否定式之信條（le credo négatif），其中包含了我很願意加以分析的態度。或許有些人還會堅持說：即使在這種宇宙性的失望情態上，我們還可以建立起宗教來。然而我相信沒有人能支持上述看法而不在語言應用上犯了嚴重錯誤的。有機會時我要解釋我這個說法。

為了把我們以後要討論的題材──這是要用相當迂迴曲折的方式講述的──先提示一下，我願意立刻指出我想連續取用三個不同層次而相連的觀點：首先是純粹的理性主義，亦即啟蒙哲學（philosophie des lumières）的觀點；其次是科技觀點，更確切地說：科技哲學的觀點；第三是強調生命或有生命原則之首要性的哲學觀點。

首先要指出的是，我們試圖界定之理性主義立場所包含之非常特殊的話題觀念。「今日，人們通常都說，不可能相信奇蹟或神降生為人（l'incarnation）。1930 年代的人絕不接受肉體復活的教義。」我信手擇取了這幾個例子。我覺得很有興趣的一點是他們對日期的強調。實際上這日期已和一種觀點同化，並且幾乎變成一種在空間中，譬如說在一「觀望台」上觀察一切

2　《哲學論文集》（*Philosophical Essays*），p. 53.

的優越立場。時間或歷史在這兒顯得好似是已質化的空間（un espace qualifié），因此可以冠以「前進」（avancé）或「落後」（rétrograde）之形容詞，來暗示贊成或反對的態度。這些形容詞在我們 [法] 國的政治心理學中扮演重要的角色。他們會很自然地認為時間上較後的與較前的階段相形之下能夠顯出一種倒退現象（un recul）。有時候在同一個時間中，一些看得比較深遠的人，會發現自己同很遲緩笨拙的人混在一起，上述的看法就更似真了。在這兩類型的人中會產生權力的問題，若落後者能暫時有更大的勢力，這時倒退的現象就顯出來了，但他們認為早晚人類的精神會重新踏上光明的勝利之路。「光明」這是一個字眼、一個概念，然而沒有人會懷疑它的重要性。我們應當停下來仔細地推敲它的意義。我相信我們會發現這與希臘智士及天主教的早期教父神學大師們（les Pères de l'Eglise）所發揮的形上概念比較之下，是一種非常貧瘠且俗化的表達形式。暫時我們不必太強調這一點。啟蒙之進步說以兩種面目呈顯出來：第一種是倫理政治型（由這個觀點看矇昧主義〔obscurantisme〕是一個很有啟迪性的詞）；第二種是科技型。其實這二種形式緊密地連在一起。

我們應當在這裡留意兩件事情：首先是啟蒙哲學幾乎無法避免地要把在它整體歷史中加以考慮之人類與從童年到少年到壯年成長中之個人來對比。那位啟蒙者把自己看成成年人，不願意再聆聽童年時保姆給他講述的神祕而有趣的故事。但這種太簡化的說法顯然地引發起別人嚴重的反對。尤其我們不能不問童年時代是否有一些價值——譬如某種引人入勝的信託感，和坦誠無欺的心態——值得成年人不惜一切代價將之保存下去，除非他甘心讓自己陷入經驗的教條主義中去，對一切新鮮的事物只以譏誚的態

度相待。這個分析能引申出其他許多深奧的真理，在貝璣的作品中可以讀到非凡的發揮。

其次我們要談到更重要一點要留意的事，許多人不加可否地接受下列看法，即除非人們逐步取消人類中心主義（l'anthropocentrisme），不然啟蒙精神必不能有所進展。他們極其重視現代天文學之拓開太空視域的成就。他們會這樣說：「在哥白尼和伽利略以前，人們認為地球是宇宙的中心，而人在當時大家都相信之創造說中占有特權地位。然而天文學終於把地球和人放回到他們原來的位置上，使人了解他們在無限偉大之可見宇宙中只占有幾乎不足為道之一席卑位而已。」言者願意藉這些話把人類之幼稚可笑之傲情加以無情地鞭笞一番，這些自大的人類目空一切，以為自己是宇宙之最高形式，甚至是宇宙之目的呢！

但我們立刻會發現：一個如此穩固地在絕對宇宙論之上建立起來的哲學只在表面上嘲諷人的傲慢。實際上，它在高舉人呢！此處發生一種非常古怪的位置移動。因為由於人變成了科學研究的對象而進到物體的大範疇中去，人成為億萬物體中之一個；然而同時人內有一些東西聲稱高出那要把自己吸收入內的物質世界，而這便是科學。我們且不說人文科學（la science humaine），因為這些哲學家竭盡其所能地要把科學非人化（déshumaniser），要把它的根割斷，為單獨地察看它在自身能有的進步。於是他們高談「精神」（l'Esprit）或「思想」（la Pensée），都是大寫的，我們切勿因為這些大寫字母而啞然失笑，因為正是這些大寫字母開始的名詞給他們對「精神」和「思想」所作非人化之努力作了詮釋，它們已不再是某某人之精神

或思想了，它們也不再是臨在（présences）。它們變成理念性的素質（organisation idéale）。具有哲學家們難以描摹的靈透與自由。像布朗希維克（Brunschvicg）先生這樣一位哲學家——他在今日比任何人更多地推廣理性主義（他本人稱之為精神主義〔un spiritualisme〕，我認為這種說法不符事實）——絕對不會把「精神」或「科學」之發達看成一絕對原則之在時間中的展現；（此原則以亞里斯多德之「心智」〔Noῦς〕或黑格爾之「絕對精神」之方式從永恆到永恆為自己而存在著的）。為布朗希維克而言，這個「心智」或「絕對精神」只是形上學之虛構而已。他本人稱頌讚揚之「精神」，他還呼之為「神」，但已把給這個名詞意義之一切特徵完全撤除。在他之《意識的進步》（le Progrès de la Conscience）一書最後他承認說：「或許一個與時空中發生的重要事件毫無接觸之神，一個對宇宙中物理結構不起主動作用、並對之不負責任之神，祂對南北極之冰層和赤道之炎熱均無所顧，對象之龐大和螞蟻之微小，對細菌之蠕動和血球之反應木然毫無感覺，一個並不計畫懲罰我們或我們祖先所犯之罪的神，祂對毀信之人和反抗祂的天使並不認識，祂既不使先知之宣講和魔術家之奇蹟奏效，一個既不在天上又不在地面居住之神，一個我們在歷史任何片刻都不曾看到過之神，祂不說任何言語，並且祂是無法被翻譯成任何言語之神，或許這樣一個神在原始初民的眼光中或在威廉・詹姆斯（W. James）之粗糙的超自然主義觀點中即他所謂之抽象理念（un idéal abstrait）。對一個從根源脫離很遠之思想，因經常思索而精緻異常者，這是一個不從任何東西中把自己抽象出來之神，為祂也沒有什麼是抽象的，因為具體實物由其本身內含之真理價值而成為如此這般的。」

　　這是一段分量很重的文字，值得我們一而再地反省。這裡我們理會到人的令人無限吃驚之傲情；他，天曉得（Dieu merci），自以為不受初民之幼稚心智所感染，心安理得地自忖是成年人。我要向大家提醒一下剛才用過的公式：在我們這樣一個時代不允許……1930年代的人絕不可能接受……

　　但是我們要小心：如果在為一個信仰基督的哲學家，譬如聖波納文多（saint Bonaventure），人顯得好似宇宙的中心，因為人是肖似於天主的像（*Esse imaginem Dei*），並且，作為肖似於天主的像，並非人的附質（un accident），卻是屬於人本質的，就像任何腳印（un vestige）之印在地上兩者之間不是偶然的關係一樣。老實說，這個為人嘲諷之人類中心主義，實際上只是上帝中心主義的適用而已。為聖奧斯丁、聖多瑪斯或聖波納文多，是神，且只是神為中心。然而在我們討論的情形之中，是「非人化」之人的精神，它的一切能力、臨在和存在都被剝除了，是這樣的人的精神僭越了神的位置，並且取代了神。

　　這樣一種哲學明顯地不易思考，它的信徒很少。我相信大部分認為宗教問題已過時的人都不會依附這種哲學，他們會甘心地加入斯賓塞之不可知論主義或勒唐代克（Le Dantec）之唯物主義陣營中去。從推理角度看，後面的情況更為不堪，但立足點比較穩固得多。布朗希維克先生之立足點究竟在哪裡呢？首先是傲慢，我毫不遲疑地這樣說。有人可能會打斷我的話向我指出：此驕傲並沒有個人的特徵，因為他們在向我們陳述之 [大寫的]「精神」（l'Esprit）並非某一個人的精神。我立刻會回答說，它是或它願意是一切人的精神。我們都很清楚，從柏拉圖以降自詡為民主之人士多麼習於奉承，而此處的唯心論只是其中的一種，

223

改裝換面後出現而已。更有進者，實際上，唯心論不可避免地僭越「精神」之地位——這時我們接觸到了某某個人。讓我們領他去面對一個令他驚愕的現象：一個基督徒太空學者，一個太空學者怎麼可能相信神降生為人的事，並且去教堂參與彌撒呢？對方之唯一可能回答乃是作如下之區分：就在於他是太空學者，那個怪物，更確切地說，那個兩棲動物可算是二十世紀的人，我們唯心主義者向他致敬，把他看成同代人；但另一方面，由於他相信神之降生成人並上教堂參與彌撒，他把自己當作嬰孩，他是屬於十三世紀的人，我們應該為他致哀。如果我們問這位哲士他作這種兩分法的依據是什麼，他必會回答說「理性」或「精神」是他的依據。可是他不會說服我們，尤其當我們見到他自己應用心理學和社會學的論證去解釋太空學者之（信仰）殘餘而絕對不允許我們以同樣的論證去分析他的時候。他是一個徹底的 1930 年代的人物。然而他同時口口聲聲地提到一個雖然已誕生了，但仍未化為人形的「永恆精神」。我們毫不含糊地說，這些看法非常不協調。很明顯地我們可以看到下列事實：如果這個唯心論者碰到一個馬克斯信徒，後者乾脆地告訴他所謂「精神」只是資本主義社會的產品，只是經濟閒暇的產品，這時他必要逃入最貧血的抽象堆裡去尋找庇護了。對我來說，我認為這一類的唯心主義不可避免地要夾在具體的宗教哲學和歷史唯物論之間被壓扁；因為當它面臨歷史——任何一種真實的歷史，它就顯得一無所能，即使只是某一個體生命之歷史。它從來不會有悲劇意識，更嚴重的，我必須補加一句話，有的只是資本、只是物欲。從我這方面來說，我相信，把笛卡爾之物質（matière）用具有豐富含義、但較模糊的「肉身」（la *chair*）概念來取代（這個概念包含在基督

教哲學之內），倒可以使形上學向前跨一大步。有一個幾乎從未被人探索過的問題，我認為形上學專家應當予以特別注意：此即在哲學史中「肉體」和「降生為人」（incarnation）之概念的演變和愈趨曖昧之事實。

實際上，這種唯心論純粹是大學中的理論而已，叔本華曾經對他同代之學院派的哲學施以無情之抨擊。叔本華做得過份了一些，因為在謝林（Schelling）和黑格爾的作品中對具體的事物和人類戲劇性的存在都有相當尖銳的感覺。

然而事實上，哲學唯心論如果沒有在一切方式之科技圈中找到一個孔武有力的同謀的話，大概對人類思想的發展不會起什麼大影響。實際上確確實實是在科技的精神之中，我相信當代很多正直人士遇到了為接受宗教生活，或宗教真理最大的阻礙。

這裡我所進行的是一連串相當細膩的思考，很抱歉我必須對這些看起來或許有點微妙的概念進行分析。我相信我們現在已經處在問題的核心中了。

所謂科技，我的意思是，一般而言指任何可以確保人類掌控某特定對象的學科知識。顯然，任何科技都可能被視為某種技術操作、某種管控的方法、某種處理材料的方式、而且是那些純粹理念材料的處理方式（例如歷史或心理學的技術）。這裡有幾點值得考慮：首先，我們給某一種科技下定義時，常參照客體給予它的某些把握；然而倒過來說，這個客體之成為如此，只由於我們能對它有這些把握所致。上述看法即使在最初級的層次上，譬如在外在感覺層次上，也已是真實的。因此，科技的發展和客觀性精神之進展是平行的。可以這麼說，如果一物體愈被暴露（exposé）於外、能為更多和更完善的新式科技服務的話，它愈

成為真實的物體。

其次，科技之特性就是可以不斷改良的，它能不斷地更精確地被調整和校正。但另一方面我想說，只在科技的層次，我們才能毫無疑問、嚴格地談論可改良性或進步。這裡的確有一種可能的衡量標準，對應著產值效益本身。最後，或許也是最重要的一點，我們愈來愈理會到，提到人的力量的時候，我們就暗示了某一種科技的應用。老百姓的天真樂觀在我們這個時刻實在來自這一連串的觀察。我們幾乎可以確定地說，為我們同代的大多數人來說，飛行和無線電之發明是進步之可觸覺到的保證。（譯按：這是 1930 年代的口吻。）

另一方面，我們不能不指出這些征服行動引起的副作用及必須支付的代價。因為從上面角度來看，這個世界愈來愈變成一個可供開墾的工地、甚而肖似一個被馴服的奴隸。在報章雜誌上讀到某個天災報導時，我們都感覺到原被馴服的怪獸竟掙脫了我們之掌握而向我們報復的暗示。就在這裡，我們看到了它與唯心主義的關聯。人不再被看成是精神、而變成了一種科技的能力。人變成在一個不相稱他之世界次序或組織中唯一獨特的城堡。這個世界一點兒也配不上他，並且表面上看是在一種純粹偶然的光景之中世界產生了人；更好地說，是人用強烈的自我解放行為把自己從世界中扯下。普羅米修斯（Prométhée）神話的豐富內涵在這裡表露無遺。或許許多科技專業人士看到我們把這個古怪的神話派用到他們身上去的時候，會聳肩表示輕視，可是身為技術人員他們還能做什麼呢？什麼也不能。他們只能把自己封閉在自己專習的知識範圍之中而拒絕思考宇宙實在界之統一性的問題。當然有人必會繼續嘗試作綜合工作，因為統一性的需要是壓不下去

的，或許是構成理性根基之要素。然而如果你把這些綜合與科技本身加以比較，前者常會顯出有較多的偶發性。我們會說它們是浮在空氣中的東西，不著邊際。這說明了純粹綜合與專門的科技比較之下常顯得缺乏基礎。如果實情真是如此，那麼問題愈來愈顯得不明朗，使我們看不清楚實在界之本來面目，使我們不能不把它分割成互相不溝通之區域，而逐一地去了解它們。問題還沒有完全解決哩！我們不能讓語詞所蒙蔽。我們要問：這個科技力量屬不屬於某一個人呢？是不是在某一個人操縱之下它才運作呢？但是誰是這個主體呢？問到這裡，我們又觸礁了。這個主體本身顯出的樣子要相似某些科技的客體一樣。這些科技多種多樣，個個不同，在它們之間只有一些難以劃分的清楚聯繫。然而有一件不容置辯的事實——經驗也大量地作證——即這些科技本身，由於它們只是科技而已，當它們更深地接觸到一個分割、劃區之類活動顯然無法實施的領域時，它們就更變成束手無策、一無可為了。這是為什麼心理學或精神病學對某些個案常會叫我們感到隔靴搔癢地無技可施。

　　這樣我們就碰到了一個逃不掉的棘手問題。自甘地交付於科技之主體，不再能起照明的作用，他唯一的了解事物之途乃是反省。他要借用來自物體之某種光亮而向前邁進，因為那些企圖為了解主體所應用之技術，勢必以開向外在世界之科技模型上建立起來。對物、對人所用的技術本質上是一樣的，只是移了位，把焦點轉向了內部而已。柏格森對這種思想型態所作的精闢批判是他哲學中最不朽的部分，我只能在這裡作個提示，而不能詳盡的介紹。只有一點我不能不指出來一下，即使在科技最猖獗最跋扈的地方，在主體內還有不可攻破的堅城，此即對喜樂和痛苦所

有的立即感受（le sentiment immédiat du plaisir et de la peine）。在科技發展愈來愈精細的時刻，如果發現在情感中有極直接的（immédiat）和初級的（élémentaire）成分頑強地反抗受控制的話，科技人自然地會感到難以遏止的憤慨。英國人說的「祝愉快」（"having a good time"）這種心情就是情緒中獨立的成分。當然在這些情緒成分和科技人對之產生的憤懣並非是絕對注定的關係，並且不一定要在一切案例中發生。然而實際上我們理會到這種關係相當地普通，因此的確可以成為反省的資料。誠然，我們常常見到，當科技發展愈趨精密的時候，人類的精神生命加速地貧乏起來。我們看到為人所用之工具和用工具者自知要實現的目的之間有愈來愈明顯之不均衡。此處或許有人會反對我說：從事發展科技之個人臣服於遠遠超越他個人所求之社會目的呢！然而這會不會是一個幻想？我們都知道好久以前社會學家傳布的巧辯：他們認為在「全體」之中有比「部分之和」更多的東西。實際上可能的確尚有別的東西，但純從表面看，此中不同由零存整付的方式了結了，它用一個負號來表示。我們不懂為什麼一群愚笨的人——他們的個人理想只是藉參加舞會和觀看言情或警探電影，而尋找刺激——所結合起來的會不是無知的烏合之眾。答覆是太明顯了，因為這些湊在一起的個人只以他們之低級或初級的通性把自己團聚在一起。順便可以說，這裡清楚地顯出來一個社會（une société）和共融體（une communauté）之間的不同。我們可以舉一個例子來說明：非機械化地聚在一起之教友所組成的教會構成一個超越這些個體之整體。然而這個共融體之所以可能建立起來，先假定了其中成員都成功地保全了他們內心深處生命線（palladium），這就是靈魂（l'âme），是不論何種科技都致

力摧毀的「東西」。我認為一種像馬克斯主義那樣的理論能掀起的最大反擊莫過於如此一個。共產主義自辯之唯一藉口即為獲得勝利而奮鬥；在勝利中它會自滅，讓位給相當庸俗的一種快樂主義（un hédonisme）。這些解釋足以說明為什麼各位今日發現許多在你們周圍的年輕人，他們自稱是共產黨員，但如果共產主義一旦得逞，他們立刻採取對立的立場。

終於各位間接地了解有一個與科技控制之世界完全不同之次序呈現出來。這就是保持純粹性的宗教。這個宗教有別於魔法、反對魔術，並不與科技扯上熱核關係。其實，宗教建立一種次序，主體一旦進入其中，就會發現自己現身於某物之前，某種他絕對無法控制的可能之物。「超越」一詞如果能有什麼意義的話，就是這個意思。它確切地指出在靈魂（即人）與存有之間有一道絕對無法通行的深淵，因為存有不會讓人把自己捉住的。信徒合十這一個姿勢充分顯出他不能做什麼，也不能改變什麼，他能做的只是把自己交付出來。這是自我奉獻和向神膜拜的姿勢。我們還能夠說這種姿勢帶給我們體味到神聖事物的感覺；在這個感覺之中，我們同時有尊敬、畏懼和愛慕的情愫。請大家注意，這裡我們絕不主張要大家變成被動的人。若有如此主張，則暗示他認為一切名副其實的活動都是科技活動而已，表現在取（à prendre）、改變（à modifier）和苦心孤詣（à élaborer）的行為上。

此外，我們必須體認出，在這一點和別的許多方面，我們今天還是非常模糊。我們幾乎不可能不以某種身體的生理的形象來了解活動（l'activité）的實質。我們把活動想像成發動一架機器，而我們的身體變成了這架機器的發動機或甚至模

型。教會初期的教父神學大師們重取和發揮的古代信念：「冥想（la contemplation）是最高級活動」，在今日已幾乎完全不為人知。這是值得我們深思的現象。我想一切形式的倫理主義（le moralisme）只要它們僅把勞動工作看成唯一的價值，便都會影響大眾對冥想之德不再予以信任。尤其是康德主義，當它把建構的活動（une activité constructive）看成認知之形式原理（principe formel），並把這種看法介紹到哲學領域以後，非常確定地把冥想所含的一切積極性都一筆勾銷，雖然他發明了一個說法把實踐理性和純粹理性徹底分開，但也無濟於事。或許只在一種實在論形上學（une métaphysique réaliste）之中才有冥想之席地。我們且不指明此處所談實在論之本質是什麼，並且它可能不必是聖多斯哲學的那種實在論。

從上所言，我們就沒有理由否認向神膜拜（l'adoration）也可以成為一種實現（un acte）。然而這類的實現並不表現在把握或領悟一樣東西上。為界定這類實現，我感到非常棘手，就因為這不是可以把握的東西。或許我們可以說，膜拜之本質在於同時把自己開放並奉獻。有人會說從心理學角度他可以接受這個說法，但是他又要問說：向誰或向什麼開放自己並奉獻自己呢？問到這裡，現代的主觀主義的馬腳都露出來了，我們重新撞到起先的爭論點上去了。我毫不懷疑地確信：現代心智之決定性收穫便是純粹的主觀主義；在這種氣氛之中，宗教問題必然應當被視為是已經過時的問題。有一個當代的例子很有啟發性：在普魯斯特敘事的那樣一個世界之中，宗教絕無存在餘地。只當這個世界出現幾個漏洞的時候，宗教層面上的事物才有可能混入。

然而我想我們不可能以為這種主觀主義已是一勞永逸的東

西。今晚我只指出一條思路的方向，我自己卻不能深入去探討。對這個問題，我個人所採取的立場，幾乎完全與馬里旦一致，同時也很符合目前德國現象學哲學家關於意向性（l'intentionalité）的理論。我想實在論之所以被笛卡爾及其後人打垮，只因為後者認為前者含有唯物論的成分。馬里旦曾說：「笛卡爾和康德雖然企圖解釋感覺和理性的問題，然而他們不能登堂入室，因為他們在討論這些問題的時候，就像討論其他的東西一樣，他們並不了解精神次序的真諦……」。就我而言，我願意加上一個十分類似的說法，我認為我們絕不會誇大地責斥誤用某種知識論所能引起的惡劣後果。我們再一次看到：如果從科技出發來了解一切，人們一定會逐漸漠視人的精神實在。我相信只有在上述的假定之下，人們才能把「崇拜」看成不涉及任何實在界之純粹主觀態度。但如果我們沿著現代思想兩世紀以來一直想爬而不斷滑下來之山坡上繼續前進的話，我們可能達到一個神聖知識（une connaissance sacrée）的基本觀念。這個觀念將會協助我們給冥想交還它的實質內容。

　　此時此刻我心有戚戚之感，因為我把那麼嚴重而困難的事用極膚淺和快速的方式加以描繪。可是面對如此浩瀚的境域，我企望能做的只是問題的焦點指出來。德國形上學家伍斯特（Peter Wust）說過：

　　「幾時我們思考從柏拉圖、聖奧斯丁，歷經中古世紀一直到現代知識論的演變，我們覺得對人類靈魂——或可稱為『心智的內層』——之神聖部位愈來愈採取俗化的態度，並且頗有凱旋的氣概。」

　　伍斯特又說，為克勝這種情況，我們現代人要用一種知識的

形上學逐漸而艱辛地把中世紀由奧祕和虔敬所包圍的神祕主義（une mystique）重新爭取回來。簡而言之，我們或許與下面一個基本真理失去了接觸：知識要求我們對自己的生活有嚴肅的自律工夫，這是指自我淨化的工作；更直接地說，除非求知者事先已使自己變成相稱的接受者，知識絕不會向他充量地傾瀉出來。這裡我又想到科技的進步使人們習於認為知識本身只是一種科技而已，它對求知者一無作用可言；這種思想型態很有力地叫我們看不清問題之真正所在。上述苦行禁欲與淨化工夫首先應當著重在逐步把自己從一個純批判性和專事反對（objection）之反省中掙脫出來。勒南（Renan）曾說：「真理或許是悲切的。」克勞岱爾對這幾句話感到氣憤。這句話簡潔地表達出我稱之為「但書哲學」（la *philosophie du mais*）的思想。巴雷斯（Barrès）在他的備忘錄中說起過「真理之叫人志氣消沉的憂鬱感」，也屬於同一哲學思想類型。在一切形式之悲觀主義的根基處所有之哲學，這也就是我稱之為神聖的知識者，恰好是上述之思想型態之相反。這類相反精神之產生屢次不必在出發的地方，卻常常像克勞岱爾本人一樣，藉英勇的奮鬥而獲得的。

我相信以上所說觸及了我們主題中最敏感的一部分。對大多數人而言，宣稱宗教問題已經過時，就是說今日世界確有不可救治之缺陷。這裡我們無法忽視無神論者經常採用之消極論證的實際重要。他們探索了一切可能之機會來向別人指出：這個宇宙無法滿足我們的要求，我們由天性或後天承受來的那種形而上的渴望深淵不會被實在界所填滿。

然而令人吃驚的乃是這些人一面堅持世界之有缺陷，一面又完全無法把握「惡」與「罪」之真諦。這是科技性之理解事物的

方式再一次出場的結果。世界被看成一架大機器,對它唯一可求的就是正常操作;人在旁邊只為糾正某些錯誤而已,然而目前很遺憾的是,人還不能控制這架大機器之整體。還可以說,這些操作上的錯誤或缺點並不能歸罪於任何個人,因為在另一端,並沒有什麼人。只有此端之人類面對著這架沒有人性之機器。另一方面,他以倒轉的方式,或我提到過的內在化方式,把自己照章處理,讓自己被吸收到這個沒有人性的宇宙中去。換句話說,他承認在自己身上有些機能上的缺點,為治癒它們應當取用不同的方策,甚至個人或集體的治療法。

我們再一次地遇到一個很有啟發性的關聯,它把崇拜神的行為和對罪惡所有之意識連在一起,此處所說的罪惡是指不能接受科技批評之一種,可是卻受一種超自然之行動,即恩寵之鑑定。說到這裡,我必須請大家注意下列事實,即在科技世界中含有的關係在這裡恰好倒轉過來。如果包含在崇拜行為內之實體不允許主體對它有任何控制的話,相反地,這個主體卻顯得好似被一個從存有奧妙深底流出之不可理解的召選(une élection incompréhensible)所完全包圍。

只有在這一類型的思考方式中,我們才可以對救援一詞有所了解。對於那些死信只有自然界存在,並且一旦它受到干擾時,只有科技能夠挽救一切之人,救援一詞不具任何意義。

談到要用適當的方法去重新建立之次序的觀念或生命之自然流逝的觀念時,我們便進入了討論的第三層面,或許是最中央的層面。這裡的基本概念已經不是啟蒙之進步,或科技之進步,卻是生命之進步;更好說:生命之價值,把它看成一切價值之根源和評估事物的基礎。

不久之前，有一位熱誠投身在國際社會行動之重要人士向我訴說：「我對奧祕之有原則上毫無異議，我承認可以有奧祕之存在。然而我對有些教義，如三位一體，絲毫不感到興趣。因為我看不出這樣一項教義對我的生命有什麼聯繫，它給我帶來什麼好處。」

我相信這些話表達了一種非常清楚的心態。這位不平凡的人士原本很可能對國家財政的正義問題或對社會保險之原則的爭辯具有瘋狂式的熱誠，因為他看到這些問題對生活之重要。相反地，對他而言，三位一體之道理只是空泛的理性遊戲而已。我們就應在「生活」一詞最狹義的了解上停留一下。請注意，在生命之概念，或生命首先性和我們所謂之科技精神之間有極顯著的關係存在。幾時有人把生命本身看成具有價值的東西，即本身就足以解釋自己一切的情形時，他就會發現要控制客體的想法與自己的基本觀點可以很好地配合在一起。我不想在這個觀念之起源問題上停留很久。我想提醒大家的一點，是在尼采的思想中這個觀念表達得最為強烈。然而在尼采的作品中，有關生命之觀念滑到了權力意志之觀念去了，為很多讀者後者顯得一目瞭然。在其他作家的著作中，生命之概念顯得不那麼明顯，因此也比較曖昧。我願意強調：不少心智，其中很多自稱為有信仰的人——值得大家反省——都以為生命是一切價值之唯一判準。舉一個最初級的例子來說明一下吧，這是關於善惡之區別，許多人認為一個有利於生命之行動便是好的行動，不然便是壞的。

我們願意立即指出：從這個觀點看，生命本身變成某種不必、甚至不可能再加以判斷的東西。我們不必再問生命究竟有什麼價值的問題，既然正是生命本身為一切價值之原則。然而我們

馬上要遇到一個難以分解、充滿曖昧之困難：我們在討論的是那一種生命？我的生命？或一般意義下之生命？

首先，很明顯地，上述有關生命首要性之斷言，並沒有什麼理性基礎，它只能由當下自明性（une évidence immédiate）來說明。但這個當下自明性如果不依靠我對「我自己的生命」有之感受的話，它的依憑是什麼呢？難道它不是與這個不能化約之資料──我對自己有之私情──連在一起的？

不幸得很，眾所周知那些願用生命作為一切價值之判準者，尤其在衝突迭起的地方，他們所參考的並不是我的生命之為我的樣子，卻是一般意義下之生命。我有一個從事教育的瑞士朋友，他是主張生命的首要性的，可是他不用尼采的方式來解釋。這位朋友煞費苦心地向學生解釋：貞潔（la chasteté）的實踐、或在另一完全不同之次序中的團結（solidarity）作法，皆與生命本身緊緊相連，而違反這些重大的責任，就是出賣生命……。我們立刻注意到兩點：第一點我這位朋友一開始就給生命下一個有主觀色彩的定義，這是按他個人之理想所發，雖然他本人並未直接地意識到；其次，如果我們愈從一般性意義下看生命──即把它看成龐然大物和模稜兩可的東西──我們愈不可能獲得那種完全從我個人生命中所抽取出來，雖為有限卻倒是很直接的證據來作理論基礎。

一種以生命作中心的哲學本質上要染上曖昧的色彩。因為或者它願意把某些生物學上的發現看成通則，把它們適用到一切情況之中。在這種情形下，由於這些發現的範圍是那麼浩大，這樣的哲學可能要去應付最矛盾之論說。在這裡我不必指名大家就知道了，當代有位相當著名的作家竟堅持把從實驗動物所得

的結果適用到人的身上來。或者，同樣的哲學門人不再把生命看成可觀察的生物現象之整體，卻大膽地，不加證明地宣稱在生命中有一種所謂精神衝力或精神流（une sorte d'élan ou de courant spirituel）之存在。我個人認為在這個理論內有不誠實的地方，因為它表面上似乎在給我們提供經驗資料，實際上卻是心靈自由選擇之結果。

如果我們再舉一個具體的例子，我們就會看到其中的陰影更形嚴重。

我認為當代的文學作品蔓延著一種不成文之哲學原理：「所謂我者即我之生命也。我是我的生命。如果說有一天我的生命會全部用盡，那就是說，在那一天我自己要全部耗盡。」這些作家又認為只有某種虛構的殘餘能把我與這個基本同一性間隔開。我們最好不要問以上的錯誤怎麼會在形上學範圍內發生的，因為這樣一個問題會把我們帶到很遠的地方去。他們的答覆很簡單：生命會分泌一種毒液，而以某種方式把自己的生命流截斷；意識的角色就是要把這些毒液化解掉，而盡可能地把自己溶入已滌清的生命流之中。

我用比喻的方式解釋這種哲學思考方式。它的根源，我相信來自在這篇演講之中我提到過的科技哲學。然而這並不重要。重要的乃是這種對我與我之生命間有的關係和對誠實之了解方式會引起什麼後果。我認為我們在這裡碰及了近年來的文學界，尤其是紀德（André Gide）的作品所引起的嚴重問題。我只想從一個方面來加以分析。

請大家注意，這種對絕對誠實之關切無可否認地，並相當明顯地來自對解放自己心靈的渴求。我願舉《地糧》（*Les*

Nourritures terrestres）一書為例，它能給我們提供一個不尋常的證據。然而為獲得這類的解放應當支付什麼代價呢？請注意這點：這個解放要求我徹底放棄控制我生命的一切企圖。控制我的生命實際上就是把它隸屬於某一種原則之下，並且假定這原則並非是被動地接受的遺產。它以僵硬的方式翻譯出我過去生活之一個片段。這個我過去生活之片段沒有任何管轄我現在生活之名分。把過去生活之軛掙脫掉，這只是為了委身於瞬間，也就是禁止自己以任何方式投身或承諾。可是你不見到這種自由——我永不會給它辯護的——是完全沒有內容，並且它拒絕具有任何內容嗎？我知道得很清楚：紀德先生——不是今日已成理性主義者，並且具有伏爾泰色彩之那一位，卻是《地糧》之作者——會誇讚純粹瞬間之充實，滿含著新鮮的感受。然而辯證性的真理在這裡大放光芒，因為它向我們指出：瞬間之能飽含新鮮感只因它有一個不出面且與瞬間保持對立之過去。更奇妙的是有一種與新鮮感，與新物之為新之延續連接起來之飽饜感受哩。

由上所言，我們接觸到一個不能忽略的事實，雖然在談到它的時候，我們難以避免給人講述聽過多次的老道理的印象。不幸得很，一些最近的經驗把這個古老真理的輪廓又凸顯出來：沒有什麼東西比把生命舉揚成純粹的瞬間更容易誘人走向失望和自滅，換言之否認存有。我們並不想附隨年輕而狂熱的天主教辯道家馬克爽斯（Jean Maxence）的講法，他說：「康德刺激了紀德，紀德影響了布勒東（André Breton），而布勒東又誘引了瓦謝（Jacques Vaché）去自殺。」這種處理思想家譜的方式似乎太急遽了一些，尤其在處理康德和紀德的關係上，馬克爽斯控告的並不屬實。我不以為紀德的瞬間主義必須結束在失望一點上，那

是因為人的心靈中含有一些他自己往往忽略的自衛的能力。紀德本人的故事和他的作品都可以作證。我相信這種瞬間主義不單是一種界限立場（limit-position），並且是有利於文藝的立場。一般人都至少隱約地如此認為。然而如果有人把瞬間主義看成生命基本立場時，他必不能避免地衝向一個最不可救藥之精神浩劫之中。

從以上所有的討論中，我只準備抽取一個結論：只在我們能把我的存有與我的生命分得清楚的條件之下，我們才能有理智上與心靈上之救援可言。從某些角度看，這種區分非常神妙，但正是這神妙性給予我們分辨真實所需要的光亮。幾時我們說，「我的存有不同於我的生命」，我們主要地在說兩件事。首先，由於我不是我的生命──那是說有人把我的生命給了我；以某種意義來說，我有用人的方法無法測量的深度，甚至在我活前我已「存在」。其次，當我一開始活時，我的存有就一直在受到威脅，我們應當使它保全。這或許就是生命的意義。從這第二義來看，我不在我的生命之這一邊，而在另一邊。我認為沒有什麼其他方法可以解釋人生中的考驗，我也看不清楚如果我們的存在不是一個考驗的話，它究竟能是什麼。再提醒各位一次，我不願意這些話叫大家聯想在參與主日彌撒時昏昏欲睡地聽到的「樣板」道理。濟慈（Keats）絕不是狹義的基督徒，但把這個世界看成一個製造靈魂的山谷（*vale of soul-making*）。他在 1819 年四月廿八日的信（見 Sidney Colvin 編的版本第 256 頁）上說：「就像人的生命那麼不同，他們的靈魂也迥異。上帝如此造了個體、靈魂、有同一性的魂，來反映祂自己的本質。」我很同意他的看法，雖然他用的詞藻比我的要鮮明得多。下面是我要交代的最後一點：

　　我清楚地理會到你們中有幾位對「聖寵」和「救援」的觀念有一種幾近厭煩的感受，好像是老早見過聽過的東西，好像在這種氣氛中呼吸過太久而有窒息感。也正因如此，我們這個時代有那麼多超現實主義者（les surréalistes）出現，竭其可能嘗試各項冒險，渴望逃避現實，尋求新奇事物的刺激。我並不否認在這些渴求中有不少是可以局部地獲得解釋的，只要我們摒棄被這類渴望所遮蔽起來的對自己的仇恨，及近似魔鬼之邪惡。

　　我還必須作兩個補充。或許「聖寵」、「救援」就像「誕生」、「愛」、「死亡」等被人看為屬於同一層面的人生常事。由於它們都是獨一無二的事，因此常常可以改裝換面，變成新的東西。第一次掉入愛河的情侶，聽到自己將為人父之丈夫，或自己將死，都不會有聽老掉牙的故事的感覺，相反地，他覺得這些都是破天荒第一次發生的事。同樣的感受可以適用到真實的宗教生活上去。罪、聖寵和救援如果只是一些說法的話，那麼它們是陳腐不堪的東西；但如果是事實的話，情形就不一樣了，因為它們關及我們的命運呢！

　　然而這並不是我的唯一答覆。還有另一個。我深深相信即使在宗教的範圍內，更新的需要到某一程度可以是合理的需要。這尤其指表達的模式方面的革新。這是我演講結論之要點。我愈看到當代某些受到普遍重視之哲學思想在散播有害於精神發展的社會影響時，我愈理會到某一種神學心態的危險；這種心態認為某一類哲學和神學之表達方式。譬如聖多瑪斯的公式（這裡我不涉及信理，這是不同的），可以在今日世界按這些公式之字義普遍適用。我覺得或許為某些人還可以，但對所有的人來說，這是另一回事。我認為這些公式包含的基本而真實的靈感，如果能夠採

用另一種更新穎、更直接、更有啟發性，更能與我們經驗和每人
忍受的考驗配合的言語來表達的話，它們一定會具有更大的傳播
實效。要達到這一個目的，我們必須再創造一次，而在再創造之
前，必須有很多既是批判又具建設性的思想工作。我們今日幾乎
已埋葬在廢墟之中。這些破瓦殘磚一天不掃除，我們就無望進行
任何新的建設工作。這項工作一點也不討好，然而我相信為宗教
生命之發展實在不能缺少。為那些已經相信，但如果不振作，就
會掉在毫無血色的教條信仰之中麻痺自己者非常重要。可是為那
些尚未相信而在尋找者，他們或許願意相信，但尚未決定，尚在
痛苦中掙扎要不要信，一面感到內心不斷升起之「信」和「望」
的模糊領會，一面又怕這一切不是真實的東西，只是誘惑罷了，
對這一等人，上述的重建工作更是重要。這樣一種思考的工作絕
不是奢侈，而是不論從理性要求或從仁愛角度來看必須做的事。
我認為那些天真地以為基督宗教主要特色只是社會性，只是為叫
人互助的昇華博愛主義者犯非常嚴重而極具危險性的錯誤。再一
次我們看到「生命」一字包含多麼大的曖昧成分。那些說：「你
想什麼沒有大關係，只要你活得像個基督徒」，這樣的人，我認
為對那自稱「我是道路、真理和生命」的那一位表示了極大的不
敬。祂是真理。有關於宗教問題的爭執首先應當在真理的場地內
獲得解決，只在這個場地中才有所謂的得失。在這場戰爭終了
時，每個人才顯露出究竟他是否出賣了自己的使命和命運；我們
才能看到信實是否只是少數被選者的特權，這些聖者在邁向殉道
的高峰中，絕不鬆弛地為那些選擇黑暗的靈魂熱切地祈禱著呢。

第二編　對信仰的若干反省[3]

　　從一開始我就願意先向各位說明的，不是我講話時採取的觀點，而是我希望大家與我一起具備的內心態度。

　　實際上，我並不是以純粹的天主教徒立場發言，而是以一個信仰基督的哲學工作者身分。更確定地可以說：我很晚才接受基督信仰，經過了一段曲折而複雜的心路歷程。我不後悔有過這段摸索過程，其中有很多理由可以說，但最重要的理由乃是由於我常保持這段經歷的寶貴記憶，因此我對那些也是摸索中的旅行者寄以特殊的同情。這些朋友有時備嘗艱辛地在走與我曾走過的很相似的小徑呢。

　　這是難以避免的比喻，顯得有些牽強，甚至令人不舒服。至少我絕不以為我是一個已經「到達」終點的旅者。我有我愈來愈清晰的信念──「信念」兩字還是太弱，太具理性色彩。這就是我所要說的一切。更確切地說，在我之內有一些最放鬆、最多獲得解放之部分已沐浴在光明之中，可是尚有很多部分還沒有──讓我用克勞岱爾的說法──被破曉時分幾乎從地平線輻射過來的陽光所照明，換言之，還沒有受到福音的薰陶。這一些部分很能與在黑夜中摸索前進的其他心智締交深誼。我們還可以反省得更深入一些。我想實際上沒有一個人，不論他已多麼強烈地被照明過，或已經抵達多麼高超的聖德境界，他絕不能算是已經抵達目

3　宣講於 1934 年二月二十八日在天主教大學生聯會。

的地者，除非一切其他的人都振作起來隨著他一起向前走。這裡有一條基本真理，它不但屬於宗教領域，而且也是哲學性的，雖然一般而論哲學界人士並不一定體認出來。我現在暫時不想去分析其中理由。

上面所寫的頗能幫助我確定我要設法解釋的事物之進路。因為我感到我現在要在一群與我同行的朋友面前進行「反省」，或許正因如此，我可以伸手幫助某些在黑夜中爬山者。我們大家的命運注定我們要如此前進，因此雖然表面上好像每一個人都孤獨地在爬行，實際上並不是這樣。我們首先要清除的幻覺及克勝的阻礙便是把自己的信仰看成絕對孤立的事實。然而，幾乎不必說，我進言的對象更是指向那些比較不幸的聽眾。他們對達到顛峰不抱任何希望；更有進之，他們甚至相信根本沒有顛峰，不需要爬上去。而整個人生探險只是在茫茫大霧中亂走一陣，一直到死，全歸於無。終點有一個要吞噬一切之絕對空無。

我一開始就願把我自己置放在這些迷失的旅人之立場上看問題，他們不只失去了有一個目標的信念——不指社會性的，而指形上性的目標——甚至不可能想像命運一詞還有什麼意義。

這類迷路者的數目可說成千上萬，我並沒有要用解釋或勸告的方法把他們匯集在一起的幻想。但我相信某類反省能鼓舞振作人心。我相信對處於悲劇性的情況中勉力奮鬥的今日世界而言，有一種東西比藝術和抒情詩更能有所作用，這就是從個人最深刻的內心經驗出發建立的具體形上學。我願意用很短的片刻向各位打開幾條小徑，或許某些人不會拒絕循此前進。

無信仰者對信仰的觀念

我要嘗試分析一下那些由衷自信沒有信仰的人對信仰所有之不太明顯的概念內容。為了方便起見，我們認為不能不作若干範例的區分，它們能把我們一般遇到之無信仰的情況直接或間接地歸約到自己的類目中去。我故意忽略掉比較稀少的一類，屬於這類的人如果被人詢問他們對信仰的觀點時，會說：「為我信仰一詞毫無意義，我對它能有的指意毫無了解。」如果問者堅持下去，這位朋友會表明採取下面二種立場之一：

或者，他把自己排入那些把信仰看成一種純粹的人性軟弱或盲從，而慶幸自己得以進入脫免者之行列中去：

或者他並不蔑視信仰，卻認為那些有信仰者運氣較好，只是自己沒有這種好運而已。

後面的例子含義相當模糊。在這裡我們必須分明三種可能性：

（1）說這些話的人可能在暗示：「是啊，上這樣一個當倒有不少方便，可惜，我力所未能及也。」如果是這樣的話，他在暗中表示自己的優越感，雖然他為這種感覺需要支付不小的代價。這種人表面上稱揚的東西，實際上是他最輕視的，因此他們與第一類把信仰看成純粹的人性軟弱所致的人沆瀣一氣。

（2）有人也可以把信仰看成叫人感到舒適的玩意兒，就像音樂一樣。持這種見解的人也有問題，因為真有信仰者實際上他所堅信的對象是實在的事物，同業餘音樂愛好者完全不同。他們所作的斷言究竟站得住嗎？我們現在在討論之一類無信仰者或許會答說：「是啊，為作這些斷言之人，為如此這般相信的人，這

當然站得住。」弦外之音在說這些斷言都不正確，因為宣布者曾經表明並不是為他本人而是為一切人而說的。

（3）最後一種也是相當普遍，這些無信仰者承認為，信仰對具有宗教信仰的人來說，的確使他與某一至高的實在界建構真正的溝通，然而他不得不坦白說明，很不幸地，這個至高的存在並沒有向自己顯示出來過。這裡，無信仰者以盲者討論光亮的方式來談信仰。

對我來說界定這最後一個類型是最為容易的事，因為我自己曾多年屬於這一類。那時候我常常在作品中描述我相信別人有的信仰，而我自己卻並沒有。不久之後，我理會到這是一種矛盾的態度，因為設想我們雖然自己不信宗教，但能相信別人的信仰，這是嚴重的幻想。事實上，當我身處如此的情境時，我們已有了開放和等待的心態，而這種心態已包含了，甚至已是信仰了。此外，在這個階段中我曾經寫過這樣的句子：「實際上我不知道自己是否已經有了信仰，我不知道我是否已經相信了。」

今天我倒以為以這種不確定性表示的心態實際上（雖非明顯地意識到）卻是那位自忖能斷然宣布無信仰的朋友之心態。

信仰，盲從的模式

讓我們回到第一種形式的信仰者那裡去，尤其是認為信仰只是盲從的那一類。這種解釋能不能符合有信仰者對其信仰的概念或對其信仰所有的經驗嗎？

我們立刻碰到一個難題，一個弔詭。信仰是一種美德（virtue）：這與把信仰解釋為盲從的觀點，能相容並存嗎？

乍看之下，我們或許以為兩者截然對立，因為美德產生力量，而盲從只是心智軟弱的表現而已、優柔寡斷。因而，有信仰者與無信仰者似乎用同一個名字來指稱彼此並不相關的兩件事。我估計無宗教信仰者會作近似下面之回答：

「有信仰者把信仰看成美德，因為信仰包含了謙遜的形式，但就是這種謙遜叫人顯得可恥，因為它所涉及到的，是人最無謙遜權利的部分：下判斷。那麼要使判斷需要謙遜之理由究竟從何而來呢？從內心的怯懦而來。生命和世界有時給我們呈顯一幅可怖的景象。真正的智者，兼有智慧和英雄豪志（héroïsme），才能面對這個世界向它注視；他知道在他之外、在他的理性之外，他不能寄望找到對抗破壞這世界次序之援助力量。相反地，信徒們卻臆想在這個世界以外會有一個終極的力量來援助自己，因此向之寄以全副信心，對之恭奉虔誠的祈禱。他們臆想他們所呼求的上帝對這些行為非常滿意，而視之若美德，但在我們其他不信者的目中看來，這些行為只是逃避，只是任性的盲目而已。」

信仰的逃避

現在我們進入問題的核心中去了。我相信已給大家解釋了當一個無信仰者採取絕對的排斥、甚至厭惡的態度時，他對信仰會採用那一形式的概念。然而我們仍應該問這類判斷涉及那一種情景呢？

首先我注意到，把信仰解釋成逃避純係沒有事實根據的主觀構想，不符合大部分的實際案例。以我來說，信仰在我生命中誕生的時刻是我一生之中情緒最穩定、也是最幸福的時期。如果情

形不是這樣，我就會對自己之改變產生極大的懷疑。那麼無信仰者之構想根據何在呢？

我們在這裡很可能參考一下謝勒（Max Scheler）在《憤怒的人》（*L'Homme du Ressentiment*）一書中所寫的精闢透徹的文句。他說，無信仰者認為理所當然的乃是，凡為真有價值者均為普遍性的東西，即能為任何人承認者；那些不能表明及傳達給人，不能使任何有理性的人信服者，只有純主觀的意義，因此能被大家合法地存而不論。然而這種對廣大普遍性之關切是根據什麼來的呢？為什麼要參考任何一個首先遇到的人的反應呢？席勒願意用一種憤懣的情緒（une rancune）來解釋上述現象。這種憤情是那麼深邃，以致有者也無法自覺；然而那些本來沒有這種憤情的人常會不幸地在有者之前突然也感染到了起來。不論無信仰對其所無的東西解釋成解放（une émancipation）而不是缺乏，我們應當體認到他們在某些時刻與信者相比之下顯得是「沒有者」，而後者卻是有者或相信有者。

不信乃激情使然

因此在不信者表面上似乎持著客觀和理性的藉口，實際上在這種藉口的底層隱藏著一種非理性的情緒。如果我們對這個問題作較深入的反省，我們不能不這樣想。

讓我們把無信仰者中激進份子所持的論調再探討一下。他們這樣說：「我知道在那邊沒有什麼。如果你勉力說服你自己接受相反的看法，那是因為太膽小，不敢面對這項可怕的真理所致。」——「我知道那裡沒有什麼！」讓我們勉力來把這個斷言

再加以審察一下。這句話本來應該是一個非常精細的研究之結論。然而這類之研究實際上是做不到的。我們在宇宙中的處境不允許我們對這個研究有所嘗試。我們的處境甚至不允許我們對一個類似我們自己的個人生命加以判斷，而稱之為值得不值得去活。因此悲觀主義者自認在作了一次客觀調查而獲得的結論實在不足以叫我們相信。我們在這裡所碰到的是一種非自覺的欺騙。從前我曾經寫過：「在我尚不確知我是否有信仰之階段所有的悲觀主義實在只是一種欺騙性的哲學。這是一種純粹為爭辯而爭辯的理論。悲觀主義者必會向他自己或向外在於他的反對者開火。這是一種：『哼！不對！之哲學。』」無信仰者究其底細實與悲觀主義者同氣連枝，根本沒有資格自恃為客觀真理的辯護人。他們的立場實際上是主觀不過的，無與倫比之陰險地主觀。

懷疑主義

可是這麼一來我們是否要陷入一種令人絕望的懷疑主義裡去嗎？我們是否只是在說：某些人具有信仰的器官，就像身體有某些特徵一樣，而別的人就是沒有？固然有這個器官是值得羨慕的事，然而這種說法並不對我們考慮的問題投射任何光芒，它並不能給我們什麼結論；並且我們無法確定究竟是信者或是不信者陷入了幻想的漩渦裡去了。

這個立場在我看來是站不住腳的。我要清楚地解釋一下為什麼。

試問這種懷疑主義的立場究竟包含一些什麼內容？

簡單地說，他們在向信友們表示：「或許你們看到我沒有抓

住某樣東西，可是也許是你們也錯了。在你我之間不可能有公平的仲裁，因為可能你們自以為看到的什麼人，實際上並不存在在那兒。」

懷疑主義的矛盾

到這裡為止，整個問題的焦點在於確定是否在講出這種懷疑的時候，他不知不覺地把信仰的實質以一個純粹虛構之觀念取代，後者一點也不符合信友之最深刻而無法否認之經驗。

幾時我向我的對話者說：「你以為看到某一個人，可是我認為你錯了，因為那邊並沒有什麼人。」他和我，我們兩個人都站在客觀經驗的層面，這是一個本質上能求證，能受到非人位的，或更好地說是失去人性之控制的層面。我之斷言的價值取決於有否保證別人之信仰不符合實在事物之方法。換言之，取決於有否下面一種條件：即某一位心智正常而具有完備和健康的感官和判斷力之觀察員，能取我們之位而代之，並且為我們仲裁。可是，我們輕易地可以看到，這種取代是完全不可思議的，連想像都不可能。

反省一下就可知道，實際上這一類的取代只能在某一種精神平面上可以發生；在那裡個體已將自己特殊化，那是說為了某些實用目的暫時把自己化約到部分，把自己局部化。舉個例子來說明一下。譬如我很可以向一個有比我更好的視覺者說：「請你到我的位置上來，告訴我你能不能看到某樣東西。」或向另一位對味覺更敏感的朋友說：「請你嚐一嚐這個東西，再告訴我它的味道好嗎？」即使在更複雜的光景之中（然而這些光景並不要求我

之整體，只要求我人格的若干成分者，即我所謂之可以標準化之成分（les éléments normalisables），我還能向另一位說：「如果你處在我的地位上，你要怎麼做？」但是在一些要求我整個人投身其中的處境裡，取代的事實絕對不可能發生。沒有任何人可站到「我的位置」上。而如果信仰愈是真實（當然不指已變質或機械化的信仰），它愈從人的整個存有中流瀉出來，也要求整個人投身在其中。

此外，我們還須注意：信仰的對象絕不以為分辨一個經驗層次的人物所需要的特徵來顯示自己。他無法以經驗的形式被我們想像，因為他完全操縱並且超越經驗。如果從某些角度來說，我會把他視為外在於我的存在，然而我的良知層面，他更深刻地向我顯出他是內在於我的，甚至比我對我自己更內在──這個在向他呼籲，並且是我在以肯定的方式來敘述他的我。換言之，「外在」與「內在」的區分，就在信仰出現之刻，完全消失了。這是那麼重要的一個觀點，卻被一切宗教心理學忽略掉，因為後者把信仰看成一種心態，看成一種純粹內在的事件。這裡牽涉到一連串的討論，我現在不能仔細介紹。但是如果我們一定要使用一個譬喻來解釋的話，我要說：「有信仰的人感到他自己已進入一個實在界之內部，後者同時將他包圍和通透。」

從這個新觀點來看問題的話，懷疑主義的態度就要失去它的一切意義。如果有人說：「或許在你相信有某某人存在的地方根本沒有什麼人。」這是至少以觀念的方式參考一種有糾正作用的經驗，這種經驗本質上要把問題的要點排在它的外面，因為信仰之對象就在於超越一切包含在經驗中之條件。我們終於必須承認信仰愈以它的純粹面目呈顯出來，它愈占懷疑主義的上風，後者

之能質問信仰之價值，只因為它一開始就彎曲了信仰的真象。

我們還能說，懷疑主義一直想把「信」和「不信」處理成兩種水火不相容的態度。在這兩種態度之中存有一種可把兩種「或許」連在一起之相互關係。就因如此，懷疑主義沒有了解他們之間的不可共量性（incommensurabilité）。只說「信者的世界與不信者之世界並不相同」還不夠，我們尚應了解前者從各個角度從後者溢出並且把後者整合在自身，

就像有視覺者的世界溢出盲人的世界，並把後者整合在自己內一樣。

不信是一種拒絕

還有一些事，其重要性並不少。當某個人靈愈接近信仰，愈體驗到信仰之對象的超越性，他愈會清楚地了解自己完全無法產生這個信仰，無法從自己的生命深處抽出信仰來。因為他愈來愈清晰地體認自己的軟弱無能，終於有了一個發現：信仰只能是一種徹底的附合（une adhésion），更好地說，是一種回答。向什麼附和，向誰回答呢？這是很難回答的問題；向一個雖不明顯而能完全充滿他生命的靜默邀請回答；換一句話說，那個「邀請」的確向他施加過壓力，但並不能勉強他接受。因為這種壓力並不是不能抗拒的。如果它是不能抗拒的話，信仰就不再真是信仰了。信仰之可能只在一個享受自由的人身上發生，那是說，他具有拒絕邀請之神祕而可怕的力量。

如此一來，我在開始時提出的問題現出了新面目：從信仰的角度，從有信仰者的角度看，無信仰之現象終於現出它的真面目

來了，它是一種程度各各不同之拒絕。一般說來，最常見的拒絕是不專心（l'inattention），無法聆聽生命深處的呼聲或召喚。值得我們注意的事，乃是現代生活有助長這種不專心之勢，甚至幾乎把它強加於我們身上，就在於它能使人非人化，把人與其中心之關係割斷，把人化約成互不交通之一堆功能。我們還應當指出：在上述已功能化之人身上如果尚存什麼信仰的話，那是一種趨向於腐化的信仰；對局外人說，這只是墨守成規而已。不信仰者在觀察這種情形中找到了自己不信之藉口，雖然他們藉口之依據只是誤解而已。

　　實際上，這種不專心或分心是一種在任何時刻可以甦醒之昏睡。或許這樣一個分心者遇到一位反射真正信仰的人就足以醒悟過來。這種信仰是一道使有者通體發亮的光。我是給予邂逅極高估價者之一。在邂逅內有一種不為傳統哲學所知之基本精神資料。我非常明白其中理由，但不必在這裡贅述。這一類的邂逅能使分心者開始反省，使他回到自己：「事實上，我之不信究竟可靠不可靠呢？」當他以最誠實的心境向自己詢問這個問題時，他已經開始受益了，因為他在開始拋棄一切令他困擾的成見及毫無生氣的影像，為了使他能體認（非為信），他沒有肯定自己不信之資格。更精確地說，在此時此刻如果還會出現一種不信之肯定，那幾乎無可避免地染上驕傲的色彩，任何一種純粹而精密的反省都能揭發出這種情況來。「我不相信」不會再以「我不能相信」之面貌出現，而終於要變成「我不願相信」之形式。

英雄主義本身有沒有價值？

對這最後一個觀點，馬爾羅（André Malraux）的精神處境能被視為具有特殊意義，甚至可說是一種典型。他對這個世界所抱的絕對悲觀態度因下列一種觀念而變本加厲。此觀念（或許源自尼采的思想），認為重要的問題不在於人的可憐，而在人的偉大，不在於他不需要幫助，而在於他讓自己不需要外力支援，但是他甚至不應該期望支援。馬爾羅認為只有當人充分地理會到自己的悲劇性處境——只這處境能使英雄主義得以實現——時，他才能達到人之為人的階段，才算發展了人的身材。我們現在是站在一個斜坡的尖峰頂端，它把我們這個時代某些傑出勇士區分開來。然而我們立刻注意有些事物能擾亂人心。認為英雄主義本身有價值究竟指什麼呢？我明顯地看到這個價值與尋求它者之喜出望外（exaltation）和主觀情緒是密不可分的。因此我們不再有客觀和合法的理由把英雄主義之喜出望外在其他的喜出望外形式（如性欲的亢進）之上。這種排列法只在參考另一種與英雄主義觀念毫不相關的次序——如社會之實用主義——之後才能行得通。然而幾時我們一把自己置身於這一地區時，我們就會與原來出發點尼采的看法有了衝突。按照尼采的邏輯，社會的實利只是偶像而已，我要加一句說，只是最低範疇的偶像而已。我也樂意承認在馬爾羅所著《人的境遇》（la *Condition humaine*）一書中有二、三處出現了愛德（la charité）的敘述，然而它簡直像來自另一星球的聲音。我認為只在用一種乖巧的手法之下我們才能把英雄主義和仁愛兩種水火不相容的事實連在一起。唯一的例外是殉道者的英雄主義。我是以狹義的意味去了解此字的，那是說

「見證人」（témoin）。然而在一個繞著「拒絕」打轉的哲學不可能有作證的餘地，因為作證牽涉到的對象是在虔誠朝拜之更高實在界中所體認的。

作證觀念之貶抑

像其他許多重要觀念一樣，作證這一個觀念也遭受到了真正的貶抑。當我們一聽到這個名詞時，我們就會想被法庭傳喚作證，因為在某一事件發生的時候，我是在場的人之一。這種聯想會使我們把自己看成一架錄音機，而把作證看成播放由這架錄音機提供的資料。我們就忘掉了在作證內包含的要素。所謂要素即指作證。那麼作證究竟是什麼一回事呢？作證並不只是提供證據，也並不只是肯定什麼。在作證的當兒，我把自己束縛起來，然而我這樣作完全出於自由，因為任何在強制情形下所作的見證實在毫無價值，並且是自相矛盾的。以此義視之，作證在必需性和自由之間實現了一個最密切最神祕的結合。人能作的行為之中沒有一個更比這個具有人性的價值。在作證的基礎上，我們體認到有某種資料，可是同時發現有另一種完全不相同的東西。在作證之時，我事實上在宣布：如果有一天我否認這事實，這個我為其證人的實況，我將否認我自己，我將抹殺我自己。這一類的否認，就像錯誤、矛盾和出賣的行為一樣，當然是可以發生的；它實際上是出賣。我們不能不看到同一的作證，卻有程度深淺的不同。當作證的對象變成無形事物時，那是說，對之我們不再有一般感覺經驗與件提供之直接、粗重而不可反抗的證據時，此對象之精神價值便愈見增高。這是一個不可能太多強調的似非實是的

情形。宗教信仰所作證的對象是超越一切的實在事物,然而這些實在事物又絕對地需要那麼卑微無能的信徒來為自己作證。我們似乎找不到更好的例子來說明在信仰之中心存在著的這種無法理解,更好說,超理性層次的兩極性（polarité）。

信仰與見證

確然,如果我們稍稍參考一下「信實」這個中介觀念,那麼信仰與見證之間的密切關係就更形明顯了。信仰就其本身而言,不是靈魂的衝動,不是狂喜與狂熱;信仰是永不間斷之作證也。

此處我們仍應該回過身來看一下無宗教信仰者的反應。這些人不可抗拒地一而再要中止我們的言詞,向我們提出同樣的質詢:「對那些只忍受過不公道,各式各類痛苦和虐待的人（他能也只能為這些事實作證）,你作些什麼呢?他們又如何能為一更高的實在界作證呢?」這種壓住我們腳背的石頭還是「惡」的問題。我已經部分地對這問題作了解答,但我很願意清楚地指出來,最偉大的證人都不是從這世界中最幸福的一群人中招募來的,而更是從受苦的和遭迫害的人中徵得。如果人類的精神經驗提供給我們一個確切的結論,那便是:阻礙信仰發展最大的因素不是不幸,而是滿足。在滿足和死亡之間有親緣關係。在任何領域之中,尤其在精神領域中,一個滿足者,即一個自稱他有一切所需之人已在向枯萎前進。我們常從滿足開始產生對生命的厭煩。這種隱祕的感覺,我們在生命之某些片刻中都曾有過體驗,這是精神敗壞之最巧妙的方式之一。

以上所談的看法自然不願主張:一個有關作證和信仰的

哲學理所當然地該是一種倫理學上的受苦主義（un dolorisme moral）。因為這裡具有與「滿足」天淵之別的東西，這不是焦慮，而是喜樂。外教人對基督信仰狂加批評者均未料到這一點，他們都不了解在信、望與喜樂之間有密切的聯繫；一個為其信仰而作證的心靈也常喜樂洋溢。我們應當重提柏格森先生對「封閉」與「開放」所作的精闢區分。所謂的滿足只在四牆之內，「封閉」之處有其感受，而喜樂常在海闊天空中飛揚展放。從其本質看，喜樂常是神采煥發，與光亮極為相似。但是我們不應當讓一種空間式的譬喻來混淆視聽：「開放」與「封閉」之區分只在與信仰有關的領域中才有其價值；更深一層可以說，當它針對的是一個自由的行為，藉此行為，人表明他接受與否承認有一更高級之原則存在，此原則在每時每刻不斷將他再造，不斷使其存在，也藉此同一行為，人對一內在而超越之力量任其長驅直入，在此以外，他只是無。

第三編　伍斯特論虔心

　　伍斯特寫道：「在名謂『驚訝』的原始情愫中，我們才能給哲學的真正開始奠基。」[4] 誠然，現代哲學思想從一開始就相信能用方法懷疑來取代驚訝，把前者看成一切推理的絕對出發點。然而這個現象已經明顯地指出基本的形上關係已在此時期被破壞掉了。懷疑，說真的，只能是哲學思考的「第二步驟」（un a priori second），如果我能如此說。這是一種反應的現象，是一種反跳（une sorte de choc en retour）。只當我們的內在生命受到一種習慣性的對存有抱不信任的態度影響而產生分裂情形時，才會有上述現象。在存有面前信任或不信任，伍斯特認為一切願意推理的心智從一開始就應選擇的兩個方向。這還不夠說清楚我要講的意思，因為我們所談的對立不只關及形上學者對實在界之理論性問題所提供的答案，並且涉及文化及其一切表達方式。[5]

　　自笛卡爾以降，許多有智之士都熟悉的科學化哲學觀念，就是不要有任何預設，也因此之故，對平衡的思考方式帶來了一陣狂風暴雨。[6] 以科學的方式來進行哲學思考，難道不是以不人道

4　《精神辯證法》（*Dialektik der Geistes*），頁 212。

5　一聽之下，我們普通立刻會有所反應，會提醒伍斯特先生：笛卡爾在他的激情理論中曾給予驚訝一個重要地位；然而他有沒有想過要在這個情愫中找到形上境界之插入點（point d'insertion）呢？有沒有把它看成被存有所包圍的區域，當我們因驚訝之震撼而體認存有之為存有的時刻？如果認為笛卡爾確有如此想法，這未免有些魯莽。

6　同註 4，頁 213。

的方式從心靈深處徹底否認價值之首席地位嗎？哲學家企圖從研究一開始就忽略究竟有否一個次序或混亂是否可能之問題。他對這些問題之答案是「是」或「否」完全漠不關心，並且認為這種漠不關心的態度正是哲學家特有的神聖標記。

我們不能不問：這類漠不關心的態度是貨真價實的嗎？它究竟可能不可能有呢？伍斯特認為把笛卡爾的分析繼續推下去，就會發現對自己產生的驚訝情緒比懷疑的心態位於生命更深之處。

我的懷疑反映出我對自己偶然性（contingence）的領會，更隱約地說，這懷疑使我感到存有之「中心」或絕對「氛圍」對我存有最深的部分所有的祕密吸引力。這個存有固然沒有被我掌握住，但被我切身感覺到；在這裡，身為受造物之人所能遭遇的形上不安，終能獲得安寧之所。這種不安定和不穩定性——本質上與永恆世界不被困擾之休息全然不同——構成伍斯特哲學不斷在探索之中心奧祕。我想，在他以外我們無法找到還有別人，比他更堅決地去界定和發現人在他不斷勉力衝破與超越之次序中、所有的形上處境；另一方面，這個處境也針對一個至高的實在（une Réalité souveraine），此至高實在雖然從各個角度把人包圍，但它絕不對人所享有的相對獨立性作絲毫的侵犯。因為此至高實在本身便是自由，並且自由地播散自由的新種。

在幼童的眼波中我們捕住的訝異，把隸屬於自然律之昏睡暗幕撕裂開來，訝異使「精神的太陽在我們生命的水平線上升起並閃爍，又把超越普通生命的喜樂和光亮充沛人們的心靈，使人能分辨永恆的世界中一切事物的全幅美景。」[7]

7　前揭書，頁 206。

我們怎麼可能不在法國作家克勞岱爾的作品中到處都看到同樣的靈感呢？或許它實在應該指導一切真正的天主教知識論。

「悽悲？我如何能無咎地說：

至高神之創作所含者是悽悲之理？

是悽悲的麼？我如何能無謬地說：

相似神且為祂光榮而在生化之世界是悽悲的？

它不是比我們更微小，

卻使我們大部分的想像力空無所憑？」[8]

克勞岱爾在這裡強調的是傲慢，他和伍斯特一樣不斷地申斥在懷疑之根處隱含的不敬神的傲慢。他們的思想再一次把由「我思」滋生之科學化哲學所破裂之傳統與偉大的前輩哲人串聯起來，它提醒一項馬里旦在我們這時代大聲疾呼的真理：知識本身就是奧祕。唯心論之主要錯誤或許就在於從原則上假設：認知的行為對自己來說是洞若觀火的，事實上並非如此。知識無法自圓其說。當它嘗試推敲自己的究竟時，它不能避免地走向兩種錯誤：或把將自己變質的物性譬喻看成合適的表達方式，或把自己看成絕對自足的資料，對其對象來說享有一如此卓絕的優先性，以致我們無法了解，就我們所知，它為何無法以它無限富源創造其對象。

另一方面，當然我們也不能簡化一切而滿足地說：知識是奧祕也；我們還該加上一句說：它是一個恩惠，或許是一種恩寵。這實在是伍斯特想要表達之知識特性，他稱之為一種「自然地有

8　《緞子鞋》（*Le Soulier de Satin*），首日，第六景。

的神恩」特質（un caractère naturellement charismatique）；[9] 然而當認知的過程愈來愈趨向世俗化之刻，它這特質也逐漸隱匿泯滅，而讓位給意識。然而在這世俗化過程之終點，必然令理智自我瘋狂──同時與信仰與存有割斷關係──把自己看成唯我獨尊之開採力（une puissance d'exploitation）。而從世界一方面說，由於「普羅米修斯」式（prométhéenne）之作用的結果，使世界失去一切純真意識給予它之原始性──在純真意識的階段（la conscience naïve）知識還未曾與虔誠朝拜神的行為分開呢。

此外我們應當毫不含糊地在這裡指出：伍斯特的思想絕對不允別人解釋為唯信論（fidéiste）。他本人在其《精神辯證法》（la *Dialectique de l'Esprit*）[10] 一書中清楚地表示：「唯信論者截然不同於類似兒童所有之純真意識，因為實際上他是一個失望者。」[11]

可是為什麼他要失望呢？正是因為他所具有的可憐的小頭腦使他太自負，以致我們可以放心地說：唯信論者是一種墮落的諾斯底主義者，諾斯底主義者一詞在這兒自然指那些把認知的重要性高舉到絕對程度的人。伍斯特是一個常忠實於自己觀點的人。他也秉承了費希德之辯證法，認為良知有一個「魔鬼型」（luciférien）之時刻，把極不相同的兩種態度──這都是膚淺的反省的成果──緊緊地聯繫在一起。

然而真正的基督徒對這兩道深淵均不願意太接近。我們不應

9　見《純真與虔敬》（*Naivität und Pietät*），頁 184。

10　參見《精神辯證法》（la *Dialectique de l'Esprit*），尤其參見頁 620 和後面幾頁。

11　他說：「唯信論者以毫無希望之一躍衝入神祇之無盡黑暗之中。」

該把為普遍次序作證之信任態度看成一種膚淺的樂觀主義,卻要
識別這是整個實在界對他啟發之尊敬所致。雖然至少到某一程度
實在界顯得似乎是非理性的,然而我們沒有資格把存在之為存在
歸於非理性。「那些以赤子之心把自己委順於實在界的心靈清楚
知道:誰無條件地,且充滿希望地把自己擲交於深愛之邀請者,
均必得救。此愛總不終止地從其靈魂深處向上直衝。」[12]

從這些話中我們非常明顯地看到在伍斯特思想中保留著的柏
拉圖的「童心」觀念。我認為把它與佛洛伊德作品中充斥的駭
人聽聞的個案作對比是很荒謬的事。固然在一個早熟的孩子身
上,我們可以看到猜疑、狡猾和邪惡的跡象,然而以上的觀念仍
具顛撲不破的有效性。因為這是一個具見證價值的觀念,或可說
有判斷性的觀念,甚至可說是人類感性的絕對先驗(un *a priori
absolu de la sensibilité humaine*)。我們本應引用伍斯特分析斯多
噶派、斯賓諾莎、叔本華諸大哲之缺陷所寫的精闢言論。他的主
要看法是說:這些大哲的作品中都缺乏生存之至高而純潔的喜
樂,這是「非悲劇性」之樂觀唯心論所有的喜樂。固然在靈陽寺
的一些佛教大師身上我們可以看到莊嚴神聖的氣象,他們的雙脣
上飄浮著安詳的微笑,然而他們並沒有在存在內的安全感,這種
安全感不會受到任何事物的威脅,是兒童的一片天真和充滿歡愉
的依賴性交織構成。這些大賢在歷史上留下大名,然而他們尚未
達到基督讚美的純真無邪的兒童精神:「我實在告訴你們:誰若
不像小孩子一樣接受天主的國,絕不能進去。」(《馬爾各福
音》,十章十三節)。「只在上述條件之下,智者才能達到最高

12　《精神辯證法》,頁 622。

智慧；不論他在人類知識泉源中如何酣飲過，或他的心靈曾在這世界之苦爵中深深浸透過，這些知識和經歷都不能把他導入最高智慧的境界。」[13]

然而很可能有人要問究竟為什麼這些斯多噶智士和佛教大師不能返老為童呢？伍斯特回答說阻礙他們返老為童的原因是因為他們不再與至高精神（即神）間維持子女性的關係，而只有這種關係能夠使人在一切事物之最後奧祕之前保持兒童的心態。另一方面，幾時把宇宙最高原則非人位化（dépersonnalise）之自然主義得逞的時候，上述的兒女精神也會消失無跡，因為自然主義者認為必要性（la nécessité）只能以命運或盲目的機會出現。被這種觀念重壓的人絕不可能再次尋獲純潔的信賴和如醉的歡愉。他不可能再投入一種形而上的樂觀主義中去。因為在這種形而上的樂觀主義中，生命清晨呈顯的純真與大智大聖的質樸水乳交融。這些大聖大賢歷盡人世百般經驗，而在航行的末了終於回到兒童的幸福境界之中，好像回到人類良知的失樂園中一樣。[14]

在這裡，或許有人會很合理地問我們：這個失樂園是否真正可以重新獲得呢？我們怎樣想像獲得幾乎無法經驗到的生命境界呢？伍斯特之回答，其實我們早已看過，主要在於肯定有一個次序和愛的活潑原則（一個「那個」〔un Cela, un Es〕與「我」〔au Moi, un Ich〕對立者），此原則在我們存有之深底處繼續不斷地在作用著，為此「自我」形上學地絕不可能與把他纏在其存有之根的韌帶完全割斷。如果我沒有懂錯他的思想，因上

13　見《純真與虔敬》（*Naivität und Pietät*），頁 110.
14　很明顯地伍斯特承認有精神喪亡（la Chute）的事實（見《精神辯證法》，頁 311），但這與此處討論的深度樂觀主義並無衝突。

述情況，人到最後還能有這個決定性的皈依：「自我」拋棄能導致死亡之普羅米修斯式的驕傲，又避免陷入有毀滅性之不可知論者的悲觀主義深淵之中，終於承認大智若愚之事實（docta ignorantia），這是尼可拉‧古薩（Nicolas de Cuse）在近代門檻的所設法確定的觀念。然而我們不應當把它誤解成導向某種唯信論的精神自殺，但看成是一種以謙誠之心樂意地接受至高上智所加於人類理性之限制的態度。

　　或許在這裡我可以提醒大家：十九世紀下半葉在西方流行而今日不少「受過實證科學洗禮的」知識份子仍然接受的關於「不可知者」（l'inconnaissable）的理論，只能算是上述觀念之極貧乏的漫畫手法，因為這個觀念要比這些理論更富智慧，它建立在對人的「中間」性質（la nature intermédiaire）之基礎上。忽略了這個事實，我們就會冒險地進入一種充滿自負的形上學裡去。除了一個小圈子內的人物還不斷與知識和靈修之永恆源流保持接觸以外，西方在兩個半世紀來在存有哲學上發生的破產現象愈來愈被大眾體驗，甚至在與純粹推理毫無關係的學術範圍之中。伍斯特很合理地把這種情況歸罪於愈來愈不自覺之根深柢固的自傲心態。然而對我來說，我願意強調說當代人絕對拒絕為把存有與價值相連所作的一切努力。這種態度必然導致人走向甚至否認實在界本身，因為把存有貶值就會把存有處死，把存有化成一個很能被唯心論評為純屬臆測之抽象殘餘，可以放心地將之用毛筆一揮塗去而不致構成任何損失。

　　正因如此，我們可以剖析伍斯特對「虔敬」之觀念（la notion de piété）所作之出等而有建設性的批判。這實在是一個充滿活力的觀念，並且凡是深深反省過自己內心經驗的人都煞費

苦心地把它發揮過。可是為當代的哲學家,尤其在法國,除了二、三個例外,這個觀念似乎最多只能使研究「行為」的專家發生興趣。伍斯特在這一點也在其他許多觀點上都深受過謝勒的影響,徹底地了解把虔敬看成態度(attitude)或心理狀態(état)是最危險不過的事。相反地,我們更好在虔敬上看到靈魂與它的周圍或與它自己之間所具有的真實關係。或許藉著這條迂迴的思路我們終於能尋回宗教之基本意義——這意義往往已被大家遺忘了——即宗教是一個「聯繫」。

伍斯特認為在心靈的「純真」(la naïveté)和「虔敬」之間有緊密的關係,一方面都是心靈的「習慣」(*habitus* de l'âme),另一方面都具有驚訝和崇敬的基本情愫。此兩者之間的關係頗近於亞里斯多德形上學中潛能與實現的關係。這只是為說:心靈面臨宇宙間普遍和諧而陶醉其中之崇敬感覺必先假定此心靈事先已為獲得此種和諧感調配好了。伍斯特引證了歌德的一段話,歌德把虔敬看成一種處於對自我能作直接反省之範圍以外之原始美德(d'une vertu originelle, *Erbtugend*)。伍斯特所稱之「純真」(*Naivität*)和虔敬之間有之區別,只是實現之程度之分而已。順著意志進展的方向,「虔敬」延長和充實人類精神原有的純樸性,他列舉了自席勒(Schiller)以降的不少先驅。

然而在虔敬的內部,我們還可以分別出一些不同的補充層面或方位。就在於虔敬有聯繫作用,它能把凝聚力(cohésion)之普遍原則提到更高層次——這個原則統治整個自然界,並且符合克勞岱爾所稱的萬物之有同生關係(la co-naissance)的事物。然而這同一個凝聚力就在於它有結合和累積作用,具有自我肯定的能力;不然的話,它會自毀而消失無蹤,因此凝聚力不只使事

物接近，並且讓一些距離繼續維持原狀。我們終於找到了要討論之次序中的特點：「在人向自己表示之虔敬方式中，有一種虔敬，其特點即『保持距離』。另一方面，我們向一些與我們有同樣性質，與之我們締結精神化交誼的存有表示的虔敬。」[15] 甚至有另一種虔敬，其對象指向低於人之存有物。但是虔敬所及最高等級是當它指向造物者之時刻，因為這是匯合締結一切個體之線索的絕對中心。

伍斯特竭力強調對自己而發之虔誠的重要性。他說：「在我們心靈深處所捕獲的是愛的大律（la grande loi d'amour），因為我們是這麼一個存有，接受過如此這般一個形式，並且在創造的次序中占有如此一個席位。一旦我們捕獲了這條大律，我們就覺得不能不竭盡我們的全力來把它加以肯定。我們心靈之真正幸福就在於絕不反抗來自我們心靈深處之幾乎聽聞不到的呼召」。[16]

我再一次在這裡體會到被大部分世俗化的哲學家忽略的基本真理。在這裡我們很明顯地可以分出來兩種形式之愛，其一本質上是精神性的，並且我可以說有神祕主義（mystique）的維度，另一則為自私；其實這第二種愛只是生存意志和保存生命之本能的延長。毫無疑問的，對自己引發之「虔敬」是以這種本能為前提的。然而它有其他特點，它要保護自己不受驕傲的蠱惑──這是自我肯定的行為屢次會引起的衝動。伍斯特寫得精妙絕倫：

「虔敬的心態有其特殊的目的，即在自己內心對具有形上深度的生命臨在保持宗教性的尊敬。因為我之內心存在是上帝親自

---

15 《純真與虔敬》，頁128。
16 前揭書，頁129。

建立的聖靈神殿，一個卓絕的內心宇宙。在這個內心宇宙之中也有萬有引力，然而比外在宇宙藉其無限機械功能顯示出的引力更為奇妙。它是一個至聖所（un saint des saints），雖然它屬於我們——因為它是我的一部分——但我們不能不在進入時感到宗教性的神祕畏懼。我們無法在這至聖所內長驅直入，走到常燃神聖奧祕之燈之祭台前。固然我們可以說是被交於我們自己保管的，那是說我們對自己享有一種相對的屬己性（aséité relative）；然而我們之受委託保管我們自己就像一位永恆的大主在他的工作坊裡完成了一件藝術品後托我們保管一樣。我們並非是這個傑作的作者，因此我們之屬於自己只能彷彿用托交給我們一筆異常珍貴之遺產的方式去使用。」[17]

　　我們不必在這假比喻上停留太久，因為至少從法文譯文上看，它顯得誇張了一些。但這個比喻之含義倒不應該被我們忽略。沒有信仰的哲學家由於已經失去這個觀念，所以會責怪信徒們為尋找自己得救所做之努力為自私的行為。他們沒有覺察到：基督宗教不只忍受，並且規定信徒應當具有的自愛不是別的，就是要求我把我的「生命」緊密地和交於我手並在末日我該交帳之「靈魂」結合在一起。我們能不能用伍斯特不同之言語說：今日之非基督徒哲學家不知不覺中已經離開這個重要原則極遠極遠了；正因如此，他們把「我之為我」與「我之生命」混淆。結果他們必然宣稱說：所謂「靈魂」只是我生命之一種比較精細的表達方式，也是我生命開的花，結的果；因此沒有人可以說有什麼人把靈魂賜給了我，因為它實實在在的就是我。如果我們接受這

17　前揭書，頁 132-133。

個具破壞性的假設——其根源可追溯至十九世紀流行之某種生物學思想——那麼所謂的愛自己，或對自己具有的仁愛（la charité envers soi-même）將被視為生命本能之延長而已了。

然而我相信如果有人如此認為，則他必然地會看不到真正的精神生命對我們所作的最嚴格的要求。伍斯特在討論這些問題時用了一個絕妙而無法翻譯的文詞 *Distanzierung*，為說明我並不與我自己站在同一水平面上，因此在我內心最深處存在著的東西並不屬於我。他說：「對自己保存的虔敬心態就像一層把我包圍起來的脆弱薄膜。如果你不願意把自己的靈魂暴露到最嚴重的危險中去，你就千萬不能讓這薄膜遭受任何襲擊。」[18] 相關的內心情緒尚有矜持（la retenue）、機智（le tact）和自尊——這與人性尊嚴之最高形式節節拍合。然而在這種感受和害人的傲慢之間——傲慢出於過分強調個人的獨立性——只有一條極難為人細察的分界線。但兩者確有區別，因為自尊指向在我靈深處之價值，把後者看成上天的委託品似的，而時時刻刻保護它，使它不受到暴力的威脅和褻瀆。

明眼的讀者都會見到，伍斯特在這裡直截了當地反駁下列論點。持此論點者認為自尊是以自我中心的形式主義來界定的，這種主義高揚絕對自由的原則，卻把能使自由落實的精神內容完全挖空。然而事實上，自我憑著這些同樣價值的名——它原可說是這些價值的受委託者和守護者——覺得應當保護自己，抵抗一切侵犯，因為常有一些缺乏虔敬感的陌生人士要不遺餘力地對有虔敬感者進行破壞活動。

18　《純真與虔敬》，頁 133。

　　如果情形真是這樣，我們必會同意說：當代的單子論者的見解忽略了一項重要真理。今天，一般大眾不加可否地一致同意下列看法，即由於缺乏某種因素，我們無法深深地進入別人的精神生命之中。實際上我們應當看到這種無能只是我們要求成為自由人之人性尊嚴的贖價。「我們的靈魂在它最深的地方是一個祕密。我們應當到某一個程度以虔誠之心保護靈魂之親密性，對自己的尊重心理禁止我們冒失地把我們靈魂神殿的帷幕揭開。這種行為實在是褻瀆行為，對人的廉恥作了不可赦免的一次攻擊。」[19]

　　或許我們現在有比伍斯特本人更有利的機會來考察：究竟為什麼一切自然主義對廉恥的解釋，不論它們建立在那種社會觀或生命觀，都無法避免不周全的地方。在我剛才引用的一段文章中所表達的廉恥是純粹精神性的，是屬於靈魂的；它只能以個體性（individuality）宛若自己受託保管的東西之角度來解釋。這種看法完全不受當代世界教我們應用或設法滿足我們的範疇的束縛。而奇怪的是我們當代最活躍但彼此對立之思想列強在反對這一種廉恥觀上居然攜手言和，協力攻訐。對於這種奇特的聯盟，我們滿可以停留一下來觀察其究竟。

　　不單出自社會學之迫切（un impératif）觀念要求我人分享精神財富使人人均能各取所需——這裡我們可以見到他們把無形的財富轉變成可以割分的物質，這類哲學把精神界的事物與可以通傳的事物（le communicable）混同——而且從另一個地平線上冒起的一種呼喚，要求人們表現真實（尼采當為其首），

19　前揭書，頁136。

禁止我們人在自己和自己的靈魂之間放下帷幕，為了不使偽善（l'hypocrisie）的現象在幕後滋生。

我認為這裡有一個問題，其嚴重性似乎不曾受到伍斯特的注意。這就是我剛才使用過的「靈魂」一詞，它聽起來完全不像尼采的語調。我認為要使這個名詞具有豐富的意義，我們必須能保全與自己具有的親密關係。我更願意以下的說法：「靈魂」這個名詞並不與概念，而與某種音樂性的意識連結在一起；這種音樂意識體會到在樂隊內最活躍的部分與作陪襯的最低沉部分之間存在著一種扣人心弦而斷斷續續的對話，後者之重要性不斷在改變中，甚至消失在意識之地平線之下。另一方面，如果我們在這裡引進「無意識」（l'inconscient）的觀念，我們更會悵然若失。「無意識」、甚至「潛意識」（le subconscient），在這個領域之內都無故技可施。我們也相當清楚地知道威廉‧詹姆斯的弟子們之不智之舉引起什麼不良後果。這裡我只願意提出兩點：首先，我認為要談靈魂的問題必須先假定在精神次序中有個調和全體的因素，就像一首交響曲有總樂譜一樣，其次，我們心性求真的要求一定會反對高低級排列的次序，因為這種排列與成見偏好分不開，在真理之光照耀之下必會顯得一無是處。然而問題的關鍵乃是要知道是否這個批判是因為混淆了兩個實際上不能相互化約之次序而來的。能不能說把人的內心生命陳列展覽就是把它之特點，它的內在性摧殘了？就像如果我們把一個花冠展列在花的其他部分之側，我們就不單破壞了花冠，而且也把這朵花毀壞了。

我們不能否認巨大的困難尚未獲得解決，因為要建立一種只為個人有效之體系是非常危險的企圖。我認為解決難題的良策

在於對「心靈透明」（transparence）和「純潔」（pureté）兩個
概念作更深入的探討。然而我們先應該作個明確的分辨。今天
有一些人史無前例地作如下的冒失行為，他們把純粹在靈魂表
面進行的形式化的清潔工作（因為對靈魂的內在結構和生命不感
興趣），與制約活動的生存方式看成同一回事，就像給一樣樂器
調音一般。我想隨著這條思路我們就能體認到，如果不只從形式
角度，而更從人性角度來看「純潔」這個問題時，我們就會看到
除非借助那些為許多人相信已經一勞永逸地被廢棄了的本體範
疇（categories ontologiques），我們必會一籌莫展。在今日相當
流行之某種藝術哲學，或許也可說生活哲學中之「純潔」觀念有
一個特色：它把形式與內容完全分開。然而只要我們參考一下伍
斯特之見證觀念（l'ldee-temoin），就會理會兩者的見解迥然不
同。因為伍斯特認為當我們察看幼童的「純潔」時，我們一定會
否認形式可以與內容分開。如此，我們除了主張所謂的純潔有神
祕主義的特徵（le caractère mythique）以外，別無其他長法來加
以形容；而心理分析之「發現」再變本加厲地支持上述的否認態
度，使人無法再樂觀起來，然而我們不能不問：這些所謂客觀
性的研究會不會從一開始就受到一種偽叔本華主義的教條的影
響——當然這是無神的——並且不斷地受它控制。假定有人把問
題簡單化，同意把這種心靈的純潔歸諉到某種相當愚蠢的成見
上，並把它看為成人在詩情畫意中所發的幻想，我們應該問這種
批評是否能適用到一個聖善的靈魂上去，這位聖賢由於長久經
歷考驗已經達到一個境界，如果不能說已征服了在「感覺」層
面那種或許無法抵達的純潔，至少達到了在「意願」的層面，
或更寶貴地在「注視」層面的純潔。這裡我們清楚地看到，批

評者試圖攻擊的是「苦行禁欲」和「修煉精進」（d'ascèse et de perfectionnement），為他們好像一切在自身所作的功夫或改革都是虛偽，都是哄騙人的勾當。如果我們更深入的反省一下的話，我們會看到這種申斥實在毫無道理，因為他們主張的誠實本身也要求人有內心的修煉，它要求人不要隨著本性的擺布而盲目地隨意衝動。

在法國猖獗近十年之「誠摯」（la sincérité）概念，對我而言，不具任何真實價值，因為它本質上是一種武器，雖然它自己並不承認，它表面上顯出來的大公無私（désintéressement）實際上只是它無法壓抑之期望消極自辯的外衣。如果情形是這樣，我們就不會輕易地相信在誠實和純潔之間具有不穩定，甚至不明智的聯盟，而這一點倒是今日許多人認為理所當然的事實。幾時誠摯導致對自己的輕率失態（indiscretion）的程度時（伍斯特很合理地申斥過這一點），它就會毫不隱蔽地轉過身來反對那唯一具有真實的精神價值的純潔。當然這不是說，就像我以前提到過的，純潔在一種非常小心地保存的昏暗中滋長繁榮。相反地，一些心地異常純潔的人士散發出能照亮他們自己的光明，我認為這不是純粹的偶然事件。這些純潔的心靈由於內外通體透明而在其身體周圍形成的「光輪」（l'auréole），對有名有實的形上學家來說，含蘊著永遠汲取不盡的豐富教誨。然而這種光亮在精神大師以外破例地被最偉大的藝術家——我認為藝術家在這裡遠遠超過作家 [20]——奇妙地，一勞永逸地在他們傑作之高峰中固定下

---

20 我們在某些時刻不能不問：文學工作本身除了純抒情體的文學以外是否常以某種程度傾向於反對靈魂之絕對純潔性；然而這種情形絕不會在音樂或雕塑品中發生的。

來。這是因為愛、也是生命之光亮，不能與一種有時可以成為魔鬼式之光明（une lucidité démoniaque）截然分別開來，後者能把人誘向最有害的謬誤中而不使操作者停止犯這種錯誤。它固然也是一種能照透最濃厚的黑暗之光，然而它無法驅散窒人的濃霧。

這裡我認為決定因素是人的意向，是它使靈魂對自己投射此類或他類的注視。我剛才說有一種魔鬼式的光明，因為在這種情形中，不是對自己所犯的罪，而是對自己的仇恨在作用；而對自辯的消極需要會把一切不同之處，一切分界線都抹煞，為了證明罪惡並不存在，因為罪就是我，它與我之整個領土重合。

這麼一來，我們理會到在人間有一種對誠摯產生的某種貪欲（une concupiscence），它高揚在我身上所有的一切反動力量，它或許是自殺之最狡黠（satanique）的一種方式：過度的驕傲在其無邊無際的顛倒（une perversion）之中，偽裝成極端的謙遜。當一個人把自己交付於「知識之魔」（démon de la connaissance），對自己的意志也不加以淨化，並且不在事先作過任何內心修煉，一下子就在自己心中，並不充分有意識地，建立起一個非常有害的偶像崇拜，其後果實在不堪設想，因為他「飼養」一種在失望中的滿足感，在我們周圍我們可以看到不少屬於這類的令人不安的例子。

對誠摯的貪欲、對內在知識的偶像崇拜、及對自己貶抑之分析相連的狂妄自傲：這三種都是同義詞，都指唯一的壞事；它叫我們看不到愛的宇宙意志（la volonté cosmique d'amour）完全地在他之內和在他之外作用著。我們都知道：對自己所持的虔敬態度不能以一分鐘之久與對別人所持的虔敬態度隔離。這裡

我們就能在虔敬這現象的普遍含義中看到把人，整個大自然和一切精神體的世界不能拆分地合在一起的因素。這是純粹精神性的凝聚原則，因為是愛的原則，因此不同於藉著純粹的必須性（pure nécessité）、而使純自然現象結合在一起的、鎖鏈作用（l'enchaînement）。我覺得伍斯特對虔敬接下去的討論，顯得有些輕率，他甚至把虔敬看成另一次序之「化學」（chimie）的綜合原則，在這原則之下產生人與其氛圍（milieu）相互間的吸引。此處像別處一樣，伍斯特未多加考慮地借用了上世紀初德國觀念論的言語，因此對別人來說，他似乎很深地陷入泛神論的泥淖中去了，而他本人絕對不願如此的。然而不論我們發現他所使用的隱喻是那麼可疑，但我們在他的作品中、找到從歷史角度來看、可能相當恰當的一種關係上的意義，它把具有連貫統一性的公共生活（la vie publique）和在大自然前人有的虔敬心態連結在一起。這種情形可以推到古羅馬帝國和中古世紀時代。伍斯特說：幾時農民和手工業者變成商人和工人，社會關係就會鬆弛下來，還有幾時人與土地和事物失去接觸之後，他就會逐漸與自己存在之根源切斷關係，以致人所創造的文化也會難以保存下來，[21] 他這種說法大體而論能不能說很有理由呢？

　　農夫由於依賴大自然之事實不能不對大自然表示寬容，而大自然之一切特點為他是那麼熟悉，因此他不知不覺地收集了一大堆寶貴的客觀經驗，而一點一滴地領受大地的恩賜，就好像領受他的辛勞和忍耐的工錢一樣。對他來說，並沒有所謂的「大自然被釘到十字架上」（"crucifixion de la nature"）。大自然被釘到

21　《純真與虔敬》，頁133。

十字架上之說法是科技發展時代產生各種不利於大自然現象以後才有的，因為這個時代中操縱大局的是理性和純粹自私，而在現代發展出來的數學和物理科學倒非常像似被釘者的「傷痕」（stigmate）。有理或無理地，伍斯特把這些科學暗示的態度的最早責任歸於康德主義，同樣地他把人與大自然間因不能互相尊重和適應而人侵犯大自然的責任也歸於康德主義。伍斯特認為對自然所有的機械科學（la science mécanique）是技術的暴行。他說：現代人都有加音（Caïn，亞當之長子）的記號。幾時人對外在世界失去虔敬的心情時，他們就會在其文化上印有一個魔王路西弗式（luciférien）的記號。

對上述充滿激情的控告，我們覺得不太容易鑑定其價值。這種控告看來出自一種有些過時的感傷主義（un sentimentalisme），對這一類情緒話語作什麼反應是吃力不討好的事，因為我們無法看到用什麼方式可以重新把自己提升到大自然那裡去。在伍斯特所作的異議之中至少有一個似乎缺乏說服力。有人要問：究竟，怎樣可以從一種過時的神人同形同性論（une interprétation anthropomorphique）的理論角度去重建與大自然間之關係呢？

我們必須回答說：關於這一個論點，現代思想也採用最不確定的形上假設來謀求解決。有些自以為已徹底解脫孔德（Auguste Comte）的意識型態者主張人已從幼稚的階段進到知識之成人階段，而今日優秀的知識份子已達到的高階段的特徵便是廢棄神人同形同性論。這種心態表現出本時代最古怪的實在論，尤其對內心的成長用最簡約的方式加以討論。他們不但因著對人原始純真的靈魂所有之積極與無法取代的特點一無所

知還引以為榮，也不但把經驗當作進入精神奉獻（consécration spirituelle）之唯一途徑而加以膜拜，而且他們真正相信每一個人所理會的時間是不同的，因為有些人走得更快，那是說——不論講得對與否——有些人已經邁近終點。然而，叫人吃驚的看到一個矛盾，乃是這些人即使在思想中也被人禁止去實現這個「終點」（terminus）。從此，進步不再是接近目的，而被描寫成它本身之內在特質。他們又不願考慮陰影、老邁、或僵硬這些反現象，因為他以為自己在一個已非人化（dépersonnalisée）思想的領域中移動，一切與肉體分不開的變化都不予考慮。

然而只要我們接受天主教的神學，相信人是神的肖像的話，我們就不能徹底地排斥神人同形論了，因為這種否定的態度能招致精神損害。伍斯特說：「在當代哲學家中流行的觀點基本上是錯誤的；他們注視著無垠的機械性太空時，認為人應從宇宙之中心處逐出，因為人只是這個浩瀚整體世界中微不足道之一小點而已。」[22] 不錯，然而能不能更精確地說現代哲學質問「宇宙之中心」這一個觀念是否尚有價值？康德以來，宇宙顯得並不包含什麼可將它尊為中心的成分。但是，這裡發生非常奇異的逆轉現象：現代思想把這個今後不再能視為實際的中心，以理念中想像的核心來取代。我們甚至可以毫無矛盾地認為：哥白尼革命建立了一個嶄新的人類中心主義，它不再把人看成存有，而看成一大束有知識論價值的功能。這是為什麼這種人類中心主義不准人想事物與人相似，或許對它們根本不作任何想像。「類比」與「形式」的意義同時消失無蹤。最後具體的人也與以上兩種東西一起

22　《純真與虔敬》，頁 161。

陷入科學的吞噬眾生的深淵。因此今天我們可以說有一種新的抉擇之可能：或許你選擇一種已經非人化的人類中心主義，這是唯心知識論之趨向；或者你選擇上帝中心論，這類思想已被中世紀哲學的繼承人深深地體會過，但對信仰圈子以外的哲學家只有極淺薄的影響。其實這些無信仰的學者與康德嫡系的思考方式完全脫離關係，拒絕承認在我們的生命中心有本體的需要，然而這種需要倒可能是人的最後祕密，生命只是朦朧而辛勞地在使自己誕生到這個祕密裡去而已。

如果我們願意把握虔敬的心態在精神的安置構成（l'économie spirituelle）中所有的地位，我們就該強調上帝中心論。費希特（Fichte）老早說過：「虔敬的心態強迫我們對每一個呈顯人的面容者表示尊敬。」然而伍斯特在這裡加上一句說：「虔敬把一切人類聯繫在一起，建立一個既是此世而又超越此世界的大聯盟，成為一個聖奧斯丁意義下的『上帝之城』，或上帝之有形與無形的教會，其中一切成員，包括在現世奮勇作戰的信友，已去世而尚在忍受潔煉的成員，或已獲得永恆勝利的天國子民，都以對天父之孝愛之忱彼此緊緊聯合在一起。他們中沒有一個例外地都被邀請參加聖靈之永恆晚餐。」[23]

雖然對伍斯特的用語和表達方式我們或許不能滿意，但我相信我們不能不欽佩他所宣稱的內容，因為它們彰顯了全面性，而它們的語調是那麼純粹和豐美。尤其它們盡善盡美地刻劃出在虔敬的次序中「永恆的你」（le Toi éternel）所具的絕對優先性。他寫道：「有限的人所有的矛盾就在於他常遭到『我』與『你』

23　前揭書，頁 151。

在他身上不停衝激而構成的兩極性，他勉力要克勝這種情形而盡其可能變成一個純粹我；另一方面，除非他不斷更深地受到存有之普遍你和一切本體團體的吸引，他不可能變成如此這般的一個純粹我。」[24]

此處我覺得把受費希特啟發而產生的術語加以抽象不失為可循之途。這樣作只是為了把這些觀念內含的具體而深刻的意義更凸顯出來。

伍斯特認為：如果有人以為把我們自己逐步與我們周圍最密切的特殊團體割分，就能更把握自己，了解自己，這種想法完全由一種源自傲慢的幻想所致。隨著滕尼斯（Ferdinand Tönnies）的步伐，伍斯特也要驅散我們當代社會學派懲惡而產生的混淆，要我們清楚區別「共融體」（communauté）和「社會」（société）的不同。

滕尼斯把「共融體」看成一種建立在親系和愛情上的聯合，它的成員以有機的方式緊密地交織在一起。然而「社會」不是這樣的，它建立在毫無愛情之純粹理性上，其中成員所關心的只是私人的利益。滕尼斯所持的悲觀的文化哲學使他無法從以上的區別中抽取一切後果，甚至他無法精確地解釋它。或許它那麼重視「血親關係」已是不智之舉。只在人能維護他存在的基本聯繫，只在他能肯定他之已是愛而又對愛有自然傾向的力量（此力量能深深透入他的靈魂的深處）時，才能有真正的共融體出現。我可說這種真正的共融體之出現要求一種特殊的氣氛，這是一種有臨在感的氣氛。伍斯特用很突出的比喻來說明這種氣氛。他說

---

24 前揭書，頁 139。

他好像是一個永遠不需要再充電的蓄電池，或像能把「構成我們人格自主的機體內含有的精神永恆力」從生命深處向上提升的抽水機一樣。然而，雖然他有時似乎看來如此，實際上他從不寬容強調無人位心智（l'esprit impersonnel）之形上學，並指出他的危險性，叫大家提高警惕。他在我很願意完全引證之一頁上甚至拒絕承認有所謂「在上帝內之本性」（nature en Dieu），這種看法在某些有神的哲學中還保存著，如上世紀的謝林或許便是一例；這種看法恰好是那些哲學家願意一勞永逸地破除之錯誤的殘餘。「本性」一詞在這兒當然不能解成「本質」：因為「若以此義來看，神當然也有一個本性，由於一切存在都擁有，並且應當擁有一個本質」。問題的關鍵在於知道是否在「絕對精神」的實在內，有一個超 - 人位的區域（une zone trans-personnelle）。因此也是「無人位」（impersonnel）[25] 之地帶；人的活動就由此地自然地出發，它作用的方式就像支配大自然之盲目原則一樣。用別的話說，斯賓諾莎的思想是否可以看成合適的存有論嗎？伍斯特用一種令人聯想到雷諾維耶（Charles Renouvier）的術語說：持有上述看法的人實在不了解「位格」（la personne）的原則與「事物」（la chose）的原則之間所有的不同，前者應該享有絕對的優先性。我們無法設想在上帝之內有一個不算太大的區域受不到出自絕對位格之唯一之光所照耀。道（Le Logos）對神位（la personne divine）之精神性並不陌生，這兩者密切結合而絕對不會分開。

在神內之愛的深淵絕不能被我們看成一個非理性的本性，好

25　前揭書，頁 34。

像是在神之內的不可化約之第二原則：

「只為了我們的好處，永恆的創造者的愛決定了叫祂從自己的無限幸福中走向外面，顯得像似一個不合理的原則（un principe irrationnel），因為祂取了一個非人位的外形，並且使人覺得遠離神祇；然而事實上，祂給我們揭開的只是祂純粹本質中嶄新的一面，為了向我們啟示神的絕對位格所具的精神性，這是出於祂的自由意願和行動。」[26]

如果實在情形是如此，我們就能了解為什麼人的一切有限性的精神活動，只要一轉向積極面，那是說轉向次序中去，就顯出不能不是在愛中奠基的，我們在這裡所碰及的不是回聲，而是回答，這是神的永恆的愛在某一個人身上激發的既是模糊而又不可抗拒之回答。伍斯特在強調愛比次序更重要時，他完全摒棄對人的理智進行膜拜的可能性，這類理智所創造出的永恆真理限制我們對信仰的肯定，並且剝奪後者內含的一切積極價值。我們還應指出：伍斯特在發揮他的理論時，完全憑藉聖奧斯丁的思想，取用後者的出名公式：「在神內愛一切事物（omnia amare in Deo）。」就在這條公式的焦點上，我們看到他對虔敬心態所發表的一切意見均能匯聚起來。此外，我們也能非常清楚地看到一項非常重要的事，即對自己保持的敬重實際上只是對上帝有之敬畏態度的一種模式而已。只有當這種心態非法地與更高級的崇敬脫離，並把其活動範圍折入純內在的「區域」（la "zone d'immanence"），那是說，折入最大偽詐的自治時，上述的虔敬心態就會退化成自私，或變成引人犯錯誤的普遍原則。

---

26 前揭書，頁 163。

　　非常明顯地我們可看到：伍斯特設法叫讀者進行的乃是一種精神性的完全「重建」（un "rétablissement" spirituel complet），這種重建工作包括人的整體，理智和意志。我相信我們可以不輕率地說：伍斯特本人在生命末期已以一種純粹的英雄式的努力達到了這個境界。我指出不是在他《精神辯證法》一書之末所提的「理智之犧牲」，那是一種類似失望的精神委棄。我認為他所要求於我們者乃放棄絕對的諾斯底主義的要求，也因此而放棄嚮往找到一個能展現成一個有機之整體的最後終極的知識，因為它與存有之基本特徵不能並存。我覺得伍斯特對當代思想所作的最大貢獻就在於他能領會謙遜之形上價值。

　　同時我們可以看到一個相關的觀念：即驕傲使人「無明」。這個觀念是人類智慧總匯的一部分。多少年來它塵封在地下而被人遺忘，或許它的豐富內涵已蕩然無存。然而如果有人願意費心作一個工作，即把這種有關個人道德的論調適用到非人性化的思想的範圍裡去的話，他可能會很驚訝地發現有一些新的視野突然地在他內心境界中拓展開來。

　　還應該說一次，放在我們面前的具重建性的思想批判工作是異常艱鉅的，因為那種擺脫一切束縛之思想也有不少預設，我們應當深入探討。這樣我們必會看到這種思想把精神之一切屬性和本體能力都剝奪了，但又把他們（持這種思想者）以為已被自己推翻之「唯一者」（Celui）之最可怕的特徵贈與它。

延伸閱讀

馬賽爾著作：

哲學

Gabriel Marcel-Gaston Fessard: Correspondance (1934-1971), Paris: Beauchesne, 1985.

Vocabulaire philosophique de Gabriel Marcel, Paris: Cerf, 1985.

L'existence et la liberté humaine chez Jean-Paul Sartre, Paris: J. Vrin, 1981.

Percées vers un ailleurs, Paris: Fayard, 1973.

En chemin, vers quel éveil, Paris: Gallimard, 1971.

Coleridge et Schelling, Paris: Aubier, 1971.

Être et avoir, Paris: Aubier, 1968 (La première édition: Aubier, 1935).

Pour une sagesse tragique et son au-delà, Paris: Plon, 1968.

Entretiens Paul Ricœur- Gabriel Marcel, Paris: Aubier, 1968

Paix sur la terre-Deux discours. Une tragédie, Paris: Aubier, 1965.

La dignité humaine et ses assises existentielles, Paris: Aubier, 1964.

Regards sur le théâtre de Claudel, Paris: Beauchesne, 1964.

Le mystère de l'être, vol. I, Réflexion et mystère, Paris: Aubier, 1963.

vol. II, *Foi et réalité*, 1964.

Fragments philosophiques, 1909-1914, Paris et Louvain:

Nauwelaerts, 1961.

Présence et immortalité, Paris: Flammarion, 1959.

L'Heure théâtrale de Giraudoux à Jean-Paul Sartre, Paris: Plon, 1959.

The Philosophy of Existentialism, N.Y.: The Citadel Press, 1956.

L'homme problématique, Paris: Aubier, 1955.

Le déclin de la sagesse, Paris: Plon, 1954.

Les hommes contre l'humain, Paris: La Colombe, 1951.

Position et approches concrètes du mystère ontologique, Paris: Vrin, 1949.

La métaphysique de Royce, Paris: Aubier, 1945.

Homo viator: Prolégomènes â une métaphysique de l'espérance, Paris: Aubier, 1945.

Du refus à l'invocation, Paris: Gallimard, 1940.

Journal métaphysique, Paris: Gallimard, 1927.

劇本

Cinq pièces majeures, Paris: Plon, 1974.

Le fin des temps, Réalités, 1950. Dans Le secret est dans les îles, Paris: Plon, 1967.

Un juste dans Paix sur la terre, Paris: Aubier, 1965.

L'insondable, dans Présence et immortalité, Paris: Flammarion, 1959.

La dimension Florestan: comedie en trois actes suivie d'un essai le crépuscule du sens commun, Paris: Plon, 1958.

Mon temps n'est pas le vôtre: pièce en cinq actes avec une postface de l'auteur, Paris: Plon, 1955.

Croissez et multipliez: pièce en quatre actes, Paris: Plon, 1955.

Rome n'est plus dans Rome, Paris: La Table Ronde, 1951.

Vers un autre Royaume, deux drames des années noires: L'émissaire, Le signe de la croix, Paris: Plon, 1949.

Théâtre comique: Colombyre ou le brasier de la paix - La double expertise - Les points sur les I - Le divertissement posthume, Paris: Albin Michel, 1947.

L'Horizon: pièce en 4 actes suivie d'une postface, Paris: Aux Etudiants de France, 1945.

La Soif: pièce en trois actes, Paris: Desclée de Brouwer, 1938.

Le Fanal: pièce en un acte, Paris: Stock, 1936.

Le Dard: pièce en trois actes, Paris: Plon, 1936.

Le Chemin de crête: pièce en quatre actes, Paris: Grasset, 1936.

Le Monde cassé, Paris: Descleé de Brouwer, 1933.

Trois pieces: Le regard neuf, Le mort de demain, La chapelle ardente, Paris: Plon, 1931.

Le quatuor en fa dièse: Pièce en cinq actes, Paris: Plon, 1925.

L'Iconoclaste: pièce en quatre actes, Paris: Stock, 1923.

Le cœur des autre: trois actes, Paris: Grasset, 1921.

Le seuil invisible: La Grâce et Le Palais de sable, Paris: Grasset, 1914.

馬賽爾相關著作

Plourde, S., *Gabriel Marcel, Philosophe et témoin de l'espérance*, Montréal: Université du Quebec, 1987.

Plourde, S., etc., (ed.), *Vocabulaire philosophique de Gabriel Marcel*, Montréal: Edition Bellarmine, 1985.

Schilpp, Paul Arthur, (ed.), *The Philosophy of Gabriel Marcel*, La Salle Illinois, 1984.

Spiegelberg, Herbert, *The Phenomenological Movement: A Historical Introduction*, The Hague: Martinus Nijhoff, Third revised and enlarged edition, 1980.

Colloque Centre culturel international, *Entretiens autour de Gabriel Marcel*, Neuchâtel: La Baconnière, 1976.

Devaux, A. A., Charles du Bos, "J. Maritain et G. Marcel, ou peut-on aller de Bergson à saint Thomas d'Aquin?", *Cahiers Charles du Bos*, nº 19, 1974.

Davy, M. M., *Un philosophe itinérant: G. Marcel*, Paris: Flammarion, 1959.

Gilson, Etienne, (ed.), *Existentialisme chrétien: Gabriel Marcel*, Paris: Plon, 1947.

馬賽爾著作中譯

《人性尊嚴的存在背景》（1988），馬賽爾著，項退結編訂，東大。

《呂格爾六訪馬賽爾》（2015），呂格爾（Paul Ricœur）、馬賽爾著，陸達誠譯，台灣基督教文藝。

《是與有》（2021），馬賽爾著，陸達誠譯，心靈工坊。

《臨在與不死》（2021），馬賽爾著，陸達誠譯，心靈工坊。

中文馬賽爾相關著作

《馬賽爾》（1992），陸達誠著，東大。

《愛、恨與死亡》（1997），關永中著，臺灣商務印書館。

《存有的光環：馬賽爾思想研究》（2021），陸達誠著，心靈工坊。

MA 080

是與有
ÊTRE ET AVOIR
作者―馬賽爾（Gabriel Marcel）
譯者―陸達誠

出版者―心靈工坊文化事業股份有限公司
發行人―王浩威　總編輯―徐嘉俊
執行編輯―黃心宜　特約編輯―王郁兮、簡淑媛
封面設計―羅文岑　內頁排版―龍虎電腦排版股份有限公司
通訊地址―10684 台北市大安區信義路四段 53 巷 8 號 2 樓
郵政劃撥―19546215
戶名―心靈工坊文化事業股份有限公司
電話―02）2702-9186　傳真―02）2702-9286
Email―service@psygarden.com.tw
網址―www.psygarden.com.tw
製版・印刷―中茂分色製版印刷事業股份有限公司
總經銷―大和書報圖書股份有限公司
電話―02）8990-2588　傳真―02）2290-1658
通訊地址―248 新北市新莊區五工五路二號
初版一刷―2021 年 11 月　ISBN―978-986-357-219-0　定價―590 元

國家圖書館出版品預行編目資料

是與有 / 馬賽爾 (Gabriel Marcel) 著；陸達誠譯 . -- 初版 . --
臺北市：心靈工坊文化事業股份有限公司 , 2021.11
面；　公分
譯自：Être et avoir
ISBN 978-986-357-219-0(平裝)

1. 馬賽爾 (Marcel, Gabriel, 1889-1973)　2. 學術思想　3. 存在主義

146.79　　　　　　　　　　　　　　　　　　　　　110014714

心靈工坊之 PsyGarden 書香家族 讀友卡

感謝您購買心靈工坊的叢書，為了加強對您的服務，請您詳填本卡，
直接投入郵筒（免貼郵票）或傳真，我們會珍視您的意見，
並提供您最新的活動訊息，共同以書會友，追求身心靈的創意與成長。

書系編號—MA 080　　　　　書名—是與有

姓名　　　　　　　　　　　是否已加入書香家族？ □是 □現在加入

電話 (O)　　　　　　(H)　　　　　　　手機

E-mail　　　　　　生日　　年　　　月　　　日

地址 □□□

服務機構　　　　　　　職稱

您的性別—□1.女 □2.男 □3.其他

婚姻狀況—□1.未婚 □2.已婚 □3.離婚 □4.不婚 □5.同志 □6.喪偶 □7.分居

請問您如何得知這本書？
□1.書店 □2.報章雜誌 □3.廣播電視 □4.親友推介 □5.心靈工坊書訊
□6.廣告DM □7.心靈工坊網站 □8.其他網路媒體 □9.其他

您購買本書的方式？
□1.書店 □2.劃撥郵購 □3.團體訂購 □4.網路訂購 □5.其他

您對本書的意見？
□ 封面設計　1.須再改進 2.尚可 3.滿意 4.非常滿意
□ 版面編排　1.須再改進 2.尚可 3.滿意 4.非常滿意
□ 內容　　　1.須再改進 2.尚可 3.滿意 4.非常滿意
□ 文筆／翻譯 1.須再改進 2.尚可 3.滿意 4.非常滿意
□ 價格　　　1.須再改進 2.尚可 3.滿意 4.非常滿意

您對我們有何建議？

□本人同意＿＿＿＿＿＿（請簽名）提供（真實姓名/E-mail/地址/電話/年齡/
等資料），以作為心靈工坊（聯絡/寄貨/加入會員/行銷/會員折扣/等之用，
詳細內容請參閱http://shop.psygarden.com.tw/member_register.asp。

10684台北市信義路四段53巷8號2樓
讀者服務組　收

免　　貼　　郵　　票

（對折線）

加入心靈工坊書香家族會員
共享知識的盛宴，成長的喜悅

請寄回這張回函卡（免貼郵票），
您就成為心靈工坊的書香家族會員，您將可以——

⊙隨時收到新書出版和活動訊息
....

⊙獲得各項回饋和優惠方案
....